| 乡村教育振兴丛论 |

雷万鹏／主编

湖北工业大学2021年度博士科研启动基金项目(项目号:XJ2021003701)

家庭环境与儿童非认知能力发展研究

——以城镇化进程为背景

向　蓉／著

華中師範大學出版社

新出图证(鄂)字 10 号

图书在版编目(CIP)数据

家庭环境与儿童非认知能力发展研究:以城镇化进程为背景/向蓉著.—武汉:华中师范大学出版社,2023.7

(乡村教育振兴丛论/雷万鹏主编)

ISBN 978-7-5769-0145-0

Ⅰ.①家… Ⅱ.①向… Ⅲ.①农村—儿童教育—家庭教育—研究—中国 Ⅳ.① G782

中国国家版本馆 CIP 数据核字(2023)第 095680 号

家庭环境与儿童非认知能力发展研究

——以城镇化进程为背景

Ⓒ向 蓉 著

责任编辑:肖 阳 **责任校对**:罗 艺

编 辑 室:学术出版中心 **电话**:027-67863280/7792

出版发行:华中师范大学出版社有限责任公司 **封面设计**:罗明波

社址:湖北省武汉市洪山区珞喻路 152 号 **邮编**:430079

电话:027-67863426(发行部) **传真**:027-67863291

网址:http://press.ccnu.edu.cn **电子邮箱**:press@mail.ccnu.edu.cn

印刷:湖北新华印务有限公司 **督印**:刘 敏

字数:320 千字

开本:710mm×1000mm 1/16 **印张**:21.25

版次:2023 年 7 月第 1 版 **印次**:2023 年 7 月第 1 次印刷

定价:117.00 元

欢迎上网查询、购书

总　　序

乡村要振兴，教育必先行。乡村教育是全面推进义务教育优质均衡发展和乡村振兴的重要基石，乡村教育高质量发展也是促进社会流动、推动新型城镇化发展、加快中国式现代化发展的重要力量。改革开放以来，乡村教育在经费投入、办学条件、师资队伍建设等方面有了巨大改变，乡村教育发展取得了显著成就。与此同时，随着城镇化快速发展和人口流动，乡村留守儿童关爱服务体系虚化、乡村小规模学校发展边缘化、城乡教师流动浅层化、乡村儿童家庭教育弱化、乡村家校社协同育人体系碎片化等问题集中显现。补齐乡村教育发展短板、推进城乡教育一体化发展、以人的现代化促进经济社会现代化是新时代的重大战略议题。

乡村振兴背景下农村小规模学校发展现状如何？家庭环境对城乡学生的人力资本投资产生何种影响？如何制定科学的学校布局调整政策以顺应人口流动与城镇化发展需求？城乡一体化发展进程中政府教育支出偏好与行为怎样？乡村教师流动与城乡义务教育优质均衡发展的关系如何？回答上述问题，需要在科学理论的指导下，扎根中国大地进行持续的实证研究。“乡村教育振兴丛论”运用教育学、经济学、社会学和人类学等多学科分析范式对上述问题进行了深入的实证研究。“丛论”聚焦乡村教育发展的难点焦点问题，从乡村儿童发展、教师队伍建设、家庭教育能力提升、区域教育治理等视角探讨了乡村教育发展政策选择与制度创新。研究成果有助于人们深刻反思乡村教育的定位、功能、困境与出路，有助于人们深度理解制约乡村教育发展的体制机制问题，有助于探索乡村教育发展的内生动力与发展动能。

“乡村教育振兴丛论”获2022年国家社会科学基金重大项目和国家出版基金项目资助。“丛论”共有6卷，具体包括：《城镇化进程中的教育变迁》从整体上探讨了城镇化进程中义务教育学校布局、随迁子女教育与发展、留守儿童教育与发展、教师发展政策等；《地方政府教育支出行为研究》利用宏观统计数据和微观调查数据，从财政分权理论和政府行为理论出发，对地方政府教育支出行为进行了实证研究；《农村小规模学校发展政策研究》运用量化与质化相结合的方法，从学校财政、教师发展、学校内外部关系等角度深入探讨了农村小规模学校的生存与发展问题；《教师“县管校聘”政策执行研究——以教育均衡发展为视角》基于S市10个县（市、区）的实证调查，从政策执行环境、执行行为与执行结果三个维度对S市“县管校聘”政策执行进行了较为全面的探讨与研究；《教师特质与学生非认知能力发展研究》从学生非认知能力发展的角度探讨了教师特质问题，实证回答了有效促进学生非认知能力发展的教师应具备的特质以及城乡教师表现出的特质差异；《家庭环境与儿童非认知能力发展研究——以城镇化进程为背景》基于家庭教育调查数据，从学习适应性、意志力和情绪稳定性三方面着手，探讨了家庭环境影响城乡儿童非认知能力发展的过程机制。“丛论”作者除了笔者，其他如张雪艳博士、钱佳博士、黄旭中博士、王浩文博士、向蓉博士，都是我指导的博士生，关心关爱乡村儿童、扎根田野研究乡村教育、坚持实证研究范式是华中师范大学乡村教育研究团队秉持的基本理念和价值观念。

乡村教育是乡村建设和乡村治理的关键，高质量教育发展有助于强化人力资本投资，阻断贫困代际传递，促进乡村人口社会流动。在全面实施乡村振兴战略、迈向共同富裕的新征程中，乡村教育大有可为。伴随着脱贫攻坚战的伟大胜利、义务教育基本均衡发展目标的实现，当前乡村教育的实践样态、政策支持以及社会环境发生了较大转变，一系列新问题正在制约着乡村教育的高质量发展。快速城镇化与大规模人口流动催生了乡土中国向城乡中国的转变，但城市与乡村不是分割的两极，而是涵盖乡村、乡镇、县城、中小城市、大城市、特大城市的多样形态，是梯度发展的空间连续体与内在关联的社会有机体。在乡村振兴时代，乡村教育、县镇教育和城市教育各有其不可替代的功能，唯有推动城乡教育协调发展、包容性发展和共同发展才是中国教育现代化的必然选择。

华中师范大学乡村教育研究团队将在“丛论”的基础上，以研究阐释党的十九届六中全会和党的二十大精神及国家社科基金重大项目“推进义务教育均衡发展和城乡一体化研究”为牵引，围绕乡村教育振兴面临的重大战略问题展开持续研究。乡村教育发展应秉持何种价值定位？乡土文化如何融入乡村教育？如何构建需求导向的义务教育财政保障机制，确保农村小规模学校经费配置充足、高效率和公平？如何规避乡村教育信息化发展中的“技术决定论”问题，充分发挥信息技术服务乡村教育的作用？如何加强乡村教师队伍建设，让优秀教师“下得去”“留得住”“教得好”？如何保障留守儿童、随迁子女等弱势群体享有公平而有质量的教育？如何发挥职业教育在服务乡村振兴、共同富裕战略中的作用？如何为乡村处境不利家庭提供更有效的社会支持？如何从城乡“二元对立”走向“互融共生”“美美与共”，实现城乡教育一体化发展？这些问题都是乡村振兴时代乡村教育发展的核心议题，也是本团队持续跟踪研究的重要方向。我们将在乡村教育研究之路上永不懈怠，勤勉努力，再攀高峰！

雷万鹏

2023 年 3 月 20 日

前　言

乡村振兴与城镇化是现代化发展的两个重要战略，在推进实施乡村振兴战略时要充分考虑到城乡融合发展的时代背景，要在构建新型城乡关系的基础上思考乡村振兴的实现路径和方法。本书系雷万鹏教授主编的“乡村教育振兴丛论”中的一册，丛书获2022年度国家出版基金资助，本书能忝列其中，实属荣幸。本书旨在以城镇化为背景，以儿童非认知能力发展为切入点，以家庭环境为重要解释变量，以期为实现乡村教育振兴和城乡教育协调发展提供思路。

城镇化快速发展与人口持续流动改变了我国社会、经济、文化和教育的发展形态，影响了家庭环境及社会对儿童发展的要求。非认知能力作为人力资本的重要组成部分，不仅对儿童学业成就有重要影响，而且在儿童终身发展中扮演着关键角色，尤其是对处于弱势地位的城市随迁子女和农村留守儿童而言显得尤为重要。作为社会的基本构成单位，家庭在城镇化进程中形成多元化的教育场域。在此背景下，探讨多样化的家庭环境对儿童非认知能力发展影响的过程机制，对把握家庭教育规律和推动教育高质量发展具有重大现实意义与政策价值，对推动城镇化的快速发展起到十分重要的基础作用，可以为如何创设良好的家庭环境，构建覆盖城乡的家庭教育指导服务体系提供参考和依据。

我们究竟需要什么样的家庭环境来促进儿童非认知能力发展？要想获得这个问题的准确答案，我们必须探索儿童非认知能力发展的“黑箱”，并将其放在城镇化背景之下进行分析，以呈现出家庭环境影响儿童非认知能力发展的过程机制。本书的创新之处主要体现在三方面：一是研究视角创新。本书在城镇化这一宏观背景下探讨微观家庭环境与儿童非认知能力发展之间的关系，并最终回到家庭教育政策这一宏观政策，试图实现宏观—微观—宏观的研究视角。二是理论拓展。本书利用中国本土数据拓展了人力资本理论和教育生产函数。一方面，以儿童非认知能力发展作为教育产出的测量指标之一，城镇化进程中的儿童面临适应性问题、心理健康问题、逆境发展问题，本研究选择学习适应性、意志力、情绪稳定性三个非认知能力指标进行分析。另一方面，将难以观察和测量的家庭环境纳入教育生产函数的投入指标，在考虑静态的结构性家庭环境的同时，重点关注可通过外部干预改变的过程性家庭环境，尽量减少因遗漏变量导致的内生性问题。三是研究方法创新。本书利用量化为主、质化为辅的混合研究方法，收集了问卷数据和访谈资料，并利用多元线性回归分析、Shapley 值分解法、路径模型等多种数据分析方法，深入探讨城镇化进程中家庭环境影响儿童非认知能力发展的过程机制。

本书应用新人力资本理论，在对教育生产函数进行拓展的基础上，探讨了家庭环境对儿童非认知能力发展的影响及其作用机制。本书基于湖北省 8 市 18 县（市、区）1 850 个家庭的实证调查，形成“家长-学生”匹配数据库，采用多元线性回归分析、Shapley 值分解法、路径模型等方法，得出以下结论：第一，儿童非认知能力发展水平有明显的城乡差异，从城市到县镇再到乡村梯次递减，农村留守儿童发展水平相对较低；第二，结构性家庭环境对儿童非认知能力发展有显著影响，学校教育质量和过程性家庭环境是结构性家庭环境影响儿童非认知能力发展的重要机制；第三，过程性家庭环境可以有效促进儿童非认知能力的发展，相较于结构性家庭环境，过程性家庭环境的影响效应更大，同时过程性家庭环境可弥补弱势家庭背景对儿童非认知能力发展的不利影响；第四，家庭环境对儿童非认知能力发展的影响效应在城市本地儿童、城市随迁子女、农村非留守儿童和农村留守儿童之间存在差异，家庭环境尤其是过程性家庭环境对城市随迁子女和农村留守儿童等弱势群体的影响效应更大；第五，家长教育素养可以有效调节家庭环境对儿童非认知能力发展的影响。

家庭是一个复杂的系统，家庭环境是家庭中各因素组成的复合体，覆盖了家庭的方方面面，家庭环境具体如何对儿童非认知能力发展产生影响以及产生了怎样的影响是一个复杂的过程。本书分析所选择的变量并不能穷尽所有家庭环境变量，家庭环境的细化测量还有待在后续研究中进一步深化。此外，非认知能力的内涵和测量标准具有多元性，本书基于城镇化发展对儿童发展的新要求选择了学习适应性、意志力和情绪稳定性三方面开展研究，并未构建全面且完整的非认知能力指标，对非认知能力的其他维度还需在后续研究中不断探讨，特别是非认知能力的框架体系需要不断完善。

目　录

第一章　绪　　论

第一节　城镇化进程中的家庭和儿童

改革开放以来，随着我国经济发展及城镇化进程的快速推进，各级各类教育事业发展取得了新进步。从 1986 年《中华人民共和国义务教育法》颁布实施到 2011 年全面完成“两基”攻坚任务，从“有学上”到“上好学”，从“数量追赶”转向“质量提升”，我国实现了从一个人口大国向人力资源大国的历史性跨越。随着义务教育均衡发展战略的深层推进，我国义务教育发展的主要矛盾已经转变为人民日益增长的优质教育需要与不平衡、不充分的教育发展之间的矛盾，“更高水平、更加均衡、更有质量”已成为义务教育发展的新诉求。保证每一个儿童享有公平而有质量的教育，是推进教育现代化、建设教育强国的必然要求，也是推动新时代中国教育高质量发展的重大政策议程。

天下之本在国，国之本在家。家庭是影响儿童成长的重要环境之一，家庭教育是影响儿童全面发展的关键因素。2018 年的全国教育大会上，习近平总书记指出：“家庭是人生的第一所学校，家长是孩子的第一任老师，要给孩子讲好‘人生第一课’，帮助扣好人生第一粒扣子。”[①]

---

① 习近平：坚持中国特色社会主义教育发展道路　培养德智体美劳全面发展的社会主义建设者和接班人［EB/OL］.（2018-09-11）［2023-03-02］. http://jhsjk. people. cn/article/30284771.

2019年的全国教育工作会议上，时任教育部部长陈宝生认为：家庭教育不到位，不仅会抵消学校教育的效果，还会给孩子发展造成消极影响。随着我国城镇化推进与人口流动，传统的家庭结构、家庭功能、家庭环境等也随之发生变化，家庭教育实践中不断出现新情况、新问题，直接影响孩子的全面发展。作为现代教育体系的重要组成部分，家庭教育与学校教育、社会教育共同构成塑造人的教育体系，家庭的社会功能和育人功能不可替代。因此，推进家庭教育，对于国家发展、民族进步、社会和谐具有十分重要的意义。

一、城镇化发展与人口流动

城镇化是现代化的必由之路，也是人类发展史上的重要社会现象，它不仅影响着人类福祉，更重构着人类的社会关系。斯蒂格里茨指出："21世纪影响世界进程和改善世界面貌的有两件事：一是美国高科技产业的发展，二是中国的城市化进程。"[①] 新中国成立70年，城镇化是我国经济社会改革与发展的时代背景，城镇化的演变历程为我们把握教育发展脉络提供了重要的线索和启示。

（一）城镇化快速推进

城镇是国家经济运行体系及其空间网络的重要支撑，伴随经济发展和社会结构分化、大规模的人口流动和迁徙，我国城镇化率不断提高。自1949年新中国成立至今，我国城镇化处于持续的动态演变过程之中，大致可分为城镇化波动发展期（1949—1977年）、工业城镇化发展期（1978—1992年）、土地城镇化发展期（1993—2011年）、新型城镇化发展期（2012年至今）四个发展阶段。

1. 城镇化波动发展期（1949—1977年）

自新中国成立到改革开放前期，在外部遏制、资源短缺的情况下，如何快速发展重工业、提升国防实力是"立国"的最大挑战。国家战略集中于恢复经济、优先发展重工业，城镇化的发展没有受到重视。这段

① 新玉言. 新型城镇化理论发展与前景透析[M]. 北京：国家行政学院出版社，2013：封面.

时间中国城镇化呈现三个显著特点：一是城镇化发展过程曲折，城镇化率波动起伏大。1949—1957 年是城镇化的起步与快速发展时期，城镇化率年均增加 0.59%；1958—1960 年中国出现了超速城镇化；1961—1976 年城镇化出现大规模的负增长。二是在这个过程中政府对城镇化进程具有决定性的控制力。城镇化发展主要受到国家自上而下政策的影响，比如户籍制度、"大跃进"政策、统购统销制度、人民公社制度、"文化大革命"等。三是形成了城乡二元结构。自户籍制度成为限制农村人口向城市自由流动的"制度阀门"后，中国特有的城乡二元结构不断被强化，城乡二元分割的状态一直持续到 70 年代末期①。

2. 工业城镇化发展期（1978—1992 年）

改革开放以后，国家建设的重心重新转移到经济建设上来，政府对城镇化发展政策做出相应调整：一是实施以"包产到户""包干到户"为主的家庭联产承包责任制，取消人民公社，提高农业生产效率，农民经济收入和生活水平显著提升；二是城市经济体制改革不断推进，包括发展乡镇企业、建设经济特区、开放沿海城市等一系列推动城镇化发展的政策，为城镇化的发展注入新动力；三是乡镇企业快速发展，使得发展小城镇在 20 世纪 80 年代成为推进城镇化主导性的政策取向，农民外出务工以"离土不离乡""进厂不进城"为主，农村剩余劳动力逐渐向小城镇聚集，农民就近就地城镇化成为主流。这一阶段以发展乡镇工业、乡镇企业为基本特征，因此被称为"工业城镇化"时期②。这是新中国成立以来的第一波城镇化浪潮，城镇化率从 1978 年的 17.92% 增加到 1992 年的 27.46%。

3. 土地城镇化发展期（1993—2011 年）

1993—2011 年，中国城镇化进程受到分税制改革、土地储备制度建立、城市住房制度改革等政策的影响，表现出快速扩张的趋势。1992 年中国特色社会主义市场经济体制确立和 1994 年分税制改革，改变了地方

① 刘秉镰，朱俊丰. 新中国 70 年城镇化发展：历程、问题与展望[J]. 经济与管理研究，2019，40（11）：3-14.

② 周飞舟，吴柳财，左雯敏，等. 从工业城镇化、土地城镇化到人口城镇化：中国特色城镇化道路的社会学考察[J]. 社会发展研究，2018，5（1）：42-64.

政府和企业之间的关系，地方政府纷纷与企业“脱钩”，导致地方政府财政压力加大。各地方政府开启了以国内生产总值增长为核心目标的“锦标赛”，地方政府在公共服务投入方面表现出城市偏好和明显的“土地财政”特征。地方政府积极通过征地、开发、出让来为自己聚集财力，形成了以土地财政为中心的“土地、财政、金融”三位一体的城镇化模式①，开启了一轮“造房运动”“造城运动”，土地城镇化成为地方政府新的增长点，掀起了新中国城镇化的第二波浪潮，城镇化率从1993年的27.99%增加至2011年的51.27%。此外，农村剩余劳动力进城参与城市建设，但由于户籍制度的限制，进城农民工仍不能享受城市市民同等社会公共服务，产生了农民与市民之外的第三元社会结构——流动于城乡之间的、半工半农的农民工。

4. 新型城镇化发展期（2012年至今）

中国共产党第十八次全国代表大会报告提出要“坚持走中国特色新型工业化、信息化、城镇化、农业现代化道路”，“新型城镇化”成为中国城镇化政策的指导方针。2013年的《中共中央关于全面深化改革若干重大问题的决定》以及2014年的《国家新型城镇化规划（2014—2020年）》提出，新型城镇化以“以人为本，公平共享”为首要原则，注重人的发展，关注人的生活质量，要“以人为本”推动城乡统筹。2021年的《中华人民共和国国民经济和社会发展第十四个五年规划和2035年远景目标纲要》提出，完善新型城镇化战略，促进城乡区域协调发展，推动形成工农互促、城乡互补、协调发展、共同繁荣的新型工农城乡关系，提升城镇化发展质量。新型城镇化阶段围绕“人”和“城”两个核心问题提出了相应的政策措施。一是“以人为本”的政策，包括：（1）放宽户籍政策，有序推进农业人口转移，并着力解决农业人口在城镇地区的基本公共服务；（2）流动儿童教育的“两为主”“两纳入”“钱随人走”政策，保障农民工随迁子女平等接受义务教育。二是“城乡统筹”的政策，主要包括精准扶贫和乡村振兴战略，促进乡村发展，缩小城乡收入

① 周飞舟，吴柳财，左雯敏，等. 从工业城镇化、土地城镇化到人口城镇化：中国特色城镇化道路的社会学考察[J]. 社会发展研究，2018，5（1）：42-64.

差距，实现城乡一体化发展，形成工农互促、城乡互补、全面融合、共同繁荣发展新格局。以上措施推动城镇化快速高质量的发展，据统计，2021年中国城镇化率为64.72%（见图1-1），城镇人口增加至9.14亿。

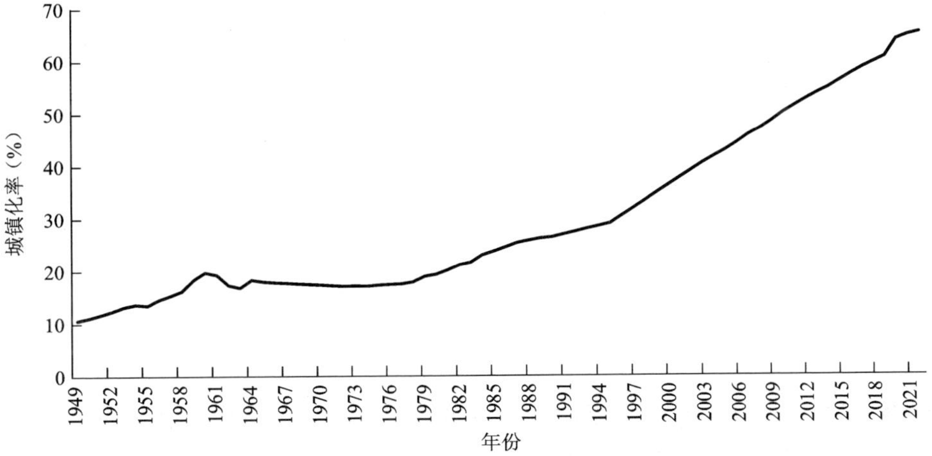

图1-1 我国城镇化率（1949—2021年）①

城镇化的主要任务是实现由“乡”到“城”的重要转变，这一过程涉及产业结构、就业方式、人居环境、社会保障等一系列内容，根本落脚点在于促进人的发展②。新型城镇化的核心是“以人为本”，最终目标是促进人的全面发展，力图实现城乡文化的融合，全面提升人的满意度与幸福感，最终实现社会的和谐与可持续发展③。这具体表现为三方面：一是实现人的转移，实现农民到农民工再到市民的转变，尤其要实现农民工在城市的融入、农民工随迁子女在学校的融入。二是促使人的能力提升，通过提升人的“可行能力”，以态度、价值观、生活习惯和行为方式转变为途径，实现人的素质提升。流动是人力资本投资的重要方式

① 1981年及以前的城镇人口数据为户籍统计数；1982年、1990年、2000年、2010年数据为人口普查数据推算数；其余年份数据为人口抽样调查推算数据。总人口、按性别分人口以及按城乡分人口中的城镇人口均统计了现役军人。

② 雷万鹏，徐璐．城镇化背景下农民工子女就学地选择意愿及其影响因素研究［J］．华中师范大学学报（人文社会科学版），2016，55（6）：150-158.

③ 江波．“以人为核心”的城镇化：内涵、价值与路径［J］．苏州大学学报（哲学社会科学版），2017，38（3）：41-47.

之一，通过迁移流动实现人力资本的积累，提升人的能力，是“以人为本”的重中之重。三是实现人的全面发展，在城镇化过程中，不仅提升人获取经济收入的能力，更重要的是通过提供公共文化教育服务，促进人德智体美劳全面发展。解决城市随迁子女、农村留守儿童等弱势群体的教育问题，促进各类儿童在身体、知识、技能、品德等方面全面发展以适应高度复杂的社会环境和多样化的职业需求，是城镇化发展的重要目标。

新型城镇化的核心是人的城镇化，人的城镇化关键在于教育。城镇化 70 年演变中，城乡义务教育发展落差是社会主要矛盾在教育领域的直观体现，教育公平是社会公平在教育领域的延伸。从教育支出看，2017 年中小学家庭教育平均支出 8 143 元，其中农村 3 936 元，城镇 1.01 万元，城市家庭教育支出是农村的 2 倍有余①。从教育年限看，2015 年我国城乡居民受教育年限分别是 10.15 年和 7.67 年，在排除普及义务教育因素后，城乡义务教育人口占 6 岁以上人口比重分别为 42.22% 和 8.65%，城乡间教育发展存在较大落差②。2020 年，党的十九届五中全会通过的《关于制定国民经济和社会发展第十四个五年规划和二〇三五年远景目标的建议》提出，要建设教育高质量发展体系，深化教育改革，促进教育公平，推动义务教育均衡发展和城乡一体化。因此，让每个孩子都享有公平而有质量的教育是城镇化发展的美好愿景，推动城乡教育一体化发展是中国新型城镇化道路的应然选择。针对城镇化发展过程中出现的不平衡不充分问题对教育发展带来的挑战，如何促进教育优质均衡发展是其中要解决的重要问题。

（二）持续的人口流动

持续规模化的人口流动是城镇化的伴生现象和重要推动力。改革开放以来，我国流动人口规模不断增大，流动人口占总人口比例持续上升。统计数据显示，我国流动人口由 2010 年的 2.21 亿人波动增长至 2021 年的 3.85 亿人，外出农民工由 2010 年的 1.53 亿人增长至 2019 年的 1.72

① 数据来自 2017 年中国教育财政家庭调查数据。

② 数据来自《中国人口和就业统计年鉴》，由作者整理推算后所得。

亿人，外出农民工占流动人口的比例由 2010 年的 69. 23% 增加至 2019 年的 73. 73%，2020 年和 2021 年受新冠肺炎疫情影响，外出农民工占流动人口的比例略有下降，但农民工仍是流动人口的主要组成部分（见图 1-2）。持续规模化的人口流动带来两类问题：一是家庭迁移决策形成的流动人口子女教育问题，即城市随迁子女教育问题与农村留守儿童教育问题；二是人口流动对生态系统中城乡未流动人口子女教育带来的间接影响，即城市随迁子女对城市本地儿童的影响以及农村留守儿童对农村非留守儿童的影响。

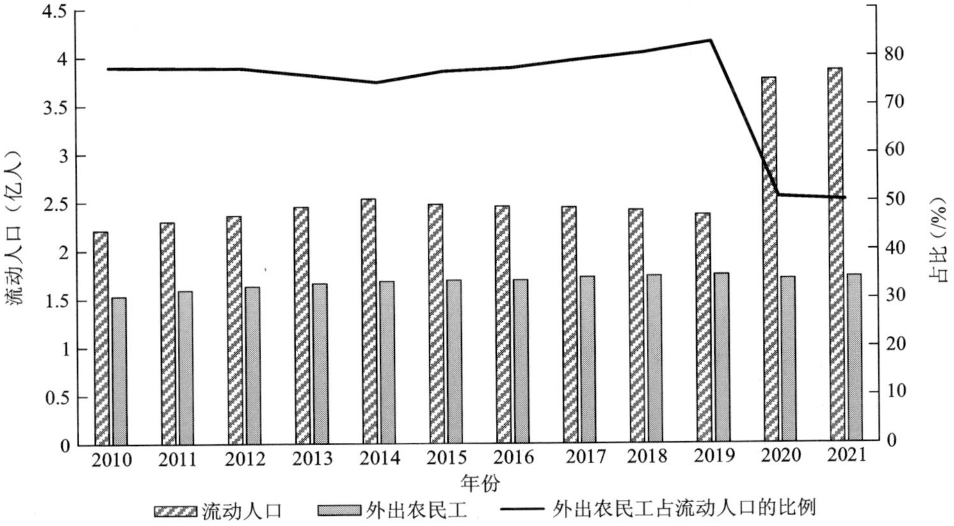

图 1-2　2010 年以来流动人口规模①

首先，农民工“家庭化”迁移形成了规模庞大的城市随迁子女群体，且呈现出稳步增长的趋势。数据显示，2010 年有 1 167. 17 万城市随迁子女在义务教育阶段就读，2015 年这一人数增加至 1 367. 10 万人，2020 年则达到了 1 429. 7 万人②。调查显示，有 34. 2% 和 28. 9% 的义务教育阶段城市随迁子女面临本地升学难、费用高以及“教育融合”问题。

① 数据来自 2010—2019 年农民工监测调查报告以及 2010—2019 年国民经济和社会发展统计公报。

② 数据来自教育部网站 2010 年、2015 年、2020 年全国教育事业发展统计公报。

一是公办学校入学手续繁多且难办，“上学难”“上学贵”的问题仍未解决。二是城市随迁子女面临“同城不同待遇”的困境，对新学校、新社区缺乏认同感、归属感、融入感，处于“外来人”的尴尬地位。三是城市随迁子女频繁转学，极易形成“弱势累积”效应，如学习跟不上、厌倦学习、学习自卑等。如何保障城市随迁子女接受高质量教育，是城镇化进程中亟须解决的难题。

其次，大量外出务工的农民将孩子留在农村老家生活，家庭“双亲抚育”体系被打破，由此形成了数量庞大的农村留守儿童群体。民政部数据显示，“十三五”末全国农村留守儿童达643.6万名。农村留守儿童常年生活在结构不完整的家庭中，无法享受到正常家庭的抚养、教育和关爱，他们在学业成就、情绪情感、学习毅力、开放性、学校适应等认知与非认知能力方面显著低于农村非留守儿童①。如何有效建立农村留守儿童关爱服务体系，成为新时期一项重要而紧迫的任务。

再次，城市随迁子女在融入城市生活、学习的过程中会对城市本地儿童形成一定冲击。第一，学龄人口向城镇迁移的速度快于县镇教育布局的速度，从而出现缺教室、缺教师、“无奈大班额”的问题。随着班级规模的扩大，师生互动和生生互动的频率降低，学生容易出现沮丧、消沉等消极情绪。第二，有关同辈群体效应的研究指出，由于流动儿童与城市本地儿童在家庭背景、生活习惯等方面存在差异，班级中流动儿童数量的增加使得学生的同伴构成发生变化，这会对城市本地儿童的学业发展和情绪控制产生影响。第三，流动儿童比例的上升加大了班级管理的难度并促使教师进行相应教学策略的调整，对城市本地儿童的学习适应和学业成绩产生负面影响。

最后，随着农村人口大量向城市迁移以及农村学龄儿童的数量递减，许多农村学校因生源锐减而成为“麻雀学校”“空壳学校”，面临着师资

---

① 段成荣，吕利丹，王宗萍．城市化背景下农村留守儿童的家庭教育与学校教育[J]．北京大学教育评论，2014，12（3）：13-29；侯玉娜．父母外出务工对农村留守儿童发展的影响：基于倾向得分匹配方法的实证分析[J]．教育与经济，2015（1）：59-65；雷万鹏，李贞义．教师支持对农村留守儿童非认知能力的影响：基于CEPS数据的实证分析[J]．华中师范大学学报（人文社会科学版），2020，59（6）：160-168.

紧缺、教学质量差以及资源利用率低等问题。以在校生数低于 100 人作为小规模学校的测定标准，2017 年我国农村小规模学校有 10.3 万所，涉及 442.8 万学龄儿童①。对于农村小规模学校的学生而言，他们大多处于相对贫困状态，同伴较少，脆弱的环境使得他们面临社会化和认知水平低、情感发展缺乏引导、身心健康难以保障等问题②。此外，由于农村留守儿童、“回流”儿童与农村非留守儿童在家庭结构、生活方式等方面存在差异，容易对农村非留守儿童产生直接或间接的影响。

总之，中国正处于城镇化加速期，城镇化发展与人口流动的独特现实对我国教育产生了深刻影响。有研究表明，到 2030 年，中国人口预计达到 15 亿，中国城镇化率预计达到 70%，市民、农民和流动人口将各占三分之一③。为此，我们需要思考的是：城镇化到底对教育发展带来何种影响？城镇化和人口流动对儿童能力发展提出何种新要求？为什么政府对农村教育、流动人口子女教育采取经费投入、师资配置等支持政策后，教育不公平问题仍没有得到及时有效解决？

二、家庭变迁与家庭教育政策演变

正如前文提到，为什么政府采取经费投入、师资配置等倾斜于弱势群体的教育支持政策后，教育不公平问题仍没有得到及时有效解决？在城镇化背景下，公共教育政策固然在维护教育公平和提升教育质量方面发挥了重要作用，但不能完全替代家庭在学生发展中的关键作用，不同社会经济地位、不同家庭结构形成的家庭环境对不同类型儿童的发展形成了不同的影响机制。家庭是人类社会发展到一定历史阶段的产物，家庭对于社会的和谐稳定乃至整个人类社会的发展产生着深远的影响④。

---

① 数据来自 2018 年中国统计年鉴。

② 凡勇昆，常雪．“走不掉的一代”：关注乡村小规模学校中的边缘性群体[J]．教育发展研究，2017，37（Z2）：51-56.

③ 接栋正．从“同城同待遇”到“同城同待遇指数”：中国的三元社会结构与人口城镇化政策[J]．浙江学刊，2013（3）：144-150.

④ 贺光烨，李博雅．家庭贫困对中学生心理健康的影响：亲子沟通、父母关系与父母信心的中介作用[J]．青年研究，2020（2）：49-58.

家庭作为社会的基本构成单位，其发展受到社会进程的影响。城镇化进程中的家庭变迁形成了新的家庭教育场域，家庭教育政策的发展为我们研究家庭教育提供了政策支持。

（一）城镇化进程中的家庭变迁

随着中国现代化转型、生育政策的影响以及市场环境的冲击，中国的婚姻和家庭发生了深刻变迁，呈现出居住安排模式的多元化趋势，单亲家庭、再婚家庭、隔代家庭、留守家庭、随迁家庭等结构脆弱的家庭比例显著增加。正如吉登斯在《失控的世界》一书中所说，随着经济的发展及民主的进程，再加上全球化的脚步，“传统家庭”已在逐渐改变当中。

1. 家庭规模小型化与结构简化

近四十年来，在现代化、城市化和计划生育政策等影响下，原有基于血缘、亲缘关系的家庭“差序格局”被打破，以地缘为基础的家庭网络发生重构，核心家庭成为中国家庭结构的主要形态。通过对 1982—2010 年的四次全国人口普查数据分析发现，1982 年户均规模为 4.41 人，其中 6 人及以上户占比最大（28.00%）；1990 年户均规模为 3.96 人，其中 4 人户占比最大（25.82%）；2000 年户均规模为 3.44 人，其中 3 人户占比最大（29.95%）；2010 年户均规模为 3.09 人，其中 3 人户占比最大（26.86%），其次是 2 人户（24.37%）①。2021 年，第七次人口普查数据显示，平均每个家庭户的人口为 2.62 人，比 2010 年减少 0.47 人，家庭户规模继续缩小。随着家庭规模的微型化，核心家庭结构也出现了越来越多样化的形态，其中无子女的夫妻家庭、空巢家庭等特殊家庭的比重大幅增加，家庭的属性在城镇化进程中发生了深刻的变化。

2. 离婚率上升导致单亲家庭增多

人口快速流动降低了婚姻质量和稳定性，加上替代资源可接触性的增多，再婚搜寻成本的降低，都促使离婚率上升。数据显示，1985 年中

---

① 数据来自 1982—2010 年人口普查抽样数据。

国的离婚率为 0.44‰，2000 年为 0.96‰，2016 年中国离婚率已达 3.02‰①。民政部发布的《社会服务发展统计公报》显示，中国依法办理离婚手续的人数，从 2005 年的 178.5 万对增加到 2020 年的 433.9 万对。由于父母间关系紧张、亲子教育缺失、父母陪伴减少、亲子沟通缺乏、父母教养不当、代养或寄养环境不良，这种家庭环境中成长的儿童频繁表现出问题行为、学业成绩落后、社会沟通不顺畅、人格发展不健全等负面问题②。

3. 隔代抚育现象愈发普遍

在代际关系模式、居住习惯和家庭经济需要等因素的影响下，隔代抚育现象愈发普遍。有很大一部分父母让祖父母或外祖父母照顾孩子，且该比例正逐年提高③。人口普查抽样数据显示，1982 年和 1990 年隔代家庭占比均为 0.7%，2000 年隔代家庭占比为 1.9%，2010 年隔代家庭占比为 2.3%④。大量进城务工的农民将子女留在农村老家生活，家庭“双亲抚育”体系逐步被打破，从而产生了大量的留守儿童，形成父母缺场、亲子分离的家庭结构，留守儿童与祖父母或外祖父母共同生活的现象越来越多。此外，城镇父母因工作忙碌而无时间照看子女，使得儿童与祖父母或外祖父母共同生活的现象也日益增加。

4. 家庭核心价值的认同感、归属感不断下降

当代社会，农村人口流向城市、家庭规模日益小型化、家族意识逐渐淡薄，家庭核心价值观和行为规范在家庭成员日趋分离和聚少离多中逐渐淡化，族规、家规、家训等体现家庭凝聚力的载体逐渐被人们遗忘。传统农村家庭以“孝”“仁”“勤”“俭”“义”等伦常教化为主要目标，随着社会价值的多元化以及农村家庭对伦理纲常要求的降低，原有的礼

---

① 林晓珊．改革开放四十年来的中国家庭变迁：轨迹、逻辑与趋势[J]．妇女研究论丛，2018(5)：52-69.

② CHENG J，SUN Y H. Depression and Anxiety Among Left-behind Children in China：A Systematic Review[J]. Care Health Development，2015，41(4)：1-9.

③ 王跃生．中国城乡家庭结构变动分析：基于 2010 年人口普查数据[J]．中国社会科学，2013(12)：60-77.

④ 数据来自 1982—2010 年人口普查抽样数据。

俗性、封闭性、稳定性秩序被打破。于是，亲情纽带逐渐松散，家庭成员的游离感逐渐增强。除了家规、家训，独具乡土特色的农业知识、手艺技能、习俗观念等教育内容更是处于边缘地位。

中国社会变迁不仅使家庭变得离散，而且极具不稳定性，其实质“是对中国家庭以往所具有的凝聚力的挑战，也是对中国家庭能否成其为家庭的挑战”①，家庭结构、家庭关系、家庭模式及家庭功能的改变形成了新的家庭教育场域。与学校教育和社会教育相比，当前我国家庭教育存在相当严重的问题，如父母教育意识与教育行为脱节、教育观念功利、重智轻德、教养方式不当等，甚至出现“生而不养”“养而不教”“教而错之”“错而不知”“知而不改”等家庭教育问题。城镇化进程中的家庭变迁形成了结构多样化的家庭，也带来了复杂的家庭教育问题。因此，在城镇化背景下研究多元家庭环境对儿童发展的影响具有重要的现实意义。如何应对城镇化进程中形成的多样化家庭结构以及复杂的家庭教育问题，是城镇化背景下教育发展需重点关注的问题。

（二）家庭教育被纳入公共政策视野

家庭教育是教育的开端。长期以来，家庭教育被视为私事，随着家庭教育问题不断扩大和复杂化，人们逐渐认识到家庭教育不仅仅是私人问题，还关乎社会和谐稳定与国家长远发展，家庭教育逐渐从家事变成国事，家庭教育政策在国家公共政策的视野中逐渐由边缘向中心转移。新中国成立以来，我国的家庭教育逐渐受到社会和政府的关注，从私人领域过渡到公共领域，家庭教育政策法规的制定推动了家庭教育的发展。通过梳理中央政府出台的针对儿童发展的一系列政策文本，可以看出家庭教育相关政策演变经历了三个阶段。

1. 家庭教育处于“政策边缘”阶段（1949—1977 年）

新中国成立初期，教育方面的主要任务在于改造旧学校、扫盲、提高工人和农民的文化素质，对于家庭教育没有过多关注。家庭教育政策贯穿于其他促进儿童发展的相关文件中，没有专门促进家庭教育发展的

① 杨善华．中国当代城市家庭变迁与家庭凝聚力[J]．北京大学学报（哲学社会科学版），2011，48（2）：150-158.

政策文本。譬如，1950 年颁布的《中华人民共和国婚姻法》首次提及了家庭教育的重要性，明确指出家长应担负起抚养教育子女的责任。此后，家庭教育相关政策开始重视家长的重要作用。1952 年，新中国的教育部颁布《小学暂行规程（草案）》，提出“小学应成立家长委员会，定时举行会议，反映家长对学校的意见，以密切家庭和学校的联系”的要求。这为家校合作提供了渠道。此外，这期间国内环境较为艰苦，温饱问题尚未解决，因此在提及家庭教育时，总是与儿童的营养和健康方面相关，如 1951 年颁布的《政务院关于改善各级学校学生健康状况的决定》要求学校应“与学生家庭建立联系，协助家长注意子女的营养”。可见，这一时期的主要任务在于大力发展学校教育，家庭教育处于政策的边缘地带，没有专门的家庭教育政策。但随着社会发展和家庭教育问题逐渐凸显，国家和社会对家庭教育的重视程度逐渐提升，其他教育政策或者社会政策中逐渐有内容涉及家庭教育内容，开启了家庭教育政策的探索之路。

2. 家庭教育纳入公共政策阶段（1978—2011 年）

随着国家改革和建设的不断深入，教育优先发展的战略地位被确定下来，家庭教育也受到了更多的重视。1992 年，我国颁布了首部儿童发展行动计划《九十年代中国儿童发展规划纲要》，提出到 20 世纪末，90% 儿童（十四岁以下）的家长应不同程度地掌握保育、教育等知识，并将提高家长家庭教育能力，建立学校教育、社会教育、家庭教育相结合的育人机制等内容纳入其规划纲要的目标体系中。1996 年，全国妇联、国家教委印发《全国家庭教育工作“九五”计划》，要求家长掌握一定的、正确的教子观念和方法，提高家长素质，使家庭、学校、社会协调配合。这是我国家庭教育工作部门首次制定专门的家庭教育工作计划。2010 年，全国妇联、教育部等七部委首次联合发布《全国家庭教育指导大纲》，要求家庭教育坚持“儿童为本”“家长主体”“多向互动”原则，促进家庭教育事业全面发展。这是国家层面关于家庭教育的首份科学全面的指导性文件。与此同时，家庭教育逐渐与思想政治建设、素质教育、道德教育等结合，家庭教育政策的内容不断完善与丰富。1999

年，中共中央、国务院颁布的《关于深化教育改革全面推进素质教育的决定》认为素质教育“应当贯穿于学校教育、家庭教育和社会教育等各个方面”，并提出要“形成学校、家庭和社会共同参与德育工作的新格局”。2001年国家颁布的《公民道德建设实施纲要》提出要“注重在家庭教育中对儿童进行道德启蒙教育”。在这一阶段，家庭教育逐渐被写入专门的政策文本中，家庭教育政策中关于家庭教育的内容得到了完善和扩充。

3. 家庭教育政策“法制化”阶段（2012年至今）

党的十八大召开以后，中国家庭教育进入自觉建构期。自2015年2月习近平总书记在新年团拜会上指出“要注重家庭、注重家教、注重家风”以来，中央政府及相关部门陆续出台了一系列促进家庭教育发展的政策、法规。如2012年颁布的《关于指导推进家庭教育的五年规划（2011—2015年）》便着重提出要“制定完善家庭教育相关法律政策制度”这一要求。2015年10月，《教育部关于加强家庭教育工作的指导意见》对家庭教育工作做了专门规定，要求“进一步明确家长在家庭教育中的主体责任，加快形成家庭教育社会支持网络，推动家庭、学校、社会密切配合，完善家庭教育工作保障措施”。2016年11月，全国妇联、教育部等九部委颁布的《关于指导推进家庭教育的五年规划（2016—2020年）》将“加快家庭教育事业的法制化、专业化、网络化、社会化建设，基本建成适应城乡发展、满足家长和儿童需求的家庭教育指导服务体系”作为家庭教育工作的总体目标之首，并提出“强化家长家庭教育主体责任，提高家长家庭教育水平”。2019年6月，《中共中央国务院关于深化教育教学改革全面提高义务教育质量的意见》进一步要求，“家长要树立科学育儿观念，切实履行家庭教育职责，加强与孩子沟通交流，培养孩子的好思想、好品行、好习惯，理性帮助孩子确定成长目标”。2022年1月1日开始实施的《中华人民共和国家庭教育促进法》，坚持从国情实际出发，着力完善家庭教育工作体制机制，夯实家庭教育责任，构建家庭教育服务体系，强化家庭教育支持，为促进家庭教育发展提供法治保障。

家庭教育政策演变与城镇化发展阶段基本一致。从新中国成立至今，家庭教育政策不断被修改和完善，推动着我国家庭教育事业的健康发展。回顾家庭教育政策的演变历程可以发现，家庭教育政策在以下三方面发生了变化：首先，家庭教育的发展已经从私事转变为公事，由家事转变为国事，家庭教育指导的重要性日益凸显；其次，家庭教育在公共政策中的地位逐渐由边缘地带向中心位置转移，国家对家庭教育发展愈加重视；再次，家庭教育的内容从“养”到“育”、从关注营养健康到学业成绩再到全面发展。上述政策话语和导向都在一定程度上表达了国家对家庭的重视，并深刻地阐明了家庭在国家发展、民族进步、社会和谐中的特殊重要性。在上述政策背景下，研究家庭环境对儿童发展的影响也是对国家政策的回应。

三、城镇化对儿童非认知能力发展提出要求

人的全面发展是新型城镇化的直接要求，更是社会发展的最终归宿。在新型城镇化发展时期，城镇化被加上“教育尺度”，要求从“人的发展”视角衡量城镇化的意义和价值，即“城镇化需要培育出什么样的人”“城镇化能否促进并实现人的生命成长和发展”①。在深化教育综合改革过程中，努力让每个孩子都享有公平而有质量的教育，促进每个孩子的认知能力与非认知能力全面发展，是中国城镇化道路发展的应然选择。那么，今天的儿童到底需要怎样的发展以应对未来复杂环境中的社会要求和挑战？整体来看，对儿童发展的新要求来源于以下几方面：

（一）劳动力市场对儿童能力发展的新要求

随着经济发展、产业结构变化及全球范围内科技创新的加速，大大增强了对从业者应对科技进步和职业变换的适应性要求。劳动经济学领域的研究表明，受教育水平、技能水平等显性人力资本因素不能完全解释劳动力工资收入差距，工作积极性、意志力以及团队合作精神等非认

① 文娟，李政涛．从“教育城市”到“城市教育学”：兼论当代城市化过程中的教育问题与中国经验[J]．首都师范大学学报（社会科学版），2013（4）：130-137.

知能力与劳动力工资收入显著相关。非认知能力在决定个人工作表现、工资收入等方面起着与认知能力一样重要的作用①，一些研究甚至认为一定程度上非认知能力比认知能力更重要②，对于低技能劳动者来说尤为如此。美国针对3 000位雇主的调查发现，雇主在招聘时最重视的是雇员的态度和沟通能力，其次是行业技能证书持有情况和受教育年限③。另一项对新入职员工所需的20项技能排名结果发现，最重要的三项技能依次是口头沟通、团队合作、专业/职业道德④。这些能力和品质是增加个人收入和推动经济增长的重要因素。针对21世纪劳动力市场的这一变化，美国在2012年和2013年发布了《面向生活和工作的教育——培养21世纪通用知识和技能》《提升意志力：21世纪成功的核心要素》两份报告，旨在告诉人们意志力等非认知能力是21世纪人才能力结构的重要组成部分，直接决定个体能否取得成功。

（二）非认知能力是儿童全面发展的重要指标

1972年，联合国教科文组织在《学会生存——教育世界的今天和明天》中指出，教育基本目的是“把一个人在体力、智力、情绪、伦理各方面的因素综合起来，使他成为一个完人”。1996年，联合国教科文组织发布报告《教育：财富蕴藏其中》，提出21世纪个体必须学会的四方面能力：学会认知、学会做事、学会共处、学会做人。2013年，联合国教科文组织发布报告《走向终身学习——每位儿童应该学什么》，提出应基于人本主义思想突出核心素养，即从“人本性目标”而非“工具性目标”（把学生培养成提高生产率的工具）出发，促进人的情感、智力、

---

① HECKMAN J J，STIXRUD J，URZUA S. The Effects of Cognitive and Noncognitive Abilities on Labor Market Outcomes and Social Behavior [J]. Journal of Labor Economics，2006，24（3）：411-482.

② BOWLES S，GINTIS H，OSBORNE M. The Determinants of Earnings：A Behavioral Approach [J]. Journal of Economic Literature，2001，39（4）：1137-1176.

③ ARROW H，MCGRATH J E，BERDAHL J L. Small Groups as Complex Systems：Formation，Coordination，Development，and Adaptation [M]. CA：Sage，2022.

④ CASNER-LOTTO J，BARRINGTON L. Are They Really Ready to Work? Employers' Perspectives on the Basic Knowledge and Applied Skills of New Entrants to the 21st Century Workforce [M]. New York：The Conference Board，2006.

身体、心理等方面的发展。2015 年，联合国教科文组织通过《教育 2030 行动框架》并发布最新报告《反思教育：向“全球共同利益”的理念转变?》，报告指出，“社会无处不在经历着深刻的变革，而这种变革呼唤着新的教育形式，培养今日和明日社会、经济所需要的能力”。联合国教科文组织的系列报告表明，教育最终要培养“知识—能力—情操”三维健全的人。我国政策制定者也逐渐认识到儿童全面发展的重要性。2019 年，中共中央、国务院印发的《中国教育现代化 2035》强调，要更加注重全面发展，加强品德修养，增强综合素质，强化实践动手能力、合作能力、创新能力的培养。2019 年，中共中央、国务院《关于深化教育教学改革全面提高义务教育质量的意见》强调，坚持德、智、体、美、劳五育并举，全面发展素质教育，保护学生好奇心、想象力、求知欲，激发学习兴趣。

学生核心素养发展相关研究中提到的知识、能力、态度是培养“全面发展的人”的必备品格，也是应对未来复杂环境要求和挑战的关键能力。如 2006 年，欧盟提出终身学习核心素养，目的是指向终身学习，将能力界定为“适用于特定情境的知识、技能和态度的综合”，并从知识、技能和态度三个维度描述 8 种关键技能。2009 年，美国以 21 世纪劳动力市场需要为出发点提出“21 世纪技能”，包括学习与创新技能、信息媒体与技术技能、生活与职业技能三大方面内容，是内容知识、具体技能、专业智能与素养的融合。《中国学生发展核心素养》提出三个方面、六大素养、十八个要点，要求学生在文化基础方面应当培养好奇心等勇于探究的能力；在自主发展方面应当培养自信自爱、坚韧乐观、自制力、调节情绪、不怕挫折的健全人格；在社会参与方面应当培养自尊自律、社会交往等能力。这些能力都指向非认知能力这种非智力因素。其中涉及的灵活性与适应性、社会技能与态度、坚韧乐观、自制力、自尊自律等素养均指向非认知能力，即为通俗所说的情商，经济合作与发展组织称之为“社会与情感能力”，包括任务能力、情绪调节能力、协作能力、开放能力和交往能力五个维度①。

（三）城镇化快速推进对儿童非认知能力发展提出新要求

“人的城镇化”本质是人的现代化，是培养见闻广阔与积极参与、有较高的个人效能感、有高度的独立性和自主性、具有开放性与适应性等方面全面发展的现代公民。伴随城镇化发展的是经济增长方式的转变、生活方式的变化以及文化的融合，这一社会转型要求儿童形成情绪控制能力、适应环境变化的能力以及坚持不懈的能力，如此才能适应城镇化带来的社会经济环境的变化，才能实现人的全面发展与提升人的现代性。因此，城镇化发展的时代背景要求培养儿童学习适应性、意志力、情绪稳定性等非认知能力。

1. 学习适应性、意志力、情绪稳定性等非认知能力是促进流动人口社会融合并实现市民化的重要支撑

这一作用主要体现在以下三方面：（1）适应能力强的人能更快适应新环境，在新环境下能更快找到归属感，能更快融入社区生活并建立属于自己的人际网络；（2）意志力强的人更能吃苦耐劳、坚持不懈，这有助于流动人口获得更加稳定高质量的工作，也有助于他们在未来职场上获得进一步的提升；（3）情绪越稳定的人生活态度更为积极，具有乐观、自信、坚韧的品质，这有助于流动人口克服城市生活的种种困难，实现身份由农民工向市民转换。儿童时期是非认知能力发展的重要时期，在关键期内培养儿童的学习适应性、意志力、情绪稳定性具有重要现实意义。

2. 城镇化进程中儿童的非认知能力发展有待进一步提高

城镇化发展带来社会生态系统和社会环境的变化，对城市随迁子女、农村留守儿童、城乡本地儿童均产生直接或间接影响。现实中，部分儿童难以快速适应社会变化，有的儿童由于缺乏父母的陪伴与监管，出现焦虑、沮丧、愤怒等消极情绪以及校园欺凌、上网成瘾、打架等不良行

---

① 这五个维度中的任务能力、情绪调节能力、开放能力与本研究重点关注的意志力、情绪适应性和学习适应性的具体内涵相一致。具体参见 OECD. Skills for Social Progress：The Power of Social and Emotional Skills（OECD skills studies）［R］. Paris：OECD Publishing，2015：23.

为；有的儿童跟随父母随迁至务工地，不能融入新的学校环境、人际关系，不能快速适应学习环境、学习条件、学习内容的变化；有的儿童遇到困难时容易产生放弃心理，缺乏耐心和意志力，挫折容忍力低。他们处于发展日新月异、环境变化迅速的时代，如何在急剧变化的环境中保持积极向上的情绪，如何快速适应生活、学习方式与家庭环境的变化，如何克服困难，是城镇化发展给儿童非认知能力发展带来的挑战与要求。

3. 发展非认知能力是城镇化背景下弱势群体实现“向上流动”的有效途径

城镇化进程中出现大量城市随迁子女、农村留守儿童、单亲儿童、相对贫困儿童等弱势群体，他们要实现“向上流动”，除了掌握扎实的基础知识和认知能力，更为重要的是拥有自我管理、严格自律、坚持不懈、快速适应社会变化的能力。一是作为一种心理资本和人格力量，学习适应性、意志力、情绪稳定性等非认知能力成为弱势儿童面对挫折时最强有力的精神支柱，使其学会如何在不同环境下调整自己的心态和行为，减少客观不利因素对自身的困扰。二是适应能力和克服困难能力的增强在一定程度上可以弥补弱势群体经济资本和社会资本的缺乏，这种非认知能力的补偿性效应可能会弥补弱势群体的成就劣势。三是与认知能力的培养需要家长有较高教育素养不同，非认知能力的提升主要通过亲子互动等方式来实现，门槛相对较低，尤其是对于弱势家庭而言，如果受限于自身教育程度和经济条件无法为孩子提供学业指导，可以通过增加亲子交流的频率等非经济投入来实现儿童非认知能力发展①。因此，发展儿童非认知能力是弱势群体实现阶层流动的有效途径之一。

从现实背景来看，城镇化的快速推进以及流动人口的增加，不仅给儿童非认知能力发展带来了机遇与挑战，也为我们应该重点关注非认知能力的哪些方面提供了依据。单纯的以知识技能为核心的认知能力已不足以支撑个人的长远发展，也难以适应城镇化带来的社会经济环境变化，学习适应性、意志力、情绪稳定性等非认知能力的重要性日益凸显。

---

① 贺光烨，李博雅．家庭贫困对中学生心理健康的影响：亲子沟通、父母关系与父母信心的中介作用[J]．青年研究，2020（2）：49-58.

第二节 研究问题与研究意义

一、研究问题

随着我国新型城镇化战略和乡村振兴战略的实施，提升教育质量，实现教育公平是我国义务教育发展的战略重点。从儿童发展来看，公平而有质量的教育是教育机会的获得，也是学业成绩的提升，更为重要的是认知能力和非认知能力全面发展。《教育未来简史》指出，工业化时代强调的复述、记忆、背诵等机械式、流水线式学习方式培养出的学生不能适应社会的快速变化，孩子的适应能力、坚持能力、自我控制能力等反而更有利于儿童创造幸福的生活①。作为提高儿童未来收入、改变个人身份地位、实现社会流动的重要素质的非认知能力，是衡量教育质量的重要指标。因此，如何促进儿童的非认知能力发展是本研究的切入点。

从教育生产角度来看，儿童发展是家庭和学校联合生产的结果。20世纪60年代之前，政策制定者们普遍认为，和学校有关的因素是影响学生发展的最主要原因，旨在缩小教育不平等的政策都围绕学校场域做文章。直到1966年《科尔曼报告》指出，在控制了家庭因素的情境下，学校只能解释很小一部分儿童学业成就之间的差异，教育政策制定者才开始关注学校以外的其他影响儿童发展的因素，尤其是家庭环境的重要作用。有关家庭环境对儿童发展影响的研究往往主要关注父母教育水平、职业地位、收入等结构性变量，为相关政策加大对相对贫困家庭的经济支持提供了依据。但从现实背景来看，对家庭环境的研究仍有两点值得反思：一是部分社会经济地位较高家庭的儿童出现意志力薄弱、情绪大起大落等问题；二是政府给予相对贫困家庭的经济支持并不能促使其实现阶层流动。这表明，家庭是一个复杂的系统，当我们在谈论“家庭环境”的影响时，不能只关注家庭社会经济地位等静态的家庭环境，还要

① 朱克斯，沙夫．教育未来简史[M]．钟希声，译．北京：教育科学出版社，2020：160-161.

关注动态的、过程性的家庭环境。

城镇化是经济生产方式的转变、生活方式的变迁以及文化的融合，是不同人群适应环境变化的过程。城镇化的发展对儿童发展以及家庭环境均带来冲击，比如流动儿童面临新环境的融入问题，城市儿童面临不断接受外来人口的适应问题，农村留守儿童需要适应亲子分离的环境变化，于是有的儿童出现学习适应不良的问题，有的儿童出现焦虑、沮丧、愤怒、过度担心等消极情绪。儿童这些方面的变化往往与城镇化快速发展带来的家庭结构多样化、亲子陪伴缺乏、亲子关系淡漠等家庭环境的变化有关。此外，城镇化进程带来家庭环境的多样化，导致家庭教育的复杂性，使得不同群体的家庭环境特点及其对儿童非认知能力发展的影响机制可能存在差异。

基于此，本研究基于湖北省家庭教育调查数据，采用质化与量化相结合的混合研究方法，从学习适应性、意志力和情绪稳定性三方面着手，尝试探讨家庭环境影响儿童非认知能力发展的过程机制。本研究拟解决的关键问题是，家庭环境通过何种机制对儿童非认知能力发展产生何种影响。上述问题可划分为以下四个子问题：

（1）城镇化进程中家庭环境和儿童非认知能力发展现状如何？存在什么问题？

（2）家庭环境对儿童非认知能力发展是否有影响？如果有，影响有多大？影响机制是什么？何种维度的家庭环境对儿童非认知能力发展的影响更大？

（3）不同背景儿童的非认知能力发展是否存在差异？若有，家庭环境在这个差异形成过程中发挥了什么作用？家庭环境是否可以调节其他变量的影响？家庭环境的改变是否有利于促进教育公平？

（4）家庭环境对儿童非认知能力发展的影响是否受到家长教育素养的调节？若是，如何建立适切的家庭教育政策以提升家长教育素养，进而促进儿童非认知能力发展？

二、研究意义

家庭是人生的第一所学校，家长是孩子的第一任老师，家庭环境是促进儿童非认知能力发展的重要因素。那么我们究竟需要什么样的家庭环境来促进儿童非认知能力发展？要想获得这个问题的准确答案，我们必须了解影响儿童非认知能力发展的投入机制，在探讨家庭社会经济文化地位、家庭结构等静态的结构性家庭环境的基础上，深度挖掘家长教育期望、亲子互动、家庭教养方式、亲子关系等动态的、可改变的过程性家庭环境，并将其放在城乡家庭背景之下进行分析，以呈现出家庭环境影响儿童非认知能力发展的全面图景。总之，本研究的理论和现实意义主要体现在如下几个方面：

第一，本研究有助于人们全面了解城镇化进程中义务教育阶段儿童非认知能力发展状况及其影响因素。自党的十九大报告提出“努力让每个孩子都能享有公平而有质量的教育”以来，对教育质量的不懈追求成为教育改革征程的新方向。有质量的教育不仅仅是考试分数的提升，更为重要的是关注儿童非认知能力发展。事实上，随着经济社会的快速变迁，仅仅具有高认知能力已不再是获得劳动力市场成功的充分条件，非认知能力正在扮演越来越重要的角色。那么，究竟什么是非认知能力？哪些非认知能力是儿童的必备品格和关键能力？影响儿童非认知能力发展的因素有哪些？尤其是在城镇化快速推进的背景下，大量处于弱势地位的儿童，有利于他们实现“向上流动”的能力包括哪些？本研究试图在此方面寻求新的突破，呈现城镇化背景下儿童非认知能力发展的基本状况并探讨影响儿童非认知能力发展的因素。

第二，本研究有助于明确家庭环境影响儿童非认知能力发展的过程机制，把握家庭教育的规律，更好地提高家庭教育效果。家庭作为三大教育支柱之一，对儿童非认知能力发展尤为重要。家庭是一个复杂的系统，在家庭场域中形成的家庭环境具体如何对儿童非认知能力发展产生影响以及产生了怎样的影响是一个复杂的过程。以往家庭因素往往被看作是一个静态的先赋性因素，即考察家庭社会经济地位对子代教育的影响。但值得注意的是，家庭因素这一内涵丰富的概念并不仅仅包括社会经济地位等静态因素，还包含以家庭为发生和实践场所的微观动态过程（如亲子互动），以及在家庭中形成的教育氛围（如教养方式）。这些结构性的家庭社会经济地位与家庭结构、过程性的亲子互动、氛围性的教养方式和亲子关系，形成了完整的家庭环境。本研究利用广泛的数据调查与深入的个案研究，通过多元线性回归、路径模型、Shapley 值分解法等方法，探讨静态的结构性家庭环境、动态的过程性家庭环境与儿童非认知能力发展之间存在的中介效应、调节效应和影响路径，尝试揭示家庭环境影响儿童非认知能力发展的过程机制。

第三，本研究有助于完善家庭政策与构建覆盖城乡的家庭教育指导服务体系。家庭教育不仅与儿童的成长、社会的和谐稳定息息相关，而且其质量的高低还会对国家、民族，乃至整个人类社会的发展产生深远的影响。构建覆盖城乡的家庭教育指导服务体系，对于解决现实生活中家庭教育困惑、促进儿童发展、实现教育公平具有重要意义。那么，什么样的家庭教育指导是有效的？家庭需要什么样的指导来改变教育行为和教育模式？不同城乡背景的家庭需要什么样的家庭政策来推动家庭的发展？首先要明确家庭环境对学生发展影响的机制，如此才能建立适切的家庭政策与构建覆盖城乡的家庭教育指导体系，有针对性地提升不同背景家长的教育能力，从而促进儿童发展。

第四，本研究有助于以中国本土的实证证据丰富新人力资本理论，丰富教育生产函数相关研究。本研究基于已有关于教育生产函数的研究，对教育生产函数的两端进行适当拓展：一是拓展教育产出指标，将非认知能力纳入教育生产函数的产出指标，修正过去单一考虑学生学业成绩导致的对教育投入要素的估计偏误；二是拓展教育投入指标，在考虑学校投入等可通过公共政策调控的变量的同时，将难以被观察和测量的家庭环境纳入教育生产函数的投入指标，尤其关注可改变的过程性家庭环境要素。

第五，本研究拓展了义务教育阶段儿童发展的研究视角。本研究将家庭环境影响儿童非认知能力发展这一微观议题放在城镇化背景下讨论，最后回到宏观的家庭政策，试图形成宏观—微观—宏观的研究思路。本研究尝试从以下三方面回应宏观城镇化与微观家庭环境、儿童非认知能力发展之间的关系：其一，家庭环境是社会变迁的产物，处于不同社会结构位置的家庭在家庭环境方面可能有显著差异，即家庭环境受到城镇化发展的影响；其二，家庭环境又可能是社会不平等的原因，因为家庭环境是影响儿童非认知能力发展的重要决定因素；其三，家庭环境也可能是改变社会宏观结构的重要因素，因为家庭环境在社会背景与儿童发展之间起着重要的调节作用。

第三节　核心概念探究

一、何谓城镇化

“城镇化”来源于英文词汇“urbanization”，最早出现在1867年西班牙巴塞罗那城市规划师、建筑师兼工程师勒德丰索塞尔达所著的《城市化的理论问题》一书中。该书从城市规划与建筑的角度来论述城镇化，认为城镇化应侧重于城市形态的发展及城镇化过程中建筑景观的规划，城镇化最直观的表现就是地域景观的变化[①]。在具体译文中有三种不同的观点：一种观点认为“urbanization”应译为“城市化”；一种观点认为“urbanization”应译为“城镇化”；另一种观点认为“urbanization”既可译成“城市化、都市化”，也可译成“城镇化”。在中国背景下，县镇是行政区划的基本单元，是城乡融合发展的重要纽带，因此在我国更多使用“城镇化”这一概念。

在城镇化的内涵和概念界定问题上，不同的学科分别从各自的研究视角和专业领域给出了不同的定义和内涵。人口学认为，城镇化是人口向城镇集中的过程。城镇化主要是观察和研究因农村人口迁移所带来的城市人口数量的增加、农村人口数量的减少，探讨城乡人口分布及其变动对经济社会发展的影响。在社会学领域，城镇化伴随着人类生活方式（如文化教育、价值观念、生活方式）的发展，一方面，城市不断吸引和纳入各种不同生活方式；另一方面，城镇化使得个体的农村意识、行动方式和生活方式不断向城市靠拢和转变。在经济学领域，城镇化不仅

① 郑长德，钟海燕．现代西方城市经济理论[M]．北京：经济日报出版社，2007：227.

是人类生产活动向第二、第三产业转换以及各种非农产业经济要素向城市聚集，农村自然经济向城市社会化大生产转化的过程；它也是城市经济溢出效应发挥辐射带动作用，促进农村农业经济发展和效益提高的过程。对于城镇化的定义，地理学强调以下四个方面的内容：一是原有城市、街道、地区的再组织、再开发；二是城市地域的扩大；三是城市关系的形成与变化；四是大城市地域的形成。

在此基础上，学者们从不同学科视野对城镇化进行定义，为更加全面、准确地把握城镇化含义提供了一个平台。有研究者认为，在市场机制和政府宏观调控的作用下，城镇化是由农村分散的人口、非农产业、资本要素向城镇集中的社会经济过程①。上述定义尝试从城镇化变革的内容上去解读城镇化的定义，而没有从“人”这个根本要素出发把握城镇化的本质。城镇化的重难点在于人的城镇化，城镇化最核心的任务是解决我国长期以来城乡二元社会结构形成的机会和利益不均等，解决我国农民和农民工的市民化问题。换言之，城镇化就其实质来讲是促进城乡居民的生产方式、生活方式、文明素质和社会权益融合的过程，是城乡居民拥有平等的经济权利、社会权利、政治权利和发展权利的过程。

基于此，本研究认为城镇化是指农村人口不断向城镇转移，优质资源不断向城镇聚集，从而使城镇数量增加、城镇规模扩大、城市文化及生活方式扩散的一种社会变迁过程。其实质是在充分尊重城市、县镇与乡村的产业格局、社会形态与文化模式差异的基础上，推动城乡融合发展、包容性发展、一体化发展，在推动人口、经济、产业结构变化的同时，实现人的全面发展。城镇化发展必然影响产业布局、人口分布和教育资源配置格局，进而对家庭教育决策、人力资本投资等产生影响。

伴随着城镇化的快速推进，大量农村剩余劳动力外出务工，他们的孩子或留在农村老家生活，或跟随他们到务工地生活。流动家长会根据孩子年龄、家庭经济状况进行家庭迁移决策，孩子“流动”或“留守”的状态也会随着家庭策略而发生改变，子女未跟随父母流动到城市而留

---

① 辜胜阻，郑凌云．农村城镇化的发展素质与制度创新[J]．武汉大学学报（社会科学版），2003，56（5）：541-547.

在农村老家的称为“农村留守儿童”，子女跟随父母到城市生活学习的称为“城市随迁子女”。加上城市和农村原本没有流动的儿童，构成了城市本地儿童、城市随迁子女、农村非留守儿童、农村留守儿童四类儿童。

二、家庭环境的概念与维度

（一）家庭环境概念

人是环境的产物，社会环境是人生存与发展的客观条件。古人曰“蓬生麻中，不扶自直”，“染于苍则苍，染于黄则黄”，形象地说明环境对人的巨大影响。人每天与各种不同的人、事、物接触，这使得孩子受到的影响来自四面八方，仅凭借父母的口头教导已无法抵抗外界的影响。家庭教育应该扩展至“境教”。

在对“家庭环境”进行界定之前，重点是要对“家庭”与“环境”进行清晰的界定。“家庭”在人类历史上的形式多样，反映了当时的社会规范和社会经济条件。不同学科从不同视角对“家庭”的概念进行了界定，研究者一直在努力寻找一个能普遍被接受的、适用于所有历史时期的文化现实的定义。从法律学来看，《中华人民共和国婚姻法》将“家庭”定义为“以婚姻、血缘和共同经济为纽带而组成的亲属团体”。从社会学来看，“家庭”是指“以一定的婚姻关系、血缘关系或收养关系组合起来的社会生活和社会结构的基本单位”，家庭是个体的主要社会关系，是社会自我复制和维持存在的基本单位，这也是目前最为普遍接受的家庭定义。从统计学来看，“家庭”是指以婚姻、血统或收养关系为基础而且共同生活在一起的人所组成的居民户。从人口学来看，“家庭”是人口再生产的唯一基本单位，是民族、种族和人类赖以延续的基本单位。虽然不同学科不同历史时期关于家庭的定义存在差异，但是在家庭定义不断发生变化的情况下，仍然有一些基本的核心是不变的，那就是家庭是一种对资源、照顾、责任和义务的共享，以及通过“亲属关系”所确定的婚姻、家庭形式、家庭关系和家庭功能等内容仍然构成了“家庭”组织的核心内容。

正如古德所言，在思考家庭定义的时候必须涉及三个基本的问题：谁是家庭成员？家庭是干什么的？家庭如何与其他群体相联系？[①] 第一个问题讨论的是家庭的边界、家庭的主体，第二个问题讨论的是在家庭中有些什么活动、家庭在做什么、特定的家庭成员在做什么以及和谁一起做等问题，第三个问题讨论的是家庭如何从其他群体那里获得支持和资源。基于对以上三个问题的思考，结合当下社会经济发展背景，本研究借鉴社会学的观念将家庭定义为“以婚姻、血缘关系为主要纽带的人类社会生活基本单位”。杨宝忠总结家庭的三个特点为：（1）家庭是一种特殊的社会生活组织形式，是建立在血缘和姻缘关系基础上的社会关系；（2）家庭是初级社会群体，它既为构成社会的个人提供社会生活的基本环境和条件，又成为整个社会的基础和必不可少的重要组成部分；（3）家庭是一个生命分享的过程，家庭全部成员伴随着家庭生命周期而不断地成长[②]。

相较于家庭定义的复杂与多样，环境的定义则更为简单明了。从词源学上讲，英文“environment”由动词“environ”延伸而来，英文“environ”源于法语中的“environner”和“environ”，法语“environner”和“environ”源于拉丁语“in（en）”加“circle（viron）”。这些词的含义中都带有“包围”“环绕”的意思。由此可见，“环境”这个词一般是指围绕某个中心事物的外部世界。根据《中国大百科全书·环境科学卷》，“环境”这个词是指“围绕着人群的空间及其中可以直接、间接影响人类生活和发展的各种自然因素的总体”。目前对“环境”一词大众普遍理解的是“人们周围所处的条件或境况”，对人的生活学习有着重要影响。

Vennon 是最早提出家庭环境这一概念的人，他认为家庭环境就是家庭为受教育者所提供的学习环境和学习条件。此概念主要从客观角度对家庭环境进行定义，事实上，家庭环境不仅包括家庭资源、家庭结构、生活条件等硬环境，也包括主观形成的软环境。Belsky 提出，家庭环境

① 古德．家庭[M]．魏章玲，译．北京：社会科学文献出版社，1986：11-14.

② 杨宝忠．大教育视野中的家庭教育[M]．北京：社会科学文献出版社，2003：83-84.

的研究不能只停留在物质层面关注客观家庭环境，还应该从整体出发研究主观家庭环境，关注家庭文化、家庭支持①。孔德新指出家庭环境是家庭中的人、物、事相互作用形成的一种情形，它诉诸人的内在情绪和感受，对人起着潜移默化的作用，是家庭生活中人与人之间相互联系时所形成的一种氛围②。孙圣涛认为，家庭环境既可被视为人生活在家庭中的各种条件，也可以被看作家庭成员之间相互作用所形成关系的氛围的总和；可以说，它就是各种因素组成的复合体③。

综合上述讨论，本研究认为家庭环境是人们在成长过程中所处的以婚姻、血缘为基础，为共同生活组建的社会单位中的人、物、事相互作用形成的各种环境复合体。家庭环境是复杂的，由一系列相互联系的子系统组成，只有将每个子系统放到家庭系统中去理解才能更好地解释家庭环境对儿童发展的影响。

要注意区分家庭环境和家庭教育。家庭教育和家庭环境都是比较复杂的概念，从不同的视角有不同的界定。从教育经济学的视角来看，家庭教育是教育生产函数的重要投入变量，而以“家庭是什么”和“家庭做什么”为表征的家庭环境，是家庭教育投入的重要组成部分。简言之，家庭教育包括家庭环境。正如黄迺毓所言，家庭教育应该包括“境教”，也就是家庭教育不仅包括家长的谆谆教诲和以身作则，还应该包括给孩子创造一个较好的学习及成长环境，发挥家庭潜移默化的作用。

（二）家庭环境维度

家庭环境是复杂的，是由一系列相互依存的亚体系所构成。关于家庭环境的维度，目前比较常见的有四种划分方式：一是将家庭环境分为家庭硬环境和家庭软环境两个方面，前者主要指那些可以用量化指标来评判和衡量的环境因素，比如家庭的成员结构、资源分配、生活条件等，后者则主要指家庭的心理、道德、文化环境，是人的个性、心理品质培

---

① BELSKY J. The Determinants of Parenting: A Process Mode [J]. Child Development, 1984, 55 (1): 83-96.

② 孔德新．环境与人类社会[M]．芜湖：安徽师范大学出版社，2011：39-40.

③ 孙圣涛．家庭环境对幼儿社会技能的影响[M]．南昌：江西教育出版社，2019：20.

育和社会化过程的温床[①]；二是将家庭环境划分为结构维度、过程维度和资本维度三个方面[②]；三是将家庭环境分为家庭文化背景、家庭经济背景、家庭动机背景、家庭情感背景四个方面[③]；四是将家庭环境细化为家庭所说的语言、家庭所提供的教育阅读材料、家庭谈话的质量和数量、训练较年轻的家庭成员的方法和一致性、家庭参加的社区活动和参观的地方名胜、家庭外出旅行的质量和数量、父母对学习和学校教育的态度多个方面[④]。

从现实背景来看，人口流动带来家庭结构、家庭互动、家庭关系的变化并形成了新的家庭教育场域。城镇化的快速推进不仅改变了家庭收入与家庭结构，也对亲子交流互动、亲子关系以及家庭教养方式带来影响，形成了复杂多样的家庭环境。结合生态系统理论中关于家庭环境的论述以及城镇化进程中家庭变迁的现实背景，本研究从家庭是什么、家庭做什么两个方面来探讨家庭环境，将家庭环境划分为结构性维度、过程性维度两个方面：一是静态的、可观测的结构性家庭环境，反映的是“家庭是什么”，侧重静态的、易于观测的家庭环境，包括家庭社会经济文化地位和家庭结构两方面；二是动态的、可塑的过程性家庭环境，反映的是在教养子女方面“家庭做什么”。

从过程性家庭环境来看，Kellaghan 等人对家庭环境与儿童学业成功的文献综述表明，家庭环境中的过程性变量在孩子的发展中起着重要的作用，具体表现在三个重要结论中：（1）家庭环境是决定学生学业成就、学习兴趣和受教育年限的最重要因素；（2）家庭社会经济地位等背景变量不一定决定孩子在学校的成功，家长在家里“做什么”比他们所处的地位更重要；（3）如果家长了解孩子在学校的期望，并随时通过家庭活动来支持孩子实现这些期望，孩子往往能够取得学业成功。Darling

① 孔德新．环境与人类社会[M]．芜湖：安徽师范大学出版社，2011：33-35.

② 蒋逸民．教育机会与家庭资本[M]．北京：社会科学文献出版社，2008：8-17.

③ VOTRUBA-DRZAL E. Income Changes and Cognitive Stimulation in Young Children's Home Learning Environments[J]. Journal of Marriage and Family，2003，65（2）：341-355.

④ 范斯科德．美国教育基础：社会展望[M]．北京师范大学外国教育研究所，译．北京：教育科学出版社，1984：140.

和 Steinberg 将动态的家庭教育实践在未成年人发展过程中所体现的内容划分为三方面：一是家长对孩子进行社会化教育的目标，即家长对孩子的教育期望；二是家长通过哪些具体行动去实现这些期望与目标，即教育行为；三是家长对未成年人进行教育过程中所形成的情感氛围和关系网络，即家庭教养方式和亲子关系①。基于此，本研究将过程性家庭环境划分为体现心理、行为、情感、关系的家长教育期望、亲子互动、家庭教养方式和亲子关系四方面。

三、非认知能力的概念与测评框架

（一）非认知能力概念

在传统人力资本理论中，经济学家通常将能力等同于认知能力。直到 20 世纪末，随着现代心理科学的发展以及大规模调查数据的可获取性得到改善，非认知能力才逐渐进入经济学家的研究视线。以 Bowles、Heckman（赫克曼）等为代表的新人力资本理论倡导者认为，人的能力不仅包括认知能力，还包括动机、坚持、时间偏好和自我控制等非认知能力，尤为强调后者在快速变迁的社会中的重要价值。

非认知能力作为一个多维的复合概念，具有广泛内涵和测量维度，选取恰当的非认知能力维度是本研究顺利开展的关键。心理学家通常使用“人格特质”来指代非认知能力。他们认为，非认知能力作为一种较为稳定的思想、情感和行为方式，是对某种情境所做出的特定回应②，具体表现为个性特征、人格特质、情绪智力或非智力因素等方面。教育学家以及政策评估者倾向于使用“社会与情感能力”，是一种管理情绪、设定和积极实现目标、欣赏他人观点、建立和维持积极关系、做出负责任的决策、建设性地处理人际关系的核心能力。美国的学术、社会和情感学习联盟提出社会情感学习，指个体在成长和发展过程中，习得调适

① DARLING N, STEINBERG L. Parenting Style as Context: An Integrative Model [J]. Psychological Bulletin, 1993, 113 (3): 487-496.

② BORGHANS L, DUCKWORTH A L, HECKMAN J J, et al. The Economics and Psychology of Personality Traits [J]. Journal of Human Resources, 2008, 43 (4): 972-1059.

自我、适应社会能力的过程，包括自我意识、自我管理、社会意识、人际关系技能以及负责任地决策五个方面。经济学家则将其定义为“非认知能力”，是一种与听说读写等认知能力相对应的个人特征，包括动机、时间偏好、自我控制、自尊等，他们认为非认知能力既是一种主观的心理因素，同时也是一种技能因素，可以通过教育和后期干预实现积累。虽然到目前为止还没出现一个广为认同的概念，但正如 Heckman 指出，不同学者使用不同的概念只是想表达的侧重点存在差异，不同概念之间实际上有着紧密的联系和共性。

基于此，本研究使用经济学家较为常用的“非认知能力”这一术语，即人们应对不同情境时所展现出来的一种可通过后天教育获得的思想、感觉和行为模式，它包含三方面特征：一是难以被智力测验或学业成绩测量；二是具有可收益性特征；三是可以通过正式的和非正式的学习经验习得。

（二）非认知能力测评框架

1. 选取依据

由于非认知能力定义的差异，其测量标准具有多元性，比如 Heckman 等学者采用自尊、内外点控制等指标来度量①；Durlak 等人使用社会情感技能、对自我和他人的态度、问题行为、情绪障碍等指标测度非认知能力②。吴愈晓等的研究从心理健康、自信心、集体融入和人际关系四个维度检验家庭结构对儿童非认知能力发展的影响③；雷万鹏和李贞义从学习毅力、开放性、消极情绪性、交往能力和学校适应五个维度测量学生非认知能力发展④。本研究选取学习适应性、意志力和情绪

---

① HECKMAN J J, CORBIN C O. Capabilities and Skills [J]. Journal of Human Development and Capabilities, 2016, 17 (3): 342-359.

② DURLAK J A, WEISSBERG R P, DYMNICKI A B , et al. The Impact of Enhancing Students' Social and Emotional Learning: A Meta-analysis of School-Based Universal Interventions [J]. Child Development, 2011, 82 (1): 405-432.

③ 吴愈晓，王鹏，杜思佳．变迁中的中国家庭结构与青少年发展[J]．中国社会科学，2018 (2)：98-120.

④ 雷万鹏，李贞义．教师支持对农村留守儿童非认知能力的影响：基于 CEPS 数据的实证分析[J]．华中师范大学学报（人文社会科学版），2020，59（6）：160-168.

稳定性作为儿童非认知能力发展的指标，理由如下：

（1）从理论框架来看，学习适应性、意志力、情绪稳定性是义务教育阶段儿童发展较为重要的维度。已有关于非认知能力框架的研究主要体现在以下领域：一是心理学领域的研究，如心理学家提炼的大五人格；二是政府、国际组织和教育测评机构等出于监控或评估需求开发的测量框架，如世界经合组织的社会情感技能框架、联合国教科文组织的可转移能力框架、美国大学入学测试机构的行为技能测验框架等；三是教育干预项目为评估效果而建立的评估框架，其中较有影响力的有英国和美国的社会情感学习评估框架等。上述框架内容基本反映了人们达成目标的能力、自我控制的能力、适应社会的能力。学习适应性、意志力、情绪稳定性与大五人格量表中的开放性、尽责性、情绪稳定性对应，与社会情感学习框架中的社会意识、负责任地决策、自我管理对应，也和社会与情感能力框架中的开放能力、任务能力、情绪调节能力相对应。与此同时，结合义务教育阶段儿童身心发展特点以及义务教育人力资本发展评估指标，借鉴心理学、教育学关于儿童发展的理论，以及素质教育和核心素养中关于儿童发展的评价指标，学习适应性、意志力、情绪稳定性是已有儿童发展评价框架都涉及的指标，选择学习适应性、意志力、情绪稳定性作为评价义务教育阶段儿童非认知能力发展的指标具有一定合理性。

（2）从现实背景来看，伴随城镇化的是经济生产方式的转变、生活方式的变迁以及文化的融合，这一社会转型对儿童学习适应性、意志力、情绪稳定性等方面的发展提出要求。实践表明，学习适应性、意志力、情绪稳定性等非认知能力是促进流动人口社会融合并实现市民化的重要支撑。事实上，诸多儿童在城镇化过程中出现不适应的问题，主要是在学习适应性、意志力、情绪稳定性等方面表现不佳。此外，城镇化过程中出现大量弱势群体，他们要突破“寒门”限制，除了掌握扎实的基础知识和认知能力，更为重要的是不断提升可以弥补弱势背景带来不利影响的能力，学习适应性、意志力、情绪稳定性就是可以为弱势儿童提供精神支撑的重要能力[1]。

（3）实证研究结果表明，学习适应性、意志力、情绪稳定性具有重要的经济价值和社会效益，对学生的学业成就、职业获得、社会经济地位、人生发展具有重要意义[2]。相关研究表明，良好的学习适应性有助于儿童取得较高学业成就，学习适应性越强的儿童能更好地跟上课程节奏并积极参与课堂学习，能体验到更多学习乐趣[3]。意志力对心理健康、工作收入、生活方式等也发挥着长期影响，意志力能让个体生活更快乐、收入更高、事业也更成功[4]。情绪稳定性发展健全人格，提高生活质量，保持旺盛精力和愉快情绪。基于此，探讨儿童学习适应性、意志力、情绪稳定性三方面的发展具有重要理论意义与实践价值。

（4）在指标选取之前，对城乡校长、教师、家长以及义务教育阶段儿童进行了大量访谈，从他们的视角看除了学业成绩之外，义务教育阶段儿童需要发展的非认知能力包括哪些方面，并进行整理归纳[5]。田野调查结果表明，一线教师和家长普遍关注儿童学习适应性、意志力、情绪稳定性的发展。对于这三方面非认知能力的探究，有助于回应家长和孩子的需求，也有助于校长和教师明确义务教育阶段儿童发展的定位。

（5）考虑现有测量工具的稳健性和可获得性。学习适应性、意志力、情绪稳定性均有相对成熟的测量方法和测量工具，这些测量工具在

---

① SHANAHAN M J, BAULDRY S, ROBERTS B W, et al. Personality and the Reproduction of Social Class [J]. Social Forces, 2014, 93 (1): 209-240.

② 钟粤俊，董志强. 意志的力量：青少年时期意志力对成年收入的影响[J]. 产业经济评论，2017（2）：23-38.

③ NEGRU-SUBTIRICA O, POP E I. Longitudinal Links Between Career Adaptability and Academic Achievement in Adolescence [J]. Journal of Vocational Behavior, 2016, 93 (4): 163-170.

④ FITCH J L, RAVLIN E C. Willpower and Perceived Pehavioral Control: Influences on the Intention-behavior Relationship and Postbehavior Attributions [J]. Social Behavior and Personality: An International Journal, 2005, 33 (2): 105-124.

⑤ 经整理，一线教师和家长普遍认为学习成绩之外最重要的三方面分别为：一是能够持之以恒，长期专注于学习，不轻言放弃；二是能积极调节自己的情绪，控制自己避免出现剧烈的情绪起伏；三是能适应学习环境、学习条件、学习内容、教学方式的变化，随迁子女能快速融入新的学习环境。本研究中的意志力、情绪稳定性、学习适应性分别对应这三方面的内容。

学术界有较为广泛的应用①，其测量信效度已得到检验和认可，用这些工具进行测量具有较高的信效度。

2. 测评指标内涵

（1）学习适应性。

学习适应性作为非认知能力发展的重要指标之一，对学生的学业成就、心理健康发展和未来社会适应具有重要的作用。“学习适应性”的界定重在“适应”和“适应性”的明确。“适应”一词起源于生物学，表示生物物种通过改变自身形态结构、生理功能、行为反应、生活习性，来提高它们对外界环境的协调控制能力。当前，“适应”一词已经被应用于多学科中，如语义学、生物学、心理学、社会学和教育学等。心理学认为“适应”是个体与环境之间的动态平衡，既可以是个体不断寻求平衡的过程，也可以是个体所处的平衡状态。他们认为“同化”和“顺应”是个体与环境互动的重要方式，个体在调整自身以适应环境的同时又反作用于环境。皮亚杰（Piaget）的“平衡理论”提出个体在环境中处于“平衡—不平衡—再平衡”的动态变化过程，这也是适应过程。社会学的观点更加强调社会结构和社会环境的重要性，即强调为了更好地适应社会，个体需要不断地调整自己的行为表现。因此，在社会学中，适应更倾向于是一种个体为克服障碍、排除困难而表现出的反应或因应行为。教育学则倾向于将“适应”视为一种情境，强调为适应情境而采取的教育策略，尽管这一定义较为抽象，但归根结底也在强调个体与个体之间、个体与环境之间的互动、平衡。

尽管在不同的学科定义下，适应的环境与对象存在差异，但是“适应”有以下三方面的特性：一是互动性。个体不仅通过改变自身以适应环境的变化，也可以通过能动的改变环境以适应自身特性。二是动态性。适应是一个动态发展的、不断变化的、寻求平衡的过程。三是平衡性。

① 例如，徐璐（2016）利用《青少年心理健康素质调查表》适应性分量表中关于学习适应性的子维度探讨家庭社会资本对城市随迁子女学习适应性的影响；雷万鹏和李贞义（2020）利用中国教育追踪调查中意志力测量量表来探讨教师支持对农村留守儿童非认知能力发展的影响；乐君杰、胡博文（2017）用情绪稳定性作为非认知能力的指标之一探讨非认知能力对劳动者工资收入的影响。

适应的最终目的是实现自身与社会的平衡，平衡是衡量适应水平的重要标准。本研究认为，适应是个人与环境交互作用的历程，是个体与环境产生交互作用的连续过程，包含静态结果及一连串双向改变和挑战的动态历程。学习是义务教育阶段学生在学校的主要任务，学习成为衡量学生在学校中适应与否的一个重要方面。因此，学习适应指的是个人在学习过程中，根据学习条件与学习环境的变化，根据自身已有的认知图式，主动作出身心调整，以求达到内外学习环境平衡的过程与状态。

"学习适应性"是实现"学习适应"的重要前提，也是非认知能力的重要指标之一。在《现代汉语辞海》中，当"性"作为词的后缀，附在某些名词、动词、形容词后面，构成抽象名词或非谓形容词时，表示事物的性质、性能、范围或方式等①。因此，相较于"适应"一词，"适应性"指的是个体适应环境的能力和心理特质。张大均等则认为适应性是心理素质的重要功能成分，个体在面对环境及身心变化时，能够以相对稳定的心理和行为反应进行应对，因而是一种比较稳定的心理特性或品质。适应性包括能够和愿意应对工作中不确定的、新的和快速变化的情况，包括对紧急情况或危机情况的有效反应和学习新任务、新技术的能力②。适应性还包括处理工作压力、能适应不同的沟通方式和文化、能适应各种室内或室外工作环境的能力倾向③。

周步成教授较早界定了何为学习适应性。他提出学习适应性是个体在克服困难后，所取得较好学习效果的能力，主要包括学习态度、学习技术、学习环境和身心健康等方面。陶沙同样将学习适应性视为一种能力，但他认为这种能力是在进入更高学习阶段、面对更难学习任务时所产生的④。田澜则认为，学习适应性是指学生在学习过程中根据学习条件

---

① 《现代汉语辞海》编委会．现代汉语辞海[M]．北京：光明日报出版社，2002：1309.

② 张大均，张赛．当代中国大学生适应性发展的特点[J]．西南大学学报（社会科学版），2007（7）：124-128.

③ PULAKOS E D，ARAD S，DONOVAN M A，et al. Adaptability in the Workplace：Development of a Taxonomy of Adaptive Performance[J]. Journal of Applied Psychology，2000，85（4）：612-624.

④ 陶沙．从生命全程发展观论大学生入学适应[J]．北京师范大学学报（人文社会科学版），2000（2）：81-87.

件、学习态度、学习方法、学习环境等的变化，主动作出身心调整，以求达到内外学习环境相平衡并促进学习发展的能力①。不同的是，Baker与Siryk更倾向于将学习适应性定义为一种倾向性，如确立学习目标、完成学业时所作的努力，以及对学习环境所持的积极态度②。

鉴于此，本研究中的学习适应性是指学生在学习过程中根据需要主动进行身心调整，以适应学习内容、学习方法、学习环境的能力。一方面，学习适应性可表现为一种被动“顺应”，是学习者对教学方式和学习环境的简单应对；另一方面，学习适应性还是一种主动的“回应”，是学习者在学习过程中不断提升自身学习能力以取得更为持续的学习效能。学习适应性的外在表现就是学习适应的状态。

（2）意志力。

意志力是一种非认知能力，对儿童发展具有重要作用。斯坦福大学著名心理学家McGonigal认为意志力是控制自己注意力、情绪和欲望的能力，并通过神经学原理解释意志力是反映个体驾驭“我要做”“我不要”和“我想要”这三种力量的能力。对大多数人来说，考验意志力的经典方法是抵制诱惑，是“我不要”的能力。但说“不”只是意志力的一部分，有时候，说“是”更重要。当你去做你不想做却需要你完成事情时，主要就是“我要做”的能力在发挥作用。除此之外，当你面对诱惑，需要在重要的时候找到你的动机，需要明白自己真正想要什么，这就是“我想要”的力量。意志力是实现理想目标的驱动力，是一种目标导向的思维方式。Fitch和Ravlin将意志力定义为个体为了实现自己的长期目标而努力、坚持、有决心的一种能力和特质，强调意志力的目标指向是长期目标③。《中国学前教育百科全书》将意志力定义为“坚强的意志品质”，即表现为人们为达到既定目的而自觉努力的程度。通常而言，

---

① 田澜．我国中小学生学习适应性研究述评[J]．心理科学，2004（2）：502-504.

② BAKER R W，SIRYK B. Measuring Adjustment to College［J］．Journal of Counseling Psychology，1984，31（2）：179-189.

③ FITCH J L，RAVLIN E C. Willpower and Perceived Pehavioral Control：Influences on the Intention-behavior Relationship and Postbehavior Attributions［J］．Social Behavior and Personality：An International Journal，2005，33（2）：105-124.

具有强大意志力的人能够自觉地确定目标、有原则地执行决定、果断地作出判断。

意志力与坚毅力、大五人格的尽责性、社会与情感能力的任务能力的内涵一致，在意志力内涵较为复杂且学界尚未对意志力形成统一的概念界定情况下，许多学者将三个概念混合使用。Duckworth 等学者率先对坚毅力进行研究，认为坚毅力是坚持“长期目标的毅力和激情”，包括“坚持努力”和“兴趣一致”两大维度，开发的坚毅力量表也被学者用来测量意志力。坚毅力表达了意志力中的“我要做”和“我想要”两个维度，对于意志力中的“我不要”涉及较少。大五人格的尽责性维度和意志力的概念也有一定的重叠，尽责性是指个体的控制和规范力，具有较高尽责性的人往往做事井井有条，持之以恒，不轻言放弃。相较于意志力，尽责性更多地强调短期的坚持与控制，意志力强调长期的耐力。那些意志力强的人会在很长一段时间内坚持不懈地完成一个重要的目标，尽管会遭遇失败、逆境甚至无聊①。

通过梳理已有研究发现，意志力被普遍认为是一种为了长期的理想目标而克服困难、持续付出努力的能力。依据周金燕梳理的非认知技能框架可知，意志力是个体处理学业或事业的一种“成就目标型”非认知能力②。需要特别说明的是，因为本研究的调查对象是义务教育阶段的儿童，主要通过测量他们在学习领域的意志力来反映整个意志力发展。意志力强的学生有四个特点：首先，他们有明确的目标；其次，他们热衷于学习，积极地看待努力，可以为了学业而放弃眼前的乐趣；再次，他们把挫折视为学习的机会或需要解决的问题，困难不会使他们偏离轨道；最后，他们知道如何在长期学习中保持专注，以及如何部署新的策略来取得有效进步。

（3）情绪稳定性。

情绪是个体对客观事物的一种内心体验，反映了对客观事物的态度，

---

① DUCKWORTH A L, SELIGMAN M E P. Self-Discipline Outdoes IQ in Predicting Academic Performance of Adolescents［J］. Psychological Science, 2005, 16（12）: 939-944.

② 周金燕．非认知技能的概念及测量进展［J］．全球教育展望，2020，49（5）：53-66.

成为个体行动和思考的一种心理背景。情绪往往与个人面对的情景是否满足个体需要相关，当个体对事物持肯定态度时，便会出现愉快的情感体验；而当个体对事物持否定态度时，便会产生不愉快的情绪体验。情绪稳定性体现为个体情绪状态，与大五人格理论中的神经质性和社会与情感能力框架中的情绪管理能力是同一个概念的不同表达，在界定过程中形成了“人格说”和“能力说”两种不同的说法。大五人格理论中使用的神经质性概念，起源于诊断心理障碍的一种心理不稳定的临床测量方法，被操作性地定义为易怒、好生气、悲伤、焦虑、担忧、敌对和易受伤害等①，通常与痛苦、抑郁和绝望等消极情绪联系在一起。一项对过去30年关于神经质性的元分析证明，神经质性是个人幸福感和生活满意度的最大负面预测因子，然而神经质性的影响却长期被外向性遮盖，主要原因在于人们从本能上自然地把积极的幸福状态与积极的外向性联系在一起，把神经质性与消极状态联系在一起，从而遮蔽了神经质性对幸福的影响效应②。在一个习惯于强调积极因素的社会里，不习惯带有消极特征的神经质性的表达，于是有学者建议把大五人格中的神经质性概念颠倒过来，称为情绪稳定性，这样会更有利于概念的理解③。心理学把情绪稳定性定义为“情绪稳定性是人格的一个维度，表征了情绪发展的成熟性和个体与情境或环境相互作用的协调性等特征”。情绪稳定性与整体幸福感、生活满意度和自尊密切相关。

“能力说”相关学者认为情绪稳定性是一种有效摆脱焦虑、沮丧、激怒、烦恼等消极情绪、促进积极情绪的能力④。有研究者认为情绪稳定性是指一个人能够积极调节自己的情绪，在短时间内没有剧烈的情绪起伏，控制自己出现时而心花怒放、转瞬愁眉苦脸的能力。情绪稳定型

---

① WEISS A, COSTA P T. Domain and Facet Personality Predictors of All-cause Mortality Among Medicare Patients Aged 65 to 100 [J]. Psychosomatic Medicine, 2005, 67 (5): 724-733.

② DENEVE K M, COOPER H. The Happy Personality: A Meta-analysis of 137 Personality Traits and Subjective Well-being [J]. Psychological Bulletin, 1998, 124 (2): 197.

③ HILLS P, ARGYLE M. Emotional Stability as a Major Aimension of Happiness [J]. Personality and Individual Differences, 2001, 31 (8): 1357-1364.

④ 竺培梁，卢家楣，张萍，等．中国当代青少年情感能力现状调查研究[J]．心理科学，2010，33 (6): 1329-1333.

的人比较沉稳，善于调节消极情绪，每遇到突发事件或内心强烈冲突时，其情绪可以始终保持在可控范围之内，心理状态比较稳定。相反的是，情绪不稳定的人，其情绪强度一般更大，情绪状态忽高忽低，喜怒无常，容易兴奋、生气和抑郁，容易产生消极情绪①。情绪越稳定，越有安全感，对压力的耐受力越高，表现出更多冷静、沉着等特性，表现出焦虑、抑郁和愤怒等情绪的概率更小。与情绪稳定性相似的概念有情绪管理能力、情绪控制、不良情绪体验、负面情绪、消极情绪性。

情绪稳定性既是一种人格特质，也是一种非认知能力。情绪稳定性指的是个体在复杂的情境下能冷静地解决问题，不会出现情绪波动，能有效摆脱焦虑、沮丧、激怒、烦恼等消极情绪的能力；沮丧、消沉、紧张、焦躁、忧郁、悲伤等都是情绪不稳定的特征。依据周金燕所梳理的非认知技能框架可知，情绪稳定性是个体处理学业或事业的一种“情绪管理型”非认知能力，是一种如何与自己相处的能力。

四、儿童指的是谁

“儿童”一词用之甚广，但其确切含义随不同语境、环境、对象不同而有所差异。从汉语构词解字角度看，“儿”及“童”合成“儿童”，繁体“兒”源自甲骨文，乃象形字，上下结构，上面似幼儿露齿微笑，下面为“人”字，合在一起寓指露齿微笑之幼童。繁体“兒”字顶端未闭合，尚有上斜向右的开口，表意幼儿头骨尚未完全愈合；而“童”字语义颇为丰富，包括幼小、无果实、未成年及愚昧等。

《牛津词典》认为“儿童”在不同语境中存在以下五种解释：（1）父母视角下任何年龄段之儿子或女儿；（2）不成熟或不负责之人；（3）在特定领域几乎没有经验之人；（4）一个家庭或人民之后代；（5）特定环境或影响下之人，比如20世纪60年代之儿童。《布莱克法律辞典》认为“儿童”在法律层面上主要有两个含义：一是低于“成年年龄”而无自由之人；二是于一般法律中低于14周岁之人。在该辞典中，“成年年

① 刘连龙，胡明利．大学生情绪稳定性对心理健康的预测作用[J]．西北大学学报（哲学社会科学版），2007（6）：96-99.

龄”又指公民获得譬如民法或政治上投票权等完全法律权利之年龄，大多数国家规定其年龄上限界定为18周岁，但不排除部分国家将购买和饮用酒之年龄规定为21周岁。《柯林斯法律词典》指出，“child”则有三种含义：其一，年轻人，成年之前不同年龄都可定义为“儿童期”；其二，任何年龄段的人，但通常仅系指子辈之第一代，不包括孙辈（除非订立遗嘱者意图将该词意延伸至孙辈）；其三，在儿童抚养语境下，儿童系指16岁以下或19岁以下正接受全日制教育（高等教育除外）或18岁以下处于特定情形之下尚未谈婚论嫁之人。

从法律规定视角来看，联合国《儿童权利公约》规定，儿童系指18岁以下的任何人，除非对其适用之法律规定成年年龄低于18岁。与其界定类似，《中华人民共和国未成年人保护法》规定，未成年人是指未满18周岁的公民。

本研究中的儿童，特指义务教育阶段的儿童。之所以如此界定是出于如下两方面的考虑：一方面，义务教育阶段是非认知能力发展的关键期。有研究表明，小学和初中阶段是自我控制能力、社会性技能、情绪控制能力、自我评价能力等非认知能力培养的关键期，在此期间，通过儿童的自我塑造和外界的教育干预，可以有效促进儿童非认知能力发展，进而提升孩子的幸福感与成就动机①。另一方面，义务教育阶段的非认知能力投资具有高回报性。研究显示，在其他条件不变的情况下，一个人在幼儿时期和义务教育阶段投入一美元所产生的回报比此后投入同样金额所产生的回报高出很多倍②。

---

① CUNHA F, HECKMAN J. The Technology of Skill Formation [J]. American Economic Review, 2007, 97 (2): 31-47.

② HECKMAN J J, STIXRUD J, URZUA S. The Effects of Cognitive and Noncognitive Abilities on Labor Market Outcomes and Social Behavior [J]. NBER Working Papers, 2006, 24 (3): 411-482.

第二章　文献综述

第一节　人力资本理论

人力资本被定义为“体现在劳动、技能和知识中的生产性财富”，它是人内在的生产能力，这种能力可以通过对教育、在职培训以及健康等方面的投资而得到提升。人力资本理论认为教育提高了个人的生产率和收入，因此教育是一种投资。事实上，这种投资不仅对个人至关重要，对国家的经济增长同样至关重要。随着中国经济增长方式的逐步转变，人力资本成为技术创新、经济增长和可持续发展的动力源泉①。

一、早期人力资本思想

亚当·斯密的著作《国富论》为人力资本理论的发展奠定了基础。他指出，在社会的固定资本中，可以实现利润的项目，不仅只有物质资本，更包括人所具备的才能，特别是社会居民或成员习得的、有用的能力②。尽管没有使用“人力资本”这一概念，但他明确将人的才能及其差别归因于人的后天投资及技艺提高所形成，能力属于社会全部积累的一部分，均可划分为一种固定资本；同时他认为劳动力的技能是经济进

---

① ROMER P M. Endogenous Technological Change [J]. Journal of Political Economy, 1990, 98 (5): 71-102.

② 斯密．国富论[M]．北京：商务印书馆，1964：257-258.

步最强大的力量，阐明了个人获得的有用能力是国家财富积累和经济发展的基础。海里奇·冯·杜能提出人类非有形商品或服务是构成国家财富的一部分，受过良好教育的民族能拥有更多的资本，其回报是以更多的劳动产品来表现。弗里德里希·李斯特认为物质财富的积累形成物质资本，智力方面的积累形成精神资本，这里的“精神资本”可以看作人力资本的雏形①。

新古典经济学的主要代表人物之一阿弗里德·马歇尔是现代人力资本理论形成之前，全面论述人力资本特征的经济学家。他认为一个受过教育的人能和一台机器媲美，在个人投资中的谋利动机与其他任何投资决策一样。他指出知识是推动生产发展的最大动力，因此对人自身的投资是最有价值的投资。马歇尔将人的能力划分为包括智力、决策力、责任心的“通用能力”和包括身体健康、熟练程度的“特殊能力”②。在20世纪50年代的经济学家中，费雪、沃尔什等学者都曾以古典经济学为基础对人力资本进行探究。

早期经济学家已经看到劳动及劳动能力的价值，并认为应该为提升劳动能力和增长知识进行有效投资。这些思想打开了经济研究的新视角，为人力资本理论体系的形成奠定了坚实的基础，它们在人力资本理论的形成中的重要作用不容忽视。但20世纪50年代之前还处于机器大工业时代，经济增长的主要影响因素仍是物质资本，加之未能清晰界定“能力”“人力资本”等关键概念，所以早期人力资本思想因受到种种质疑而未能得到经济学家和学术界的认可③。

二、现代人力资本理论

现代人力资本理论于1970年前后达到了顶峰。现代人力资本理论的兴起主要有两个原因：一是二战后西方各发达国家经济快速增长，传统的计量经济增长的方法无法解释当下的经济现象，比如国民收入的增速

① 李斯特．政治经济学的国民体系［M］．陈万煦，译．北京：商务印书馆，1961：2-4.

② 马歇尔．经济学原理：上卷［M］．朱志泰，陈良璧，译．北京：商务印书馆，1964.

③ 丁小浩，黄依梵．人力资本对经济增长的贡献：理论与方法［J］．北京大学教育评论，2020，18（1）：27-41.

大于自然资源、实物资本和劳动力人数的增速，部分自然资源匮乏的国家其经济仍得以迅速恢复和发展，发达国家工人工资高速增长的同时工时却在缩短等，于是一些经济学家致力于解开这些经济谜团；二是面对知识经济和信息社会的来临以及产业结构的调整，企业和社会提高了对劳动力素质的要求，由早期关注劳动力的“量”转变为关注劳动力的“质”；三是由于有了大规模的数据资源，经济学家们可以研究公认的生产率和收入以及它们与受教育年限、年龄等因素的关系，这些大数据为人力资本实证研究提供了可能，也对人力资本理论的形成作出了重要的理论和方法论方面的贡献。

舒尔茨、丹尼森、贝克尔、明塞尔四位经济学家为人力资本理论的创立做了大量理论研究和经验研究。舒尔茨是最先对教育投资、人力资本形成，以及教育和其他人力资本投资如何解释劳动生产率提高进行研究的学者之一，是人力资本理论的奠基者。舒尔茨将人力资本定义为“体现于人身体上的知识、能力和健康”，认为人们通过对自身的投资来提高其作为生产者和消费者的能力，而学校教育则是对人力资本的最大投资①。舒尔茨明确指出，人力资本积累是经济增长的源泉，人力资本投资包括医疗保健、在职培训、正式教育、成人学习项目和就业迁移五个方面，而教育是形成人力资本的重要途径②，并在宏观上检验了教育对经济增长的重要作用。舒尔茨关于1929—1957年间美国经济增长与教育投资关系的相关数据研究的结果显示：教育投资增长的收益占劳动收入增长的比重为70%，占国民收入增长的比重为33%③。

丹尼森对人力资本理论作出了巨大贡献，他运用计量分析方法阐明了人力资本要素的作用。他通过精细化计算，解释了难以识别的资本对国民收入增长的“残值”作用，总结起来有三大观点：一是教育不是生

① SCHULTZ T W. The Value of the Ability to Deal With Disequilibria [J]. Journal of Economic Literature, 1975, 13 (3): 827-846.

② 舒尔茨. 对人进行投资：人口质量经济学[M]. 吴珠华，译. 北京：首都经济贸易大学出版社，2002.

③ SCHULTZ T W. Education and Economic Growth [M] //Social Forces Influencing American Education. Chicago: University of Chicago Press, 1961: 46-88.

产过程中的单一因素，它是人力资本因素的一个组成部分；二是“知识增进”是人力资本的重要组成部分，“知识增进”对产出的贡献远远高于物质资本；三是教育是一个长期过程，伴随着人的一生，非正规教育对经济增长的影响不容忽视①。

贝克尔延伸了人力资本的内涵，他在《人力资本》中指出，人的才干、知识、技能只是人力资本的一部分，人力资本还应包括健康程度、时间价值、寿命长短等。他指出，人力资本是一种人格化的资本，这种人格化的人力资本也具有私有性质，且人力资本投资的成本核算必须考虑机会成本。贝克尔关于人力资本的研究贯穿了效用最大化、市场均衡和稳定偏好的经济学基础方法，规范地分析了年龄-收入结构、年龄-财富结构，通过成本-收益分析方法来考察人力资本的投资行为，构建了人力资本投资收益模型，得出了“人力资本边际成本的当前价值等于未来收益的当前价值”这一著名论断。在此基础上，贝克尔对如何对人力资本进行投资有了科学客观的判断：（1）在一个生命周期内，最佳投资量随着年龄的增加而下降，所以从经济角度看，年轻的时候加强人力资本投资是最划算的；（2）人力资本投资随着年龄的增长而变化；（3）人力资本投资的折旧率越大，投资的动力就越小；（4）对于工作年限较短如不到一年的劳动力来说，他们对人力资本的投资动力较小；（5）个人努力程度越小的人，人力资本投资收益就会越小，反过来对人力资本投资的动力也就越小，所以进行一定的有效激励可以促进个人对人力资本的投资②。贝克尔的另一重大贡献在于论证了家庭在人力资本形成中的重要作用以及家庭人力资本投资的相关问题。贝克尔把人力资本理论从教育经济学领域拓展到人口经济学领域，把家庭视作一个生产单位，把孩子视作“耐用消费品”，对孩子进行人力资本投资是家庭教育决策的结果③。贝克尔对人力资本理论最杰出的贡献在于为人力资本理论提供了

---

① DENISON E F. Sources of Economic Grouth in the United States and the Alternatives Before US [M]. New York: Committee for Economic Development, 1962.

② BECKER G S, TOMES N. An Equilibrium Theory of the Distribution of Income and Intergenerational Mobility [J]. Journal of Political Economy, 1979, 87 (6): 1153-1189.

③ 贝克尔. 家庭论[M]. 王献生，王宇，译. 北京：商务印书馆，2009.

坚实的微观经济分析基础，从而使之逐渐数学化、精细化和一般化。

著名经济学家明塞尔延续上述理论，对人力资本理论作出了以下贡献：第一，明塞尔从微观经济分析的角度将受教育年限作为衡量人力资本的重要指标纳入收入方程，建立了“明塞尔收入方程”。他认为提高劳动者教育程度是收入增长和收入差距缩小的原因之一，进一步得出了受教育年限与工资增长率呈倒U形关系的经典结论①。第二，明塞尔借鉴斯密的“补偿原理”，首先建立了人力投资的收益率模型，认为人力资本投资获得的高收入是对人力资本投资在挣得延迟上的补偿。第三，明塞尔最先提出了人力资本挣得函数（earnings-function），反映的是随着年龄变化年收入移动的轨迹，将人力投资区分为学校教育投资与学校教育后的在职培训投资两个方面，分别对教育投资收益率、职业培训收益率以及净投资收益率等进行估计②，这对于考察人力资本投资与收入间的内在联系具有意义。至此，现代人力资本的理论框架已经基本形成。

这一时期的人力资本理论不仅审视了教育在经济增长中的作用以及提升劳动力水平对提高工作效率的重要作用，并明确阐述了人力资本的概念、性质和投资途径。总体而言，这一时期人力资本理论有以下三个特点和贡献：一是人力资本理论是以“教育投资—更高劳动生产力—更高收入”为主要研究路径，有效地对当时的经济增长剩余进行了解释（见图2-1）；二是相较于早期人力资本理论对“能力”的模糊界定，现代人力资本理论对“能力”有了较为清晰的界定，主要通过受教育年限作为能力的代理变量，探讨受教育程度与收入之间的关系；三是进一步深化了人力资本的理论探讨与实证探索，丰富了人力资本的测量工具、计算方法，逐步完善了人力资本理论。但与此同时，利用人力资本理论解释教育经济功能存在两个缺陷：其一，在不合理的劳动力市场配置和市场激励条件下，教育所形成的人力资本不一定能提高劳动生产率，这为劳动力市场分割理论提供了挑战人力资本理论的可能；其二，教育除了具有传授知

① MINCER J. Human Capital Responses to Technological Change in the Labor Market［J］. Social Science Electronic Publishing，1989，31（3）：200-202.

② 明塞尔．人力资本研究［M］．张凤林，译．北京：中国经济出版社，2001.

识、培养能力等生产性功能，还具有选拔人才和确定人才层次、专业结构的功能，这会为信号理论提供挑战人力资本理论的学术空间。

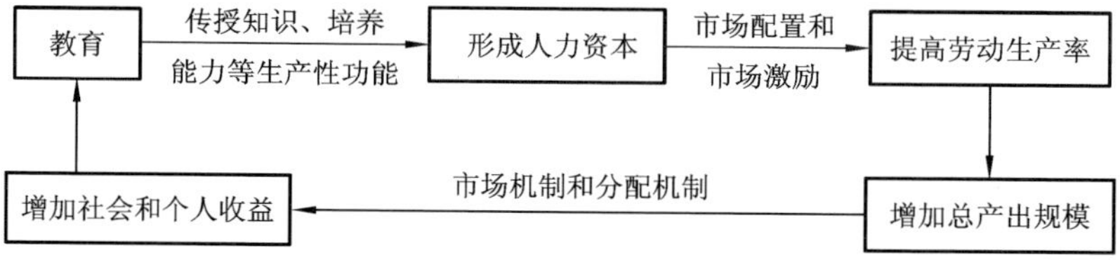

图 2-1　人力资本理论的教育投资-收益模型

20 世纪 70 年代西方发达国家出现了“滞胀”现象，即高失业与高通胀并存，这使得人力资本理论提出的“教育投入的增加会带来经济的增长”“受教育水平越高的人收入越高”等观点并未被证实，现代人力资本理论开始受到质疑。“筛选假设理论”“劳动力市场分割理论”作为人力资本理论的批判与发展登上历史舞台，还出现了对“过度教育”和“文凭贬值”的大量研究。人力资本理论家声称，教育可以提高一个人的技能，从而提高公司生产力水平，进而给这个人带来更高的工资。斯宾塞在 1973 年提出的信号理论为这种高工资提供了另一种解释路径：“教育投资—更高文凭—更高收入”①，具体路径见图 2-2。信号理论强调教育在一定程度上是更高生产力的信号，但教育本身并不会导致更高的生产力。换言之，在信息不完善的劳动力市场中，雇主短时间无法直接了解到劳动者的能力，他们需要借助特定的信号做出效用最大化决策，此时劳动者的受教育程度便成了一种筛选机制或信号机制，即教育文凭向雇主发出信号——有较高文凭的人通常能力更强②。信号理论得出的结论是教育可以增加一个人的工资，但不能真正提升个人本身的能力。筛选假设理论作为人力资本理论的修正理论，强调教育“文凭”释放的是认知能力的信号。

对人力资本理论的另一个挑战来自劳动力市场分割理论，这一理论

① SPENCE M. Job Market Signaling [J]. Quarterly Journal of Economics, 1973, 87 (3): 355-374.

② BLAUG M. The Empirical Status of Human Capital Theory: A Slightly Jaundiced Survey [J]. Journal of Economic Literature, 1976, 14 (3): 827-855.

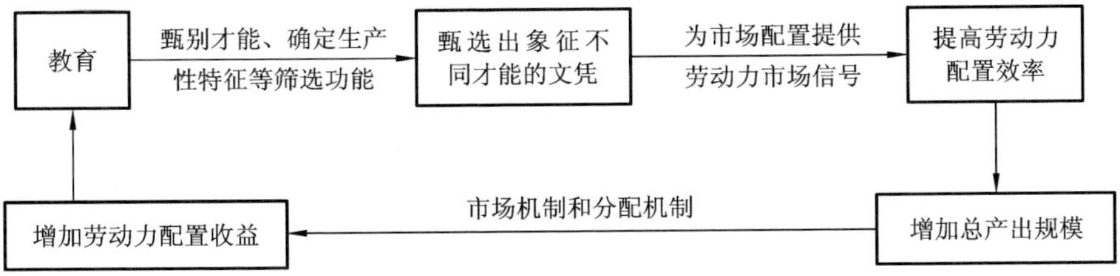

图 2-2 筛选假设理论的教育投资-收益模型

将劳动力市场划分为主要劳动力市场和次要劳动力市场。主要劳动力市场生产方式先进、工资高、晋升和发展机会多，劳动者通过教育来提高自身的劳动能力进而获得较高工资；但在次要劳动力市场，生产方式落后、工资低、缺乏晋升渠道和发展机会，不同劳动力从事相同的工作并获得相同的工资，即使提高劳动者的生产能力也不能增加他的经济价值，因此人力资本理论对于那些进入次要劳动力市场的临时工人则不适用①。他们同样认为教育的价值不在于提高个人的能力，而在于保证受教育者能够进入工资高、工作环境优越的主要劳动力市场工作。

三、新人力资本理论

自 20 世纪 80 年代以来，人力资本理论沿着“教育可以提升人的能力，进而提高劳动生产率，促进经济增长”这个中心思想，从两个方面进行了完善与发展。

第一，人力资本对经济增长的作用得到更深刻的论证，新时期的经济发展催生了新经济增长理论。随着知识经济时代的来临、高新科技的迅猛发展和市场经济体制的建立，尤其是 1980 年代以来的信息技术革命和网络社会的兴起，通过教育获得更多知识在经济增长中的作用越发重要②。在这种实践背景下，经济学家罗默、卢卡斯、斯科特等推动了“新经济增长理论”浪潮，这标志着人力资本理论在经济增长分析方面

---

① DOERINGER P B, PIORE M J. Internal Labor Markets and Manpower Analysis [M]. Lexington, MA: Heath Publishing, 1971.

② 闵维方. 人力资本理论的形成、发展及其现实意义[J]. 北京大学教育评论, 2020, 18(1): 9-26.

进入新阶段。“新经济增长理论”将人力资本因素作为一个独立变量引入经济增长模型，并将人力资本划分为一般人力资本和专业化人力资本，提出专业化的知识和技能将产生递增的收益，并增加其他投入要素的收益，从而增加总收益，进而解释了各国经济增长差异主要由于人力资本积累率的差异造成，这也使得人力资本成为发展中国家的战略选择和政府决策的重要依据①。

第二，人力资本理论内涵逐渐丰富，非认知能力成为人力资本的重要内容。传统人力资本理论的教育投资-收益模型是在“瓦尔拉斯模型”环境假设下进行的②，亦即在均衡的劳动力市场条件下，特定价格保证相同生产能力的人能够获得相同的工资收入，其中生产能力主要是指与认知能力相关的知识和技能，比如读写能力、运算能力等。因此，传统人力资本模型在解释收入差异时，将能力默认为“认知能力”，这在很大程度上限制了人力资本理论的解释力。这就意味着“瓦尔拉斯模型”中“经济均衡”和“完全合同”假设受到挑战，也意味着传统人力资本仅用以读写、计算、推理、信息加工处理为代表的“认知能力”解释收入等因素会遇到极大挑战。

一是认知能力类似的人表现出收入和社会地位的大相径庭。在明塞尔收入方程中，有三分之二到五分之四的收入差异无法由父母受教育程度、父母职业、家庭收入、个人年龄、个人受教育年限、个人工作经验解释③。那应该如何理解这些无法解释的收入差异的来源？我们对劳动力市场的理解是否遗漏了什么重要变量？

二是看似无关紧要的个人特征（比如美貌、身高、肥胖、家庭清洁程度）往往是收入的有力预测因素。Duncan 和 Dunifon 发现，在考虑到教育、认知、人口学因素、动机和态度变量后，家庭清洁程度是一个很好的收入预测变量，家庭清洁程度对收入变化的影响是受教育年限影响

---

① 范先佐．教育经济学新编［M］．北京：人民教育出版社，2010.

② BOWLES S，GINTIS H，OSBORNE M. The Determinants of Earnings：A Behavioral Approach［J］. Journal of Economic Literature，2001，39（4）：1137-1176.

③ ROBINS P K，HOMER J F，FRENCH M T. Beauty and the Labor Market：Accounting for the Additional Effects of Personality and Grooming［J］. Labour，2011，25（2）：228-251.

的一半[①]。那么，为什么这些看似无关的个人特征在劳动力市场上获得了具有竞争力的回报？

三是父母在劳动力市场上的成功往往能传递给子女，但是在解释父母社会经济地位与子女收入之间关系时发现，工资代际相关性只有三分之一到五分之三，仍有大量剩余不能解释代际收入流动方程的残差[②]。那么，除了受教育年限、教育质量以及认知能力以外，成功的父母还通过哪些机制给子女带来劳动力市场优势？

四是增加学校投入不能显著提升学生的学业成绩，但却可以增加学生求职的成功率。Burtless 关于学校投入的研究综述显示，有观点认为增加学校资源对学生的学习成绩几乎没有任何可衡量的改善，也有观点认为，额外的学校资源可以提高毕业生在就业市场的成功率。令人困惑的是，为什么学校资源对成绩的影响与其对后续收入的影响如此不同？我们对学校教育的理解是否也遗漏了什么重要变量[③]？

经济学家试图对这些问题进行回答。如一项由美国人口普查局与教育部合作的调查发现，调查的 3 000 名雇主在对雇员能力评分时（满分为 5 分），最重要的是“态度”（4.6 分）和“沟通技巧”（4.2 分），其次是“行业技能证书”（3.2 分）和“受教育年限”（2.9 分），最不重要的是“雇主给出的测试得分”（2.5 分）和“学业表现”（2.5 分）。Green 等人对 1 693 名英国雇主的调查，人事经理认为 62% 的应聘者因为态度、动机或个性差造成征聘困难，43% 的应聘者因为缺乏技术技能无法应聘到心仪的职位，动机相对于技术技能的重要性甚至更大[④]。

基于此，以 Bowles 和 Heckman 等为代表的新人力资本理论倡导者深入剖析了曾被视为“黑箱”的能力形成的过程，构建了一个以“能力”而

---

① DUNCAN G J, DUNIFON R. Soft-skills and Long-run Labor Market Success [J]. Research in Labor Economics, 1998, 17: 1-42.

② BOWLES S, GINTIS H, OSBORNE M. The Determinants of Earnings: A Behavioral Approach [J]. Journal of Economic Literature, 2001, 39 (4): 1137-1176.

③ BURTLESS G T. Does Money Matter?: The Effect of School Resources on Student Achievement and Adult Success [M]. Washington, DC: Brookings Institution Press, 2011.

④ GREEN F, MACHIN S, WILKINSON D. The Meaning and Determinants of Skills Shortages [J]. Oxford Bulletin of Economics and Statistics, 1998, 60 (2): 165-187.

非“教育”为核心的、基于多维能力的新人力资本理论框架（图 2-3）。在新人力资本理论的框架中，主要存在两条研究主线：一是探究能力的形成与发展机制，二是研究健康、能力、教育对个人产出及经济增长的影响，包括微观层面的教育投资-收益探讨，以及宏观层面人力资本作为投入要素对社会经济发展的影响。将非认知能力引入人力资本模型实际上是对传统人力资本理论研究假设的修正，在非均衡的劳动力市场中，能够获得报酬的人力资本要素不仅仅是生产技能，还包括获取“非均衡租金”的能力，比如雄心壮志、进取精神、企业家精神等个人品质以及应对产业结构变化、技术创新的能力，也涉及能对“激励偏好”产生回应的能力，比如喜欢工作、有强烈挣钱愿望、认同公司目标、愿意说实话等个人特质①。

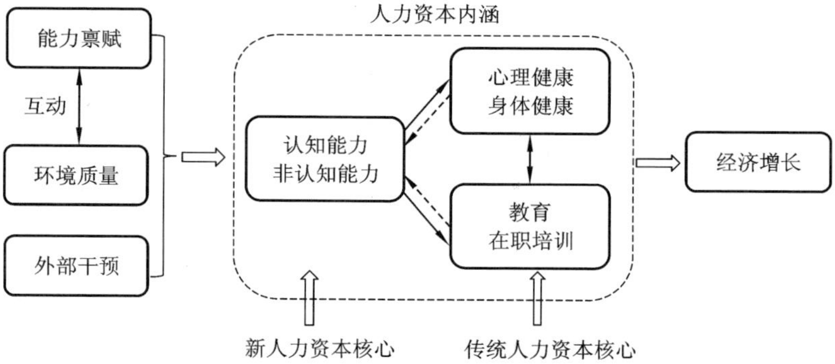

图 2-3　新人力资本理论框架

能力如何形成与最优开发策略构成了该领域最重要的议题之一。研究指出，劳动者的表现和工资收益与他们自身所具有的非知识性的个性特征即非认知能力密切相关，只有通过教育使个体养成吃苦、耐劳、坚强等个性，才能真正有利于个体的社会化发展②。Cunha 和 Heckman 为探究新人力资本的形成过程提供了一个很好的分析框架，他们在 Becker 和

① BOWLES S，GINTIS H，OSBORNE M. The Determinants of Earnings：A Behavioral Approach [J]. Journal of Economic Literature，2001，39（4）：1137-1176.

② BOWLES S，GINTIS H，OSBORNE M. The Determinants of Earnings：A Behavioral Approach [J]. Journal of Economic Literature，2001，39（4）：1137-1176.

Tomes 分析认知能力形成的基础框架上提出“能力形成的动态模型”分析框架①，即：

$$\theta_{t+1}^{k}=f_{t}^{k}\ (\theta_{t},\ \theta_{k,t}^{I})。 \tag{2.1}$$

其中，θ^{k} 表示能力，$k\in\ \{C,\ N\}$，θ^{C} 是认知能力，θ^{N} 是非认知能力，$t\in\ \{1,\ \cdots,\ T\}$，T 是儿童时期的数量，$\theta_{k,t}^{I}$ 表示父母在 t 阶段对孩子 k 能力的投资，θ_{t} 是人力资本的自我生产和动态互动。能力分析框架包括四方面内容：

（1）能力是一个多维概念，由单一的认知能力拓展到认知能力与非认知能力两方面，受教育程度不再是能力的唯一代理变量。一个全面发展的人具备一些特质和能力，比如读写能力、记忆能力、解决问题的能力、社交能力、毅力和自控能力等，这些能力帮助他们在公共场所、工作场所、家庭和其他社会环境中取得成功。教育家和政策制定者认为，公共教育的使命不仅包括促进认知技能，还包括各种个人和民主技能，用马丁·路德·金的话说，“智力加个性才是真正教育的目标”。

（2）人力资本不仅仅是结果变量，更是自我生产及动态补充的积累过程。能力的自我生产，即能力产生能力，早期能力的形成会促进后期积累更高的能力存量。在人力资本的生产中，后期投资是对早期投资的补充，没有早期投资，后期投资是无效的。相反，互补性也意味着早期投资如果没有后续投资，可能也会无效。今天的投资可以提高明天的能力基础，拥有一种较高水平的能力，可以提高对其他能力投资的生产率，这可能意味着社会只对最熟练的人才进行投资②。能力的自我生产及动态补充不仅探讨了生命周期中能力形成的特征，同时兼顾了经济上的效率衡量，于是成为研究人力资本投资策略的理论基础③。

（3）能力的发展存在关键期。从教育学视角看，人的发展包含多个

---

① CUNHA F, HECKMAN J. The Technology of Skill Formation [J]. American Economic Review, 2007, 97 (2): 31-47.

② HECKMAN J J, MOSSO S. The Economics of Human Development and Social Mobility [J]. 2014 (6): 689-733.

③ 李晓曼，曾湘泉．新人力资本理论：基于能力的人力资本理论研究动态[J]．经济学动态，2012 (11): 120-126.

阶段，具有顺序性、不平衡性、阶段性、差异性和整体性等特征。有研究表明，0—10岁是儿童智力发展和语言学习的关键期，如果没有在这个时期获得长足发展，那么后面的生命周期中将难以补偿或需要负担更多的成本①。然而，个体的非认知发展具有更长的生命周期，非认知能力在儿童发展的早期和晚期都表现得很重要②。从心理学视角看，儿童身心发展具有阶段性和规律性，例如Piaget的儿童认知发展阶段论，他认为儿童认知发展的顺序性和阶段特征具有普遍性，这种发展包含感知运动阶段、前运算阶段、具体运算阶段和形式运算阶段等四个阶段③。

（4）能力形成的影响机制是多维的。在整个生命周期中，能力在家庭、学校和社区中产生，尽管有大量证据表明家庭和社区也是能力的主要生产者，但大多数关于能力形成的讨论都将学校作为能力的主要生产者④，学校特征包括班级规模、教学质量和同伴效应等。事实上，美国于1966年发布的《科尔曼报告》和英国中央教育咨询委员会于1967年发布的《普洛登报告》都表明家庭比学校能更好地解释学生成绩的重要性，这一结论使人们认识到家庭因素对学生发展的重要性。

人力资本理论从理论上突破了传统经济增长因素——土地、人口、物质的局限，肯定了人力投资对经济增长的促进作用，凸显了科技和教育在现代经济发展中的重要价值。从实践上它提高了国家、社会、家庭和个人对教育的投入，促进了教育事业的快速发展和人口质量的普遍提升，成为各国经济、社会发展的实践支撑点⑤。人力资本理论自20世纪60年代诞生以来就遭受了来自其他社会科学领域的质疑和批判，但人力

---

① HECKMAN J J, CORBIN C O. Capabilities and Skills [J]. Journal of Human Development and Capabilities, 2016, 17 (3): 342-359.

② CUNHA F, HECKMAN J. The Technology of Skill Formation [J]. American Economic Review, 2007, 97 (2): 31-47.

③ PIAGET J. Intellectual Evolution from Adolescence to Adulthood [J]. Human Development, 1972, 15 (1): 1-12.

④ HECKMAN J J, LOCHNER L, TABER C. Explaining Rising Wage Inequality: Explorations with a Dynamic General Equilibrium Model of Labor Earnings with Heterogeneous Agents [J]. Review of Economic Dynamics, 1998, 1 (1): 1-58.

⑤ 靳希斌. 教育经济学[M]. 北京：人民教育出版社，2009：66-69.

资本理论也在这种理论和实践的争拗中不断得到修正和发展。尤其是近年来以“能力”为核心的新人力资本理论的发展，为我们深入思考如何培养符合21世纪要求的新型创新人才，如何促进中国教育事业的发展提供了新思路，也契合了人的发展规律。然而，虽然非认知能力已被纳入新人力资本理论框架的讨论，但非认知能力的形成与发展机制还有待探讨。

第二节　儿童非认知能力发展研究

一、非认知能力研究

（一）不同视角下的非认知能力

心理学、经济学、社会学、教育学等学科的研究者对非认知能力的关注由来已久。“非认知能力”是针对认知领域提出来的。美国心理学协会将认知定义为包括感知、构思、记忆、推理、判断、想象和问题解决在内的所有知识和意识，认知能力即为个体所获得的知识以及学习新知识的能力。从字面意思来看，“非认知能力”指的是除阅读、逻辑推理、计算等认知能力以外的能力。但在21世纪以前，主流学术长期关注认知能力、学业成绩、教育对工资、社会地位的影响，普遍认为工资差距、社会行为表现的差距以及社会经济不平等主要受到个体认知能力的影响[①]。这种“认知假设”将非认知能力排除在外，受到以Heckman等为代表的经济学家的批评，他们认为这种忽视非认知能力的做法是相当有问题的，因为人格特质、意志力、社会交往能力、动机、偏好对个人成功和全面发展至关重要[②]。他们的研究促使人力资本研究从单一的认知能力向人格特质、社会与情感能力等非认知方面转变。

---

① HERNSTEIN R，MURRAY C. The Bell Curve：Intelligence and Class Structure in American Life［M］. New York：The Free Press，1994.

② HECKMAN J J，RUBINSTEIN Y. The Importance of Noncognitive Skills：Lessons from the GED Testing Program［J］. American Economic Review，2001（2）：145-149.

心理学往往使用个性特征、人格特质、情绪智力或非智力因素等概念来开展相关研究，他们认为非认知能力是一种较为稳定的思想、情感和行为方式，反映了在某种情境下所作出的特定回应①。早在 1935 年，美国心理学家亚历山大就发现，个体身上诸如面对困难时的坚韧、对成功的渴望等非智力因素对他们的测验成绩有着明显的促进作用。国内心理学界在该领域的研究主要起源于燕国材 1994 年的《应重视非智力因素的培养》一文，他将“非智力因素”分成了三个层次：（1）广义的非智力因素，指智力因素以外的一切心理因素。（2）狭义的非智力因素，主要包括动机、兴趣、情感、意志、性格等五种心理因素。（3）具体的非智力因素，包括成就动机、求知欲望、学习热情；自尊心、自信心、好胜心；责任感、义务感、荣誉感；自制性、顽强性、独立性。此外，Costa 和 McCrae 等人将人格特征划分为开放性、尽责性、外向性、亲和性和情绪稳定性五大分类，并在此基础上形成大五人格量表。其中，尽责性和情绪稳定性（尤其是自尊和控制点）相关的特质似乎与工作绩效和工资高度相关。心理学领域关于非认知的研究有两个特点：一是“特质”一词暗示着“遗传”和“永久性”，传递了一种难以通过后天进行改变的信息②；二是从实证研究方面看，心理学视域下的研究通常关注不同人格特质之间的相互作用，而较少关注非认知能力与个体行为选择、职业收入、工作表现之间的关系。

教育政策和实践领域，倾向于使用“社会与情感能力”。社会与情感能力是一种管理情绪、设定和积极实现目标、欣赏他人观点、建立和维持积极关系、做出负责任的决策、建设性地处理人际关系的核心能力，包括任务表现、情绪控制、协作、思想开放、与人交往五个方面③。实

---

① ROBERTS B W. Back to the Future: Personality and Assessment and Personality Development [J]. Journal of Research in Personality, 2009, 43 (2): 137-145.

② ROBERTS B W, WALTON K E, VIECHTBAUER W. Patterns of Mean-Level Change in Personality Traits Across the Life Course: A Meta-analysis of Longitudinal Studies [J]. Psychological Bulletin, 2006, 132 (1): 1-25.

③ OECD. Skills for Social Progress: The Power of Social and Emotional Skills (OECD Skills Studies) [R]. Paris: OECD Publishing, 2015: 23.

证研究表明，培养社会与情感能力可以有效提升学生学业成绩，保证身心健康，并在情感、态度和价值观方面有积极的影响作用①。他们认为，个体的社会与情感能力是基于自身的学习和生活经验形成的，儿童社会与情感能力是可测、可教和可塑的②。与心理学领域的研究相比，教育学领域所探讨的观点更为宽泛，其重点在那些被认为与学业成功有关的能力上，这些能力代表了学习的情感和行为方面，如遵守规则、自律、归属感、人际交往技能、意志力、适应性等特质。

虽然国外经济学界对非认知能力的关注由来已久，但囿于早期数据的匮乏，难以广泛地开展研究。直到 20 世纪末，随着大量可靠证据表明人格特质具有稳定性，同时大量测量人格特质的工具被研发并得到实证检验③，非认知能力相关的话题才得以重回经济学家的视野。经济学领域将“非认知能力”定义为在劳动力市场、学校教育和其他领域中具有价值的个人特征、目标、品格和偏好，它既是一种主观的心理因素，同时也是一种技能因素，可以通过教育和后期干预实现积累④。它包含三个特征：一是难用智力测验或学业成绩来测量；二是具有可收益性；三是能通过后天教育获得⑤。经济学领域重点探讨了以人格特征、偏好为代表的非认知能力的经济价值，从生命周期的视角研究了非认知能力在人的教育获得、工资收入、健康寿命等方面的作用⑥。实证研究表明，非认知能力对工资水平具有显著正向的因果效应，并且人格特征、品格

---

① DURLAK J A, WEISSBERG R P, DYMNICKI A B, et al. The Impact of Enhancing Students' Social and Emotional Learning: A Meta-analysis of School-based Universal Interventions [J]. Child Development, 2011, 82 (1): 405-432.

② 屈廖健，刘华聪. 能力测评转向：经合组织学生社会情感能力调查项目研究[J]. 比较教育研究，2020，42（7）：90-97.

③ 当时得到普遍认可和实践检验的量表包括 Rosenberg 的自尊量表，Rotter 的内外控制点量表，Goldberg 的大五人格量表等，这些测量工具的研发使得经济学将非认知能力纳入研究范围成为可能。

④ HECKMAN J J, CORBIN C O. Capabilities and Skills [J]. Journal of Human Development and Capabilities, 2016, 17 (3): 342-359.

⑤ BORGHANS L, DUCKWORTH A L, HECKMAN J J, et al. The Economics and Psychology of Personality Traits [J]. Journal of Human Resources, 2008, 43 (4): 972-1059.

⑥ 黄国英，谢宇. 认知能力与非认知能力对青年劳动收入回报的影响[J]. 中国青年研究，2017（2）：56-64.

和偏好对受教育程度、工作经验、技能状况等认知能力也具有持续性的因果效应[①]。

（二）非认知能力的测量

赫克曼等在他们的著作《美国的不平等：人力资本政策的角色》中指出，非认知能力包括人际交往技能、意志力、沟通技能和其他不能被客观衡量的软技能，有时候，最执着、自律、适应力最强、最可靠的学生和专业人士，会比那些认知能力较高的人表现得更好[②]。近年来，虽然学界对非认知能力的重要性已基本达成共识，但由于研究领域的差异，非认知能力的测量标准存在多元性，测量工具的选择也具有多样性。基于已有的测量框架和工具，可归纳出目前的非认知能力的测量主要有以下四种模式：

一是借鉴心理学的测量工具，比如自尊量表、内外控制点量表、大五人格量表。Heckman 等人将非认知能力操作化为控制点和自尊，并基于内外控制点量表和自尊量表的数据发现，非认知能力能解释较大部分的工资对数方差，且其对低技能男性的价值更大。大五人格量表是心理学和经济学应用较为广泛的、成熟的测量非认知能力的工具。如 Nyhus 和 Pons 利用大五人格量表检验了荷兰居民的收入效应，研究发现情绪稳定性与工资均呈正相关关系，但宜人性与女性工资呈负相关关系[③]。程虹和李唐基于“中国企业—员工匹配调查”数据，借鉴大五人格量表探讨了人格特征对劳动力工资的影响效应，结果表明，开放性、严谨性等积极的人格特征有助于劳动力工资的提升[④]。总体来看，心理学量表具有较高的信效度，但容易出现社会期望偏差和评价尺度偏差。

二是借助实验检验人们在受控环境下，对激励和情境变化的反应，

① HECKMAN J J, CORBIN C O. Capabilities and Skills [J]. Journal of Human Development and Capabilities, 2016, 17 (3): 342-359.

② 赫克曼，克．美国的不平等：人力资本政策的角色[M]．北京：中国人民大学出版社，2020：234-248.

③ NYHUS E K, PONS E. The Effects of Personality on Earnings [J]. Journal of Economic Psychology, 2005, 26 (3): 363-384.

④ 程虹，李唐．人格特征对于劳动力工资的影响效应：基于中国企业—员工匹配调查（CEES）的实证研究[J]．经济研究，2017，52（2）：171-186.

如实验室或游戏可以激励在现实环境中研究个体行为的尝试。例如 Falk 等人[①]和 Mislevy 等人[②]利用独裁者游戏、蜈蚣游戏、"选美" 游戏以及激发个体与他人合作能力的游戏等来衡量利他主义、互惠性和其他技能。这种方法试图控制背景因素，避免不加批判地依赖纸笔测试。这种方法通常被认为与环境无关，是一种理想的测量方式[③]。但由于其成本较高、效率较低，推广困难。

三是通过对过去行为的测量来衡量非认知能力。Heckman 和 Kautz 认为当行为表现与某种能力相关时，作为可以直接观察的行为产出则是测量这种能力的有效工具，他们在之后的研究中将逃课、打架、威胁他人、抽烟、酗酒等行为表现作为非认知能力的代理变量来探讨非认知能力在教育进步、工作选择、收入等方面的重要作用。此后，Jackson 也采用旷课、逃学、纪律问题行为、留级和升级等行为指标来测量非认知能力[④]。利用行为产出测量非认知能力可以在一定程度上克服自评工具的评价尺度偏差问题，以及作假和社会偏差问题，但是行为表现一般不只是一种能力产生的结果，而是多种能力和情境相互作用形成的结果，若要处理这种偏误，要么控制环境，要么控制其他能力的影响[⑤]。

四是用 "经济偏好" 测量非认知能力。经济学家融合自身领域的偏好概念去捕捉影响行为异质性的心理特点，他们认为偏好是持久的、稳定的，也是对心理测量的补充，如时间偏好、风险偏好、亲社会偏好、职业选择偏好等。正如 Heckman 和 Corbin 所言："偏好评估对于决定什

① FALK A, FEHR E, FISCHBACHER U. Testing Theories of Fairness: Intentions Matter [J]. Games and Economic Behavior, 2008, 62 (1): 287-303.

② MISLEVY R J, BEHRENS J T, DICERBO K E, et al. Design and Discovery in Educational Assessment: Evidence-centered Design, Psychometrics, and Educational Data Mining [J]. Journal of Educational Data Mining, 2012, 4 (1): 11-48.

③ HECKMAN J J, KAUTZ T. Hard Evidence on Soft Skills [J]. Labour Economics, 2012, 19 (4): 451-464.

④ JACKSON C K. Non-cognitive Ability, Test Scores, and Teacher Quality: Evidence from 9th Grade Teachers in North Carolina [R]. Cambridge, MA: National Bureau of Economic Research, 2012.

⑤ 周金燕. 非认知技能的概念及测量进展[J]. 全球教育展望, 2020, 49 (5): 53-66.

么构成能力、什么构成非认知能力以及哪些程序规则‘更好’是至关重要的。”① 后来的学者建议将经济偏好与心理学测量结合起来使用以提高非认知能力测量的信效度。

（三）非认知能力的社会经济价值

非认知能力不仅本身具有内在价值，还具有“工具性”价值。已经有充足证据表明非认知能力具有较高经济价值、社会价值，关系到儿童学业成绩，影响学生未来在劳动力市场中的工作表现、工资收入和事业成就，乃至个人长期福祉和生活幸福感。该研究结论有助于学校、政府及其他部门提高对非认知能力的关注度，认识到非认知能力日益凸显的重要性。

一是非认知能力对认知能力发展和学业成就的影响。非认知能力是认知能力的基础，但也可以独立于认知能力进行测量。非认知技能较强的学生注意力、计划性、学业参与、定期出勤、完成家庭作业等方面表现更好，进而表现出更高的学术成就。通过回顾能力对教育回报率影响的研究发现，非认知能力相比较于认知能力更有助于提升教育回报率，但是这种回报优势主要来自男性②。有研究发现，在认知能力和非认知能力增加一个标准差时，学生选择继续接受教育的可能性分别增加 8.3% 和 9.5%，开放性每提高一个标准差，个体受教育时间将增加 3%，这说明大五人格中的开放性对个体受教育时间有显著影响③。达克沃斯等学者研究意志力对学业成绩的影响，结果发现意志力对美国八年级学生成绩有正效应，其作用甚至超过智商④。

二是非认知能力对劳动生产率和收入的影响。研究表明，非认知能

---

① HECKMAN J J, CORBIN C O. Capabilities and Skills [J]. Journal of Human Development and Capabilities, 2016, 17 (3): 342-359.

② BOWLES S, GINTIS H, OSBORNE M. The Determinants of Earnings: A Behavioral Approach [J]. Journal of Economic Literature, 2001, 39 (4): 1137-1176.

③ GLEWWE P, SONG Y, ZOU X. Labor Market Outcomes, Cognitive Skills, and Noncognitive Skills in Rural China [J]. Journal of Economic Behavior & Organization, 2022 (193): 294-311.

④ DUCKWORTH A L, SELIGMAN M E P. Self-Discipline Outdoes IQ in Predicting Academic Performance of Adolescents [J]. Psychological Science, 2005, 16 (12): 939-944.

力在生产过程中起着更重要的作用，人格特质、坚持、合作等非认知特征对个人取得成功至关重要，非认知能力会显著影响个人的工资收入、职业发展、就业稳定和社会行为①。事实上，雇主在招聘员工时也更多关注受聘者的合作能力、交往能力、适应能力等稳定的品质，对于受雇者的读写、计算等认知能力反而不是最重视的②。Mueller 和 Plug 使用威斯康星纵向研究数据表明，个性特征解释了 4.5% 的性别工资差距，其中宜人性的解释占 2.9%。一系列关于普通教育发展证书（General Educational Development，GED）对劳动力市场影响的研究显示，GED 是一种通过认知技能测试获得的文凭，美国高中的大部分辍学生都通过考试获得 GED 证书。持有 GED 证书的人比高中毕业生挣得少，因为 GED 证书向雇主发出了一种“混合信号”，即获得该证书的人的认知技能通常与高中毕业生相当，但非认知技能低于高中毕业生，出现破坏性行为的可能性更大，在职场的离职率也更高③。非认知能力对收入的作用机制分为两种：第一，非认知能力直接决定个体劳动力市场收入水平；第二，非认知能力通过改变个体教育选择、教育表现和教育回报率间接影响其收入水平。

三是非认知能力对生活满意度、健康的影响。非认知能力较高的人往往表现出更多的生活满意度、婚姻满意度，这都将直接影响个体的幸福感④，比如具有更多正向情绪（例如更乐观、更热情、更乐于助人、更容易满足等）的人往往更幸福⑤。同时，非认知能力较高的人会做出更多有利于健康的行为，一般会拥有更健康的身体。有研究跟踪调查了

① HECKMAN J J, STIXRUD J, URZUA S. The Effects of Cognitive and Noncognitive Abilities on Labor Market Outcomes and Social Behavior [J]. NBER Working Papers, 2006, 24 (3): 411-482.

② KLEIN R, SPADY R, WEISS A. Factors Affecting the Output and Quit Propensities of Production Workers [J]. The Review of Economic Studies, 1991, 58 (5): 929-953.

③ CAMERON S V, HECKMAN J J. The Nonequivalence of High School Equivalents [J]. Journal of Labor Economics, 1993, 11 (1): 1-47.

④ WATSON D, HUBBARD B, WIESE D. Self-other Agreement in Personality and Affectivity: The Role of Acquaintanceship, Trait Visibility, and Assumed Similarity [J]. Journal of Personality and Social Psychology, 2000, 78 (3): 546-558.

⑤ GUVEN C. Are Happier People Better Citizens? [J]. Kyklos, 2011, 64 (2): 178-192.

1 000 名从出生到 32 岁的人，结果显示，非认知能力尤其是自控能力，与总体健康状况相关①。李晓曼和涂文嘉总结了非认知能力影响寿命的三种机制：一是行为途径，即非认知能力通过影响个体的社交网络和行为表现间接影响寿命；二是应激行为反应，即面对应激事件的态度和反应能够影响寿命；三是自我治愈，即非认知能力通过影响个体的自我调节能力影响寿命②。

二、儿童非认知能力发展的影响因素

能力是先天遗传的还是后天培养的一直是能力研究中颇有争议的问题。实际上，这样的问题就像问是长方形的长还是宽对它的面积作用更大一样，也就是说，能力是先天和后天共同决定的。一般而言，个体的智商发展在 10 岁左右就进入相对稳定状态，而非认知能力的可塑周期更长，可以延续到青少年时期甚至成年期。这意味着探讨促进学生非认知能力发展的投资机制更具现实意义。从非认知能力发展的投入机制来看，对非认知能力的投资应该从个体成长早期阶段开始，后期投入虽然同样可以促进人的非认知能力发展，但需要支付更高昂的成本，加强弱势家庭儿童的早期教育投入才是公平而有效率的公共政策。虽然我们现在对非认知能力形成和投资机制还知之甚少，但已经有学者开始关注非认知能力的投资机制，并作了大量的工作，儿童非认知能力发展的主要影响因素包括如下方面。

（一）儿童学习适应性影响因素研究

学习适应性指的是学生在学习过程中自我调整，以适应学习的内容、方法和环境的能力。学习适应性反映了学生对学业需求的适应能力、对学习过程的态度、对学习活动的参与情况以及学习的努力程度，它会对

---

① MOFFITT T E, ARSENEAULT L, BELSKY D, et al. A Gradient of Childhood Self-Control Predicts Health, Wealth, and Public Safety [J]. Proceedings of the National Academy of Sciences, 2011, 108 (7): 2693-2698.

② 李晓曼，涂文嘉．新人力资本：测量、形成与作用[M]．北京：经济管理出版社，2019：18-19.

学生学习的效率和质量产生直接影响①。研究表明，较高的学习适应性是儿童顺利完成学习任务的关键，是取得较高学业成就的重要能力②。学习适应性强的学生有更积极远大的目标，能更好地跟上课程节奏并积极参与课题学习，能体验到更多学习乐趣。有研究认为，学习适应性是预测主观幸福感、目的感和心理压力的重要因素③。已有研究表明，个体特征、学校因素、家庭环境等变量对学生学习适应性产生直接或间接的影响。

从儿童个体特征来看，女生的学习适应性往往好于男生，且随着年龄的增长，学习适应性会降低。有学者认为个体发展遵循着“处境不利-压力-适应不良”的理论模型，个体所处环境越差，感受到的压力越大，学习适应性越差。换言之，处于不利环境下成长的儿童的发展水平、适应能力也会低于正常儿童。张大均和张赛研究 6 411 名大学生的调查数据发现，独生子女的学习适应性显著高于非独生子女，且存在大城市>中小城市>小城镇>农村的趋势④。就儿童流动状态来看，流动儿童的学校适应水平明显低于城市儿童，与城市儿童相比，随迁子女的学校适应情况明显较差，但在随迁子女内部存在学校差异，打工子弟学校随迁子女的适应性要弱于城市公立学校随迁子女。

从学校因素来看，教师职称、教学经验、师生关系与学生的学习适应性相关。研究发现，如果教师拥有较高职称，则他所教学生的学习适应性更好。对于师生关系的研究发现，生活在亲密的同伴和师生关系中的学生往往表现出更浓厚的学习兴趣和更好的学习适应性⑤。进一步的

---

① BAKER R W, SIRYK B. Measuring Adjustment to College [J]. Journal of Counseling Psychology, 1984, 31 (2): 179-189.

② NEGRU-SUBTIRICA O, POP E I. Longitudinal Links Between Career Adaptability and Academic Achievement in Adolescence [J]. Journal of Vocational Behavior, 2016, 93 (4): 163-170.

③ DIENER E, LUCAS R, SCOLLON C N. Beyond the Hedonic Treadmill: Revising the Adaptation Theory of Well-being [J]. American Psychologist, 2006 (61): 305-314.

④ 张大均，张赛．当代中国大学生适应性发展的特点[J]．西南大学学报（社会科学版），2007 (7): 124-128.

⑤ LADD G W, KOCHENDERFER B J, COLEMAN C C. Classroom peer Acceptance, Friendship, and Victimization: Distinct Relational Systems That Contribute Uniquely to Children's School Adjustment? [J]. Child Development, 1997, 68 (6): 1181-1197.

研究发现，学生与教师非正式联系的程度、学生与教师讨论学习的频率和质量将显著影响学生的学业成就，他们能从师生交往中感受到来自教师的关心和支持，这有益于学生的学习适应性发展①。当然，教师的支持只有在被学生感知到的情况下，才能更好地发挥作用。已有研究发现，感知到的教师支持可以帮助学生提高学业适应水平，取得良好的学习结果。对于留守初中生而言，因为与父母关系疏远，家庭成员亲密度较低，家庭功能缺失，所以教师在一定程度上替代了父母的职责与功能，他们感知到的教师支持和鼓励更可能促进其适应性发展②。生态系统理论指出，个体的适应与发展是个体与环境相互作用的结果，教师作为个体发展的“重要他人”，可通过对学生的支持、帮助、关爱来影响学生的学校适应③。

从家庭因素来看，诸多研究都表明家庭社会经济地位、亲子互动、家庭教养方式等都对儿童学习适应性有显著影响，这些研究表明，父母依然是影响儿童社会化的重要因素，家庭环境是预测儿童学习适应性的重要指标。就家庭社会经济地位而言，它可以通过影响儿童的学习动机和家长教育参与对儿童学习适应性产生显著影响④。家庭提供的书籍、学习资料、学习用品等对儿童学习适应性具有正向影响⑤。研究表明，家庭学习资源越丰富，越能为儿童创造一个良好的支持性学习环境，越有利于儿童的学习发展⑥。

---

① PASCARELLA E T, TERENZINI P T. Patterns of Student-faculty Informal Interaction Beyond the Classroom and Voluntary Freshmen Attribution [J]. Journal of Higher Education, 1977, 63 (5): 540-552.

② 范方，桑标. 亲子教育缺失与“留守儿童”人格、学绩及行为问题[J]. 心理科学，2005 (4): 855-858.

③ SAKIZ G, PAPE S J, HOY A W. Does Perceived Teacher Affective Support Matter for Middle School Students in Mathematics Classrooms? [J]. Journal of School Psychology, 2012, 50 (2): 235-255.

④ BOURDIEU P, PASSERON J C. Reproduction in Education, Society and Culture [M]. California: Sage Publication, 1990.

⑤ GERSHOFF E T, ABER J L, RAVER C C, et al. Income is not Enough: Incorporating Material Hardship into Models of Income Associations with Parenting and Child Development [J]. Child Development, 2007, 78 (1): 70-95.

⑥ YEUNG W J, LINVER M R, BROOKS-GUNN J. How Money Matters for Young Children's Development: Parental Investment and Family Processes [J]. Child Development, 2002, 73 (6): 1861-1879.

有研究指出，儿童个体的学习差异不能单纯依据家庭社会经济地位等静态因素进行评估，过程性因素可能比父母职业、收入或教育程度等结构性因素更能预测儿童的学习状况①。尤其对于社会经济地位较低的家庭而言，父母受教育水平较低，家庭学习资源较为稀缺，他们没有良好的经济条件为孩子选择优质学校，但他们可以通过创造良好的家庭氛围，花更多时间陪伴子女来提高儿童学习适应性②。具体来看，过程性家庭环境对儿童学习适应性的影响体现在以下三方面：

一是家庭交流沟通对儿童学习适应性有显著的积极效应。研究表明，亲子沟通的频率与质量和儿童的学习适应性显著相关③。尤其对中国农村儿童而言，亲子频繁地交流能有效促进儿童学习适应性发展④。也有研究指出，亲子交流互动对农村留守儿童学习适应性有显著积极作用⑤。家长和子女关于学业方面的沟通，是儿童学业适应的有力预测指标。在亲子沟通过程中，父母会将教育效用、学业价值等观念传递给子女，帮助子女获得良好的学业表现。

二是父母在家庭中的学业监管有助于子女学习适应性发展。父母的学业指导、行为监督、有关学业问题的讨论等行为，不仅能够直接有效地提高儿童的学习适应性，还能通过影响儿童的学习习惯和学习态度对儿童学习适应性产生间接影响⑥。虽然也有研究指出，父母参与家庭作

① SNOW C E, BARNES W S, CHANDLER J, et al. Unfulfilled Expectation: Home and School Influence on Literacy [M]. Cambridge, MA: Harvard University Press, 1991.

② NELSON W L, HUGHES H M, HANDAL P, et al. The Relationship of Family Structure and Family Conflict to Adjustment in Young Adult College Students [J]. Adolescence, 1993, 28 (109): 29-40.

③ SON S H, MORRISON F J. The Nature and Impact of Changes in Home Learning Environment on Development of Language and Academic Skills in Preschool Children [J]. Developmental Psychology, 2010, 46 (5): 1103-1118.

④ SU S, LI X, LIN D, et al. Psychological Adjustment Among Left-behind Children in Rural China: The Role of Parental Migration and Parent-child Communication [J]. Child: Care, Health and Development, 2013, 39 (2): 162-170.

⑤ 雷万鹏，向蓉．留守儿童学习适应性与家庭教育决策合理性[J]．华中师范大学学报（人文社会科学版），2018，57（6）：174-182.

⑥ HILL N E, TYSON D F. Parental Involvement in Middle School: A Meta-analytic Assessment of the Strategies That Promote Achievement [J]. Developmental Psychology, 2009, 45 (5): 740-763.

业与孩子的学业适应之间存在负相关，特别是当孩子进入青春期时，父母的家庭作业帮助可能会特别成问题。在此基础上，Patall 等人的定量综合研究得出，在小学期间，家长参与作业指导与学习适应性之间存在正相关关系，而在初中期间，家长参与作业指导与学习适应性之间存在负相关关系，Hill 和 Tyson 的元分析也证实了这一点。

三是不同的家庭教养方式对儿童学习适应性影响差异显著。比如马俊、李婷娜等人的研究表明，民主型家庭教养方式下子女学习适应性最好，权威型和放任型教养方式其次，专制型教养方式最差。生活在温暖、包容、平等家庭中的孩子学习适应性发展最好，紧接着是接受权威型和放任型教养方式的儿童，接受专制型教养方式的儿童学习适应性发展最差。

（二）儿童意志力发展影响因素研究

意志力被普遍认为是一种为了长期的理想目标而克服困难、持续付出努力的非认知能力。中国学生发展核心素养总体框架中自主发展维度下的健康生活素养指出，学生应有积极的心理品质，坚韧乐观，具有自制力、抗挫折能力等。Duckworth 等人最先考察了意志力对儿童学业成就的影响，发现意志力与其成绩绩点正向相关，意志力更强的人会更加努力，更有可能实现自己的目标①。意志力的影响具有持久性，青少年时期更强的意志力会显著提升成年后的收入水平②。意志力对心理健康、工作收入、生活方式等也发挥着长期影响，意志力的优势累积能让个体收入更高、生活更快乐、事业更成功③。

人的意志力并非与生俱来，而是与个体的社会生活经历紧密相连，与个体的生活环境息息相关。一方面，快速的社会变迁给个体带来更多

① 诚如宾夕法尼亚大学的达克沃斯所言："在种种状况中左右着某个人工程的因素既不是体貌特征，也不是身体健康，也不是智商，而是坚毅的精神。""只有天赋是不够的，你必须具备坚毅的精神，这种精神的韧性能够帮助你扫清面对的障碍。"

② 钟粤俊，董志强．意志的力量：青少年时期意志力对成年收入的影响[J]．产业经济评论，2017（2）：23-38.

③ FITCH J L，RAVLIN E C. Willpower and Perceived Pehavioral Control：Influences on the Intention-behavior Relationship and Postbehavior Attributions［J］. Social Behavior and Personality：An International Journal，2005，33（2）：105-124.

挑战，而青少年心智尚不成熟，复杂多变的社会环境下意志水平对于青少年的学业发展、心理健康倍显重要。另一方面，社会经济结构转型升级要求未来劳动力掌握更加精深的知识技能，面对更加复杂化的学业任务以及终身学习的要求，青少年需要有足够的意志作为心理支撑，否则意志力低下的不良影响将会延伸至劳动力市场中，削弱自身的竞争优势[①]。

心理学相关研究认为，人与人的能力发展不尽相同，在成长过程中因受遗传、环境与教育的作用，个体在身心发展特征上呈现性别、学段等差异，这也为教育学“因材施教”提供了理论基础。比如，意志力的发展与年龄显著相关，随着个体年龄的增长，意志力越强。在控制了受教育水平和其他人格变量后，意志力发展随着年龄增长呈递增的趋势，因为人的意志力会随着生活阅历的增加而提升[②]。有研究认为低学段的儿童意志力发展水平高于高学段，针对 20 964 名五年级、八年级学生的研究发现，五年级学生的学习意志力发展水平显著高于八年级学生[③]。也有研究支持，儿童意志力发展呈波动变化的趋势，相较于小学阶段，初中生意志力水平下降，高中阶段再次回升。此外，意志力发展水平与受教育程度高度相关，受教育水平越高的个体，意志力水平越高[④]。郑磊和孙钰的研究发现，与独生子女娇生惯养的常识认知不同，独生子女的意志力发展水平显著高于非独生子女[⑤]。雷万鹏和李贞义的研究指出，留守对儿童意志力发展有显著影响，留守儿童的意志力发展水平显著低

---

① 达克沃斯．恒毅力：人生成功的究极能力[M]．洪慧芳，译．台湾：天下杂志股份有限公司，2016：262.

② DUCKWORTH A L，SELIGMAN M E P. Self-Discipline Outdoes IQ in Predicting Academic Performance of Adolescents [J]. Psychological Science，2005，16 (12)：939-944.

③ 段鹏阳，范文凤．中小学生非智力因素的年级差异：基于无条件分位数回归的分析[J]．教育学术月刊，2019 (12)：79-87.

④ DUCKWORTH A L，PETERSON C，MATTHEWS M D，et al. Grit：Perseverance and Passion for Long-term Goals [J]. Journal of Personality and Social Psychology，2007，92 (6)：1087-1101.

⑤ 郑磊，孙钰．家庭对学生意志力的影响及作用机制：基于 CEPS 数据的研究[J]．教育科学研究，2020 (12)：24-32.

于非留守儿童，且女生的意志力水平显著高于男生①。

个体对自我发展的目标定位、认知、期望等均会影响儿童意志力的发展，这种影响主要体现在以下几方面：一是如果儿童有较强的自我效能，当他面临学习困难时就会有很强的意志力；二是如果儿童对困难和挫折持有积极态度的话，那么他们会将挫折视为学习的机会或需要解决的问题，困难不会使他们偏离轨道；三是如果儿童的学习任务与其兴趣爱好、远景目标相符，学生往往会拥有较强的意志力；四是希望对儿童意志力发展有积极的预测作用，如果儿童有明确的目标定位，那么他们更有可能一直沿着自己的目标奋斗，在长期学习中保持专注②。

意志力是在环境中形成的，不同的学习、生活环境会对儿童的意志力发展产生不同的影响。研究发现，“大班”更有利于儿童意志力的发展，主要原因在于随着“大班”学生数量的增加，学生面临的竞争也更为激烈，他们会在竞争中不断激发奋斗热情③。竞争会促使个体之间相互比较，强化差异性和对比性认知；竞争也会增加学生成败的经历，这都将显著影响儿童意志力发展④。有学者调查了美国四年级到八年级学生的意志力发展情况，发现特许学校学生的学业表现优于公立学校和开放注册区域学校，但特许学校学生的意志力得分却低于另外两种类型学校的学生，并且意志力得分会随着年级的升高而下降⑤。同时，教师的学历、经验、教师资格证书持有情况以及教育信念和人格特质均会对学生的非认知能力发展产生重要影响，特别是教师的学习支持、情感支持和交往支持对儿童意志力发展产生显著的积极影响，教师的支持有助于

① 雷万鹏，李贞义．教师支持对农村留守儿童非认知能力的影响：基于 CEPS 数据的实证分析[J]．华中师范大学学报（人文社会科学版），2020，59（6）：160-168.

② 刘艳华，王以宁，徐鹏，等．挖掘信息技术的隐性教育功能：美国《提升意志力：21 世纪成功的核心要素》报告解读及启示[J]．电化教育研究，2015，36（9）：112-120.

③ 郑力．班级规模会影响学生的非认知能力吗?：一个基于 CEPS 的实证研究[J]．教育与经济，2020（1）：87-96.

④ JOHNSON R B，ONWUEGBUZIE A J. Mixed Methods Research：A Research Paradigm Whose Time Has Come［J］. Educational Researcher，2004，33（7）：14-26.

⑤ WEST M，WEST T. Leadership in Healthcare：A Review of the Evidence［J］. Health Management，2015（15）：123-125.

提升儿童的坚韧性、自觉性和自制力，形成较高的意志力发展水平[①]。

在学校和课堂环境之外，家庭生活被认为是影响儿童意志力的重要环境因素。儿童在家庭中获得的保护因素越多，当他们在其中一个领域面临挑战时，就越有可能成功[②]。与之相反的是，父母离异和父母冲突较多不利于儿童意志力发展，这种不好的家庭关系容易对儿童形成挫折和打击，这些消极体验容易让他们形成习得性无助，进而削弱其意志力发展水平[③]。在家庭环境中，家长与孩子构建和谐、融洽、亲密的亲子关系是影响儿童意志力发展的重要因素，亲子关系越亲密，儿童意志力发展越好[④]。家庭教养方式也会对儿童意志力发展产生影响，家长“严厉的爱”是培养孩子意志力发展最好的土壤。家长参与尤其是母亲陪伴是影响儿童意志力发展的重要因素，母亲的教育陪伴时间缺乏将对子女的意志力发展产生负向影响，陪伴时间减少 1 小时，子女意志力发展降低 0. 022 个标准差[⑤]。

（三）儿童情绪稳定性影响因素研究

情绪稳定性既是一种人格特质，也是一种非认知能力。中国学生普遍存在易于焦虑、情绪不稳定、情绪大起大落等情绪问题。情绪稳定性不仅可以不断地发展健全人格，提高生活质量，保持旺盛精力和愉快情绪，还与个体的情绪体验、自尊水平和生活满意度密切相关，而且对个人职业、收入和长远发展有着重要影响[⑥]。在大五人格特质中，情绪稳定性与身心健康和幸福的关联最强，且已有研究大多将情绪稳定性作为

---

① 雷万鹏，李贞义．教师支持对农村留守儿童非认知能力的影响：基于 CEPS 数据的实证分析［J］．华中师范大学学报（人文社会科学版），2020，59（6）：160-168.

② DENT R J，CAMERON R J S. Developing Resilience in Children Who are in Public Care：The Educational Psychology Perspective［J］. Educational Psychology in Practice，2003，19（1）：3-19.

③ 郑磊，孙钰．家庭对学生意志力的影响及作用机制：基于 CEPS 数据的研究［J］．教育科学研究，2020（12）：24-32.

④ 达克沃斯．恒毅力：人生成功的究极能力［M］．洪慧芳，译．台湾：天下杂志股份有限公司，2016：262.

⑤ HSIN A，FELFE C. When does Time Matter? Maternal Employment，Children's Time with Parents，and Child Development［J］. Demography，2014，51（5）：1867-1894.

⑥ HECKMAN J J，STIXRUD J，URZUA S. The Effects of Cognitive and Noncognitive Abilities on Labor Market Outcomes and Social Behavior［J］. NBER Working Papers，2006，24（3）：411-482.

预测变量进行研究，很少将其作为因变量进行分析[①]。事实上，情绪深受所处环境的影响，比如家庭环境、学校环境、社区环境以及同伴环境的影响。

首先，情绪稳定性作为大五人格的指标之一，个体能否在复杂的情境下冷静地解决问题，能否有效摆脱焦虑、沮丧、激怒、烦恼等消极情绪，与个体特征显著相关。相较小学生而言，初中生的情绪稳定性显著下降，因为初中生面临更重的学业压力，更容易焦虑。研究显示，情绪稳定性存在显著的性别差异，男生的积极情绪显著高于女生，非独生子女情绪稳定性得分显著高于独生子女，因为独生子女家庭往往拥有更好的家庭经济状况，往往享受到较多的关爱，他们在积极情绪等非认知能力发展水平上均显著高于非独生子女[②]。此外，城市儿童的情绪稳定性高于农村儿童，乡镇儿童情绪稳定性得分最低，且情绪稳定性的城乡差异具有统计学意义。留守经历对学生的自我控制和情绪稳定性具有消极作用，留守儿童由于长期缺乏父母的陪伴和疏导，更容易出现抑郁、焦虑、自卑等消极心理。当然，对于非独生子女的留守儿童来说，其兄弟姐妹的陪伴在一定程度上弥补了父母陪伴的缺失，他们在情绪稳定性上好于留守独生子女[③]。

其次，情绪稳定性受到家庭环境的影响，比如家庭的社会经济地位、家庭结构、亲子关系等。社会经济地位越高的家庭，可以运用更多的资源去应对各种突发事件和负面事件，他们面临的精神压力更小，因而表现出更好的情绪状态[④]。相反，社会经济地位较低家庭的个体更容易陷入“社会困境”，他们普遍缺乏经济来源和社会支持，更有可能表现出

---

① CHENG J, SUN Y H. Depression and Anxiety Among Left-behind Children in China: A Systematic Review [J]. Care Health Development, 2015, 41 (4): 1-9.

② 郑磊，祁翔．学前教育经历与城乡学生的多维非认知能力差距[J]．学前教育研究，2020 (11)：43-57.

③ 郭亚平．留守经历及其开始阶段对大学生非认知能力的影响[J]．青年研究，2020 (1)：12-23.

④ 胡荣，陈斯诗．影响农民工精神健康的社会因素分析[J]．社会，2012，32 (6)：135-157.

焦虑、抑郁和愤怒等情绪[①]。例如，家庭贫困的中学生具有更多的负面情绪，因为贫困的家庭亲子沟通频率更低、父母间的关系更差、父母对于子女的期望更低，这将会影响到贫困儿童的情绪稳定性发展[②]。家庭结构也是影响儿童情绪适应性的重要因素。随着社会经济文化的发展，人们价值观念随之变化，伴随离婚率上升而来的是家庭的解体与重组，家庭结构正在多样化发展，这对儿童的情绪稳定性发展有着重要影响。大量经验研究表明，儿童时期在非完整家庭中成长的孩子，在学业成绩、认知、情感、行为和社交技能等方面落后于完整家庭的孩子，而且他们的长远发展也更可能处于劣势[③]。此外，亲子互动、亲子关系也会对儿童情绪稳定性产生影响。家长和子女之间的亲密互动，有助于降低孩子的消极情绪水平[④]。以亲子共餐这一微视角为例，亲子共餐频率降低意味着亲子互动的减少，这将会对儿童的情绪稳定性带来显著的负向影响，但是亲子共餐频率的提高对情绪稳定性没有显著影响[⑤]。

最后，学校因素是形成儿童情绪稳定性的重要环境变量。有研究发现，“小班”（班级规模为 40 人及以下的班级）更有利于儿童情绪稳定性发展[⑥]。一是因为“小班”中的个体与其他同伴互动机会较高，他们具有更为频繁的同伴互动；二是因为“小班”中的个体更容易受到老师的关注，与老师的互动频率和质量更高；三是因为“小班”学生面临的竞争压力相对较小，因此“小班”有助于学生控制负面情绪。从“班

① 彭国胜．家庭对青少年学生自杀意愿和行为的影响：基于湖南省的实证调查[J]．青年研究，2007（7）：16-24.

② 贺光烨，李博雅．家庭贫困对中学生心理健康的影响：亲子沟通、父母关系与父母信心的中介作用[J]．青年研究，2020（2）：49-58.

③ CARLSON M J，CORCORAN M. Family Structure and Children's Behavioral and Cognitive Outcomes [J]. Journal of Marriage and Family，2001，63（3）：779-792.

④ CHEUNG C S S，POMERANTZ E M. Parents' Involvement in Children's Learning in the United States and China：Implications for Children's Academic and Emotional Adjustment [J]. Child Development，2011，82（3）：932-950.

⑤ 李乐敏，党瑞瑞，刘涵，等．父母陪伴对青少年非认知能力的影响：基于亲子共餐视角的准实验研究[J]．人口与发展，2020，26（2）：88-98.

⑥ 郑力．班级规模会影响学生的非认知能力吗?：一个基于 CEPS 的实证研究[J]．教育与经济，2020（1）：87-96.

级”社交网络进行分析发现，班级平均负向情绪对班级内个体的负向情绪呈显著的正向影响，即在同一个班级内，负向情绪是会传染的[①]。此外，有研究发现是否接受学前教育对儿童情绪稳定性也存在一定影响，接受过学前教育的学生在控制消极情绪等方面表现更好[②]。

第三节　家庭环境及其对非认知能力发展的影响

教育分层、教育代际流动、家庭教育再生产等是研究家庭对子女教育代际影响的热门话题。20 世纪 60 年代之前，政策决策者和教育研究者们普遍认为，学校相关因素是影响儿童发展的最主要原因，旨在促进学生发展的政策都围绕学校场域展开。直到 1966 年《科尔曼报告》指出，在控制了家庭因素的情境下，学校只能解释很小一部分学生学业成就之间的差异，教育政策制定者才开始关注学校以外的其他影响学生发展的因素，尤其是家庭环境对学生发展的影响。随着中国城镇化和现代化的发展，家庭结构、家庭关系、家庭模式及家庭功能受到巨大冲击，家长素养不高、家庭教养方式不合理、隔代教养问题越发凸显，家庭教育问题已经成为备受社会各界关注的社会问题，关于家庭环境与儿童发展关系的研究也逐年增多。已有研究从家庭教育期望和教育选择、家庭教育方式、家庭教育投入、家长参与等角度讨论家庭环境对儿童教育的影响，最后的结论几乎一致指出家庭环境对儿童发展有影响。

当我们在谈论家庭环境的影响时，家庭环境到底包括哪些方面？什么样的家庭环境是好的家庭环境？或者说什么样的家庭环境更有利于儿童发展？从政策视角来看，近年来政府在政策供给、资源配置等方面出台一系列举措来改变弱势家庭的“硬环境”、增加弱势家庭的教育投入，但是阶层之间的教育差距依然客观存在。事实上，家庭物质财富的积累不是决定儿童发展的最重要因素，家庭如何利用物质财富创造更好的学

---

① 李长洪，林文炼．“近墨者黑”：负向情绪会传染吗?：基于“班级”社交网络视角[J]．经济学（季刊），2019，18（2）：597-616.

② 张鼎权，郑磊，祁翔．学前教育对学生非认知能力影响的研究[J]．教育科学研究，2018（5）：37-43.

习氛围才是促进孩子成长的核心[①]，所以我们要关注家庭教养方式、亲子互动、亲子关系等动态的、可改变的家庭环境。鉴于家庭环境的复杂性，下文首先分析了家庭环境在生态系统这一大环境中的作用，然后从结构性家庭环境和过程性家庭环境两方面着手进行综述。

一、生态系统中的家庭环境

（一）生态系统理论及其在教育中的应用

1935 年英国生态学家坦斯利提出“生态系统”的概念，他认为任何有机体只凭自身而没有环境是不能生存的，有生命的生物和无生命的环境是彼此不可分隔的、相互联系的[②]。一个简单的公式可以概括这一关系：生态系统=生物群落+环境条件。生态系统这一概念在于强调所有机体与其所生存的环境间都存在着互为依存、互为因果的相互关系。Goldstein 提出“人在情境中”，强调人与环境的统一及其整体性。同年，Pincus 和 Minahan 提出三种有益于人们生活的系统，即包括家庭、朋友、同事在内的非正式系统，以社区组织、社会组织为代表的正式系统以及医院、学校等社会系统。

生态学以及生态系统思想应用于教育领域，最初是研究个体的行为与发展受周遭环境的影响。1976 年美国学者克雷明首次正式提出了“教育生态学”，他把教育视为一个有机的、复杂的、统一的系统，强调“环境中的发展”的重要性，主张教育理论应把眼光投射到教育与社会之间以及与教育相关的各个群体之间的关系上[③]。基于环境对个体发展的重要影响，美国著名心理学家布朗芬布伦纳于 1977 年首次提出了生态系统理论，注重把人放在社会性生态系统环境中加以考察，强调社会生态环境与人的相互作用及其对人类发展和行为的重要影响，揭示了社会、

① 雷万鹏，向蓉．学生科学素养提升之家庭归因：基于中国 PISA 2015 数据的分析［J］．全球教育展望，2020，49（9）：66-78.

② 祝廷成，董厚德．生态系统浅说［M］．北京：科学出版社，1983：5.

③ CREMIN L A. John Dewey and the Progressive-Educaion Movement（1915—1952）［J］．The School Review，1959（2）：160-173.

学校、家庭对个人成长的影响。1979 年，布朗芬布伦纳详细介绍了学校、家庭和社会等关键性环境因素，提出了微观系统、中观系统、外部系统、宏观系统的“四系统观”，并深入研究了这些关键性环境因素之间的关系，详见图 2-4。

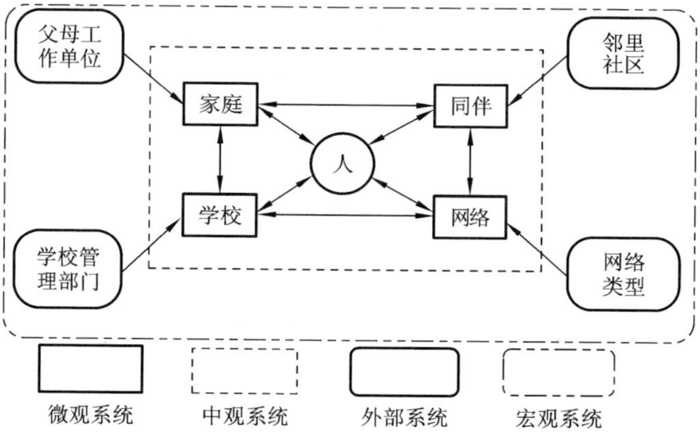

图 2-4　布朗芬布伦纳的社会性生态系统示意图

微观系统指的是个体直接面对面接触或直接参与的人或事物，与个人的接触最为直接，也最为频繁，因而对个人的影响最大、最深远，例如家庭、学校、同侪、工作场所等。布朗芬布伦纳指出，微观系统是个人在面对面背景中所经历的活动、社会角色和人际关系，该背景具有特定的、物理的、社会的和象征的特征，微观系统中的每个因素都会影响个体的发展。中观系统是由个人活跃参与其中的两个或更多环境之间的联结，例如个体与学校和同侪的互动关系、家庭与学校的互动关系，当两个或数个微观系统在价值观念产生冲突时，通常会造成个体适应问题，而当系统成员都投入与其他成员共同活动时，中间系统的发展便随之提高。外部系统是指一或多个发展中的个体未主动参与其中，但该环境所发生的事件却会影响到个体所在的环境，或被其所影响，例如对幼儿而言，包括父母工作的场所、兄弟姐妹上学的班级、父母的朋友圈、地方学校委员会的活动等，这些环境与个体无直接相关，但会对个体造成某些影响。宏观系统是指个体成长所处的社会环境及意识形态背景，如整体社会文化、政治政策、文化价值等方面，日常生活的态度言行，其中都隐含着社会或个人的意识形态，进而影响个体发展。

随后，扎斯特罗等人将生态系统划分为微观系统、中观系统、宏观系统三种基本类型，其中微观系统是具有生物、心理和社会系统的个人，中观系统是包括家庭、职业群体和其他社会群体在内的任何小规模的群体，宏观系统是个体不直接接触的、比小群体更大的社会系统，比如文化、社区、机构和组织①，详见图 2-5。与布朗芬布伦纳的生态系统理论的最大区别在于，该理论将个人看作是生态系统的一部分，强调个体的能动性与重要性，打破了个体与环境的对立关系。2004 年，莫拉莱斯与谢弗在《社会工作：一体多面的专业》一书中将生态系统分为五个层面，即个人、家庭、文化、环境-结构、历史，每个层面都套叠在下一个层面之中。个人层面主要指认知能力、社交能力、问题解决能力、抗压能力等生理、心理、社会禀赋；家庭层面指的是家庭关系、经济支持、情感表达方式等独特的家庭生活方式和家庭内部互动的特定文化方式；文化层面主要指文化价值观、信念体系、社会规范、文化渊源等，环境-结构层面主要指增加或引起个人、家庭、群体或社区心理社会问题的政治、经济和社会结构性要素；历史层面主要指个人或群体经历过的积极或消极因素。与前两种观点的最大不同在于，该理论将家庭作为一个独立的层面进行论述，强调了家庭在个人成长与发展中的重要作用。

生态系统理论是用以考察人类行为与社会环境交互关系的理论，该理论认为人类所生存其中的社会环境是一种社会性的生态系统，强调个体的发展会直接或间接受到环境系统的交互影响。个人的行为不仅受家庭、学校等环境以及教师、家人、同侪等微观环境中重要他人的直接影响，也受到发生在更大范围内的社区、国家、世界中的事件的间接影响②。

（二）家庭生态系统

家庭是影响儿童发展的重要环境系统，是儿童与外界环境相互作用

① 扎斯特罗，柯斯特-阿什曼．人类行为与社会环境［M］．6 版．师海玲，韩辉，孙岳，等译．北京：中国人民大学出版社，2006.

② BROFENBRENNER U. Ecology of the Family as a Context for Human Development：Research Perspectives［J］. Development Psychology，1986，22（6）：723-742.

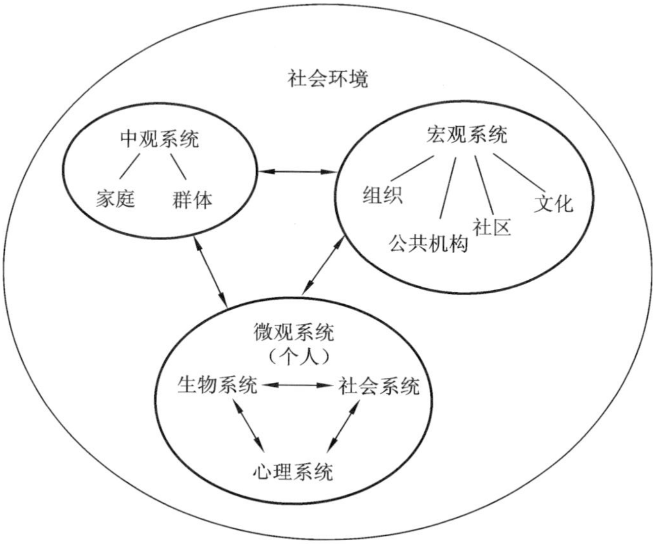

图 2-5　社会环境中多重相互作用的系统

的基地。家庭生态系统是一个复杂的环境系统，如何合理划分维度是研究的基础工作。有研究将家庭生态系统划分为父母子系统、家庭子系统、儿童子系统三个方面，其中父母子系统包括父母的职业、文化程度、教养方式、对子女的教育期望；家庭子系统包括家庭关系、家庭互动、家庭结构、家庭社会经济地位；儿童子系统包括儿童的性别、年龄、人格特征等方面。桑标和席居哲以生态系统为指导，探讨了家庭生态系统对儿童心理健康发展的影响机制。他们的研究发现，机体与环境之间的交互作用、不同子系统之间的相互作用有益于人的发展①。具体的影响路径及家庭生态系统的构成见图 2-6。

与之类似的探讨是 Schleider 和 Weisz 于 2017 年提出的家庭过程三元模型，他们将家庭过程分为父母层面的因素、父母与子女互动层面的因素、家庭层面的因素②。父母层面的因素包含父母基本特征、父母身心

① 桑标，席居哲．家庭生态系统对儿童心理健康发展影响机制的研究[J]．心理发展与教育，2005（1）：80-86.

② SCHLEIDER J L，WEISZ J R. Family Process and Youth Internalizing Problems：A Triadic Model of Etiology and Intervention [J]. Development and Psychopathology，2017，29（1）：273-301.

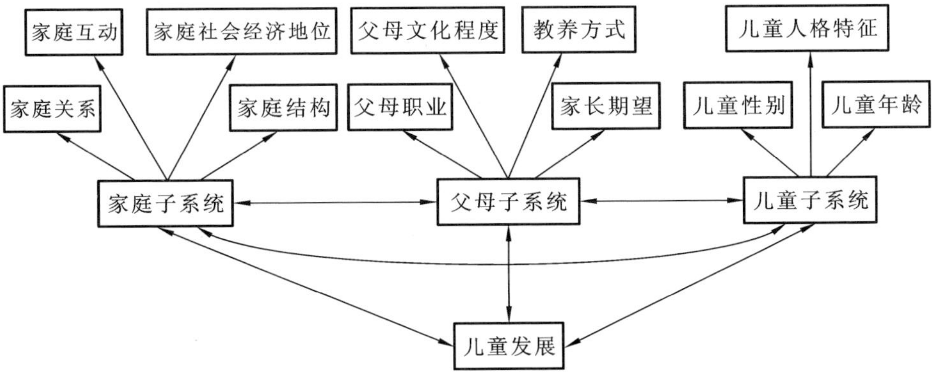

图 2-6　家庭生态系统对儿童发展的影响

健康状况、夫妻关系；父母与子女互动层面的因素包括养育方式、亲子关系、亲子互动、家长对子女的教育期望；家庭层面的因素是家庭作为一个集体单位所体现出的各方面的环境因素，例如，家庭稳定、家庭功能。这些不同层面的环境因素相互影响、相互作用，共同影响儿童发展，如图 2-7 所示。

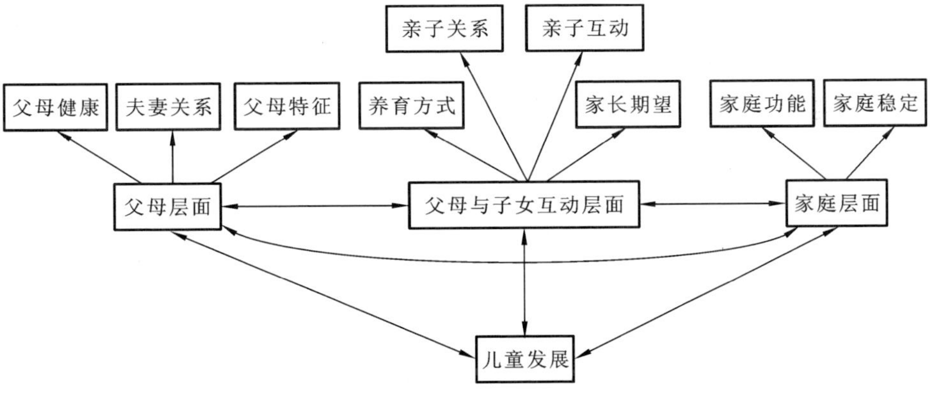

图 2-7　家庭过程三元结构

商冲晨和莫书亮根据生态系统论，将家庭微系统分为家庭基本环境子系统、父母与儿童互动子系统、儿童互动子系统三个方面[①]。其中家

① 商冲晨，莫书亮．家庭微系统对幼儿心理理论的影响：因素、过程和机制[J]．心理科学进展，2010，18（6）：914-923.

庭基本环境子系统包括家庭社会经济地位、家庭结构两个变量，属于客观环境。父母与儿童互动子系统包括依恋类型、教养方式、母亲情绪表达和亲子游戏四个要素，属于主观环境。儿童互动子系统也属于主观环境，包括兄弟姐妹间的合作冲突和游戏互动两方面。刘航等将家庭环境分为家庭基本环境、父母情绪特征、家庭互动三个子系统。家庭基本环境包括家庭嘈杂度、家庭社会经济地位与家庭结构，父母情绪特征包括父母情绪调节、父母情绪症状，家庭互动包括家庭互动关系（婚姻关系、亲子依恋）、家庭互动行为（家庭情绪表达、教养方式、情绪反应方式），并指出家庭互动在家庭基本环境、父母情绪特征与儿童情绪调节之间起着中介作用。有研究者从家庭背景、家风、教养观三个维度测量家庭环境，家庭背景包括父母收入、父母职业、父母文化程度，家风包含父母关系、亲子关系、家庭文化氛围，教养观涉及父母教育期望、教育观念、教养方式，具体分类见图 2-8。赵可云等利用此量表探讨了家庭环境对农村留守儿童学习适应性和社会化的影响，杨宝琰、柳玉姣借用此量表探讨了家庭环境对农村初中学生学业坚持的影响机制。

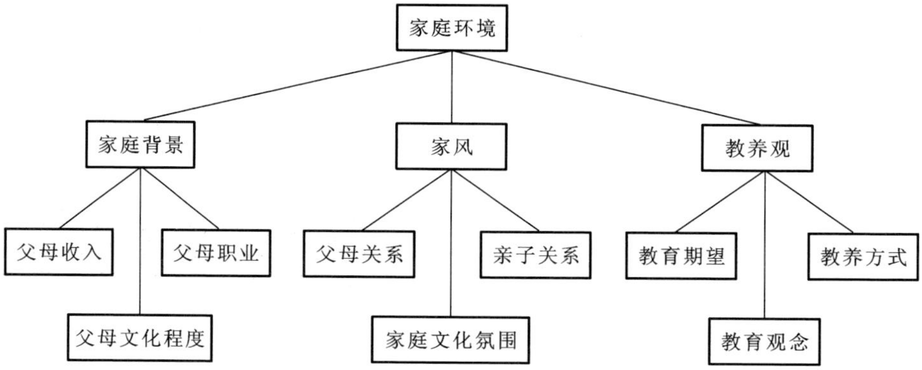

图 2-8　家庭环境量表维度

家庭生态系统内部是如何对儿童的发展产生影响的？“人-情境交互作用理论”认为，环境因素亦有远近之分，环境可划分为直接影响个体发展的近端环境和通过改变近端环境从而影响个体发展的远端环境①。

① NEBLETT N G, CORTINA K S. Adolescents' Thoughts About Parents' Jobs and Their Importance for Adolescents' Future Orientation [J]. Journal of Adolescence, 2006, 29 (5): 795-811.

Bronfenbrenner 和 Ceci 在早期生态系统理论的基础上进行改进，更加强调被称之为“发展引擎”的近端环境，并在此基础上提出“过程-个人-情境-时间”新模型，认为情境因素对个体发展的影响必然经过亲子互动、亲子关系等近端过程①。人类的发展是通过人类有机体与直接相关的外部环境中的人、物和符号之间日益复杂的相互作用过程而发生的，在直接环境中形成的这种持久的相互作用被称为近端过程。近端过程有如下三个特性：一是个人必须从事某一活动，二是该活动必须在较长一段时间内经常进行并且变得日益复杂，三是近端过程并不局限于人际交往，也可以是人与物、与符号系统的相互影响。

布朗芬布伦纳的近端过程特别强调了家庭环境中的亲子互动、家庭氛围和亲子关系对儿童发展的重要作用。有大量的证据表明，微观系统中的家庭社会经济地位和邻里关系与儿童的社会与情感能力之间存在联系，但是近来研究表明，社会经济地位和邻里关系特征都是通过亲子互动和积极的亲子行为等近端过程对儿童发展产生影响的。Ashiabi 和 O'Neal 利用 2007 年儿童健康调查中 28 064 名 6 至 11 岁儿童的样本分析发现，家庭社会经济地位、邻里社会资本、家庭和父母压力等宏观和微观系统变量对儿童社会发展的影响部分受到近端过程（亲子互动）的调节，近端过程将比其他情境因素对儿童发展产生更强大的影响②。具体来看，家庭社会经济地位通过四种方式改变近端过程进而影响儿童发展：一是影响父母的心理健康；二是改善生活质量；三是物质资源不足，造成经济紧张，从而造成心理痛苦；四是通过资源的可用性预防压力源和提高抗压能力③。

总体来看，家庭环境是影响儿童发展的重要生态系统。家庭不仅是

① BRONFENBRENNER U，CECI S J. Nature-nuture Reconceptualized in Developmental Perspective：A Bioecological Model [J]. Psychological Review，1994，101（4）：568-586.

② ASHIABI G S，O'NEAL K K. Child Social Development in Context：An Examination of Some Propositions in Bronfenbrenner's Bioecological Theory [J]. SAGE Open，2015，5（2）：1-14.

③ PINQUART M，SÖRENSEN S. Influences of Socioeconomic Status，Social Network，and Competence on Subjective Well-being in Later Life：A Meta-analysis [J]. Psychology and Aging，2000，15（2）：187-224.

儿童社会化的起点，也是儿童与外界环境连接的纽带。因此，探讨家庭环境影响儿童发展的机制，具有重要的理论意义与实践应用价值。此外，生态系统理论表明，家庭微系统也会与宏观系统相互影响。其一，家庭环境是社会发展的结果，家庭环境受到社会结构的影响，处于不同社会结构位置的家庭呈现不同的家庭环境。其二，作为影响孩子学业发展的重要因素，家庭环境又是社会不平等的原因。其三，家庭环境也是改变社会宏观结构的重要因素，因而家庭环境在社会背景与儿童发展之间起着重要的调节作用。因此，本研究在探讨家庭环境对儿童发展的影响时，将其放在城镇化进程这一大背景之下，并最终回到家庭政策这一宏观背景，试图回应费孝通先生“不仅需要看到社会结构，而还要看到人”的反思性认识，形成宏观到微观再到宏观的研究思路。

二、结构性家庭环境

结构性家庭环境与教育产出之间的关系一直是教育经济学研究的经典话题之一，它涉及社会不平等的再生产，也与社会的流动和开放程度密切相关①。已有大量实证研究探讨了结构性家庭环境与教育产出之间的关系。结构性家庭环境主要测量的是“家庭是什么”，在研究中通常包括先赋性的家庭社会经济地位和后致性的家庭结构两方面，属于静态的、易于测量但短时间难以改变的结构性变量。

（一）家庭社会经济地位

教育社会学最重要的研究发现是教育结果与家庭社会经济地位有关。布劳-邓肯模型表明了家庭社会经济地位对子女教育具有重要的作用，家庭社会经济地位不仅体现家庭在社会分层中的相对位置，也说明家庭所拥有资源的多寡。《科尔曼报告》是最早探讨家庭社会经济地位对子女发展影响的实证研究，该报告发现家庭社会经济状况对学生成绩的影响

① HOUT M, DIPRETE T A. What We Have Learned: RC 28's Contributions to Knowledge About Social Stratification [J]. Research in Social Stratification and Mobility, 2006, 24 (1): 1-20.

最大，而学校和教师特征的影响较小[①]。随后有研究发现，家庭背景因素尤其是家庭社会经济地位可以解释至少50%的学生学业表现的差异，远大于学校因素的解释力。美国、英国和加拿大等国家的数据也显示，家庭背景可以解释学生近一半学业表现的差异。20世纪90年代的一项研究分析了13个国家中家庭社会经济地位与子女教育获得之间的关系，发现在其出生于1910年到1960年间的成年人样本中，有11个国家的数据结果显示出家庭社会经济地位对子女教育获得的影响作用并没有随出生年代的推后而有所降低，反而一直维持在较高的影响水平[②]。

家庭社会经济地位的差异可能会对教育产出产生不同的影响。例如，Duncan等人发现家庭收入对低收入家庭的学生的学业成绩影响最大，尤其是那些家庭收入低于贫困线家庭的学生[③]。庞维国等利用5 066名初三学生的调查数据发现，母亲受教育程度和家庭资源对学业成就的影响最为显著[④]。关于父母受教育水平对教育产出的影响，巴基斯坦农村孩子的数据显示，父亲完成初中学业的孩子阅读测试得分比父亲未完成初中学业的孩子高出31%，数学测试得分高出29%[⑤]。在美国，父母有大学学历的孩子和父母有高中学历的孩子在考试成绩上的差异超过0.5个标准差，这些差异对孩子的长期教育结果有影响，即父母至少拥有学士学位的高中毕业生进入大学的可能性几乎是父母没有高中学位的高中毕业生的两倍[⑥]。此外，父母没有上过大学的学生往往会选择低于他们实际能力的学校入学，即使他们上了重点大学，他们的毕业率也更低。

---

① COLEMAN J S. Equality of Education Opportunity [M]. Washington, DC: Government Printing Office, 1966.

② SHAVIT Y, BLOSSFELD H P. Persistent Inequality: Changing Educational Attainment in Thirteen Countries. Social Inequality Series [M]. Boulder: Westview Press, 1993.

③ DUNCAN D J, YEUNG W J, BROOKS-GUNN J, et al. How Much does Childhood Poverty Affect the Life Chances of Children? [J]. American Sociological Review, 1998, 63 (3): 406-423.

④ 庞维国，徐晓波，林立甲，等. 家庭社会经济地位与中学生学业成绩的关系研究[J]. 全球教育展望，2013，42 (2): 12-21.

⑤ BEHRMAN J R, KHAN S, ROSS D, et al. School Quality and Cognitive Achievement Production: A Case Study for Rural Pakistan [J]. Economics of Education Review, 1997, 16 (2): 127-142.

⑥ DUNCAN G J, MAGNUSON K, KALIL A, et al. The Importance of Early Childhood Poverty [J]. Social Indicators Research, 2012, 108 (1): 87-98.

近年来，不少研究开始探究家庭社会经济地位与儿童非认知能力发展之间的关系，发现与其对认知能力的影响有相似之处。家庭收入越高、父母受教育程度越高、父母职业越好，儿童的非认知能力水平越高。比如有研究指出，受父母教育水平和职业的影响，对比具有同等教育程度却未从事教师职业家长的孩子，教师的孩子不仅具有更高的认知能力水平，出现焦虑、抑郁等情绪问题的可能性较低，并且出现反社会行为和问题行为的概率更低[①]。基于中国教育追踪调查数据发现，家庭阶层地位、父母教育程度及家庭经济条件均对儿童非认知能力发展有显著影响[②]。

（二）家庭结构

费孝通在《乡土中国　生育制度》一书中指出，婚姻和家庭的重要功能之一是确立“双系抚育”，父母和孩子组成的核心家庭是一种稳定的“三角关系”，母亲主要承担生理性抚育任务，而父亲则更多承担社会性抚育[③]。吴愈晓等人的研究发现，双亲家庭孩子的教育和社会心理发展水平均优于父母一方或双方缺失家庭的孩子，且非双亲家庭更多来自社会经济地位较低的群体[④]。Demo 等通过对 850 名 12 至 18 岁青少年家庭结构的调查发现，完整家庭、离异家庭、再婚家庭、单身母亲家庭四种家庭类型在社会经济特征和家庭关系方面存在显著差异，相比其他家庭类型，单身母亲家庭的收入最低，离异家庭和再婚家庭的母亲和孩子分歧最大、亲子互动最差，完整家庭的幸福指标得分略高[⑤]。与单亲家庭的孩子相比，与亲生父母生活在一起的孩子更不可能尝试吸烟、酗酒和吸毒等危险行为，且单亲家庭的青少年比双亲家庭的青少年更可能

---

① MCFARLIN J I. Do School Teacher Parents Make a Difference? [J]. Economics of Education Review, 2007, 26 (5): 615-628.

② 李丽，赵文龙，边卫军．家庭背景对非认知能力影响的实证研究[J]．教育发展研究，2017，37（1）：45-52.

③ 费孝通．乡土中国　生育制度[M]．北京：北京大学出版社，1998：116-170.

④ 吴愈晓，王鹏，杜思佳．变迁中的中国家庭结构与青少年发展[J]．中国社会科学，2018（2）：98-120.

⑤ DAVID H, DEMO D H, ACOCK A C. Family Structure, Family Process, and Adolescent Well-being [J]. Journal of Research on Adolescence, 1996, 6 (4): 457-488.

有不健康的饮食习惯[①]。

有关家庭结构对儿童发展的影响机制可分为社会经济地位剥夺机制和父母教育参与剥夺机制。经济地位剥夺机制强调了经济贫困对单亲家庭孩子发展的普遍影响，与双亲家庭相比，单亲家庭的收入水平更低，难以帮助孩子选择优质学校，难以提供优质的课外辅导课程，因而难以帮助孩子更好地积累人力资本并获得经济上的成功[②]。美国数据显示，在单亲家庭中，近一半（47%）的孩子生活在贫困线以下，而双亲家庭中只有9%的孩子生活在贫困线以下[③]。此外，因为双亲家庭的家庭收入通常高于单亲家庭，所以双亲家庭的孩子应该比单亲家庭的孩子表现出更高的幸福感。根据社会化和社会资本理论，父母一方或双方的缺位会影响家长对孩子的教育参与和互动。因为父母离异，原本可以父母双方承担的生活压力落在其中一方身上，单亲父母需要同时肩负工作和监管子女的责任，单亲父母为了维持生活需要花费更多时间到工作上，从而减少了单亲父母参与子女生活和学习、亲子互动、学业监管的时间投入。国外的经验研究表明，单亲家庭结构与较低水平的亲子互动、父母监督、学业辅导等家庭动态相关，这些方面的缺失已被证明不利于儿童的发展[④]。

总结而言，结构性家庭环境属于静态环境变量，研究重点在于探讨家庭社会经济地位和家庭结构对学生学业成就的影响，得到的最重要的一个研究结论就是家庭背景对学生的学业成就有确定性的影响。但是此方面的研究也存在两个主要的难以解决的问题：其一是家庭社会经济地位对学生学业成就差异的解释度低；其二是家庭结构静态变量对学生发展的影响是间接影响，导致研究结果的不稳定。这两个问题之所以存在

---

① STEWART S D, MENNING C L. Family Structure, Nonresident Father Involvement, and Adolescent Eating Patterns [J]. Journal of Adolescent Health, 2009, 45 (2): 193-201.

② 吴愈晓，王鹏，杜思佳. 变迁中的中国家庭结构与青少年发展[J]. 中国社会科学，2018 (2)：98-120.

③ YUCEL D. Wives' Employment and Marital Dissolution: Consideration of Gender Ideology and Marital Interaction [J]. Sociology Mind, 2012, 2 (2): 213-222.

④ DORNBUSCH S M, CARLSMITH J M, BUSHWALL S J, et al. Single Parents, Extended Households, and the Control of Adolescents [J]. Child Development, 1985, 56 (2): 326-341.

且难以解决的原因在于家庭环境的静态变量只能够间接影响学生发展。为解决家庭环境静态变量研究阶段的影响间接性的问题，研究者逐渐将变量扩展到一些与学生发展直接相关的家庭变量上，他们发现“家庭是什么”一般要通过“家庭做什么”来达到影响学生学业成就的目的。因此，研究者开始将研究重点迁移到家庭环境的过程变量上来，希望能够运用家庭过程变量解释更多的学生学业成就差异。

三、过程性家庭环境

长期以来，有关家庭环境对儿童发展影响的研究往往只关注父母教育水平、职业地位、收入、家庭结构等结构性变量的影响。从布劳-邓肯的地位获得模型路径，到威斯康星理论模型，到布迪厄的文化再生产理论，再到布东的首属次属效应理论，以及贝克尔的家庭投资决策模型，均在探讨父辈的优势社会地位如何传递给下一代，如何实现家庭社会经济地位的代际传递。其中，Becker 和 Tomes 指出家庭社会经济地位影响儿童教育成就的路径为：家庭社会经济地位（家庭教育投资能力）—学校成就（认知能力发展）—未来成就①。但是 Carneiro 和 Heckman 的研究发现，只有 8% 的美国青少年在做是否继续上大学的决策时受到信用约束，于是他们提出第二种解释路径：家庭社会经济地位（家庭环境）—能力（认知能力与非认知能力发展）—未来成就②。因此，在探讨家庭环境和家庭投资时，应当引入能力视角，尤其是非认知能力，从而更深入地理解家庭环境对孩子发展的影响机制。事实上，父母如何养育子女可能比父母的职业、收入、教育水平更为重要。基于过程性家庭环境的划分维度，本部分将从家长教育期望、亲子互动、家庭教养方式和亲子关系四方面进行综述。

（一）家长教育期望

关于教育期望的研究多以威斯康星模型为理论框架。威斯康星理论

① BECKER G S, TOMES N. An Equilibrium Theory of the Distribution of Income and Intergenerational Mobility [J]. Journal of Political Economy, 1979, 87 (6): 1153-1189.

② CARNEIRO P, HECKMAN J J. The Evidence on Credit Constraints in Post-secondary Schooling [J]. The Economic Journal, 2002, 112 (42): 705-734.

模型的主要贡献是在家庭背景和教育、地位获得之间逐渐放入父母教育期望、智力、父母对大学计划的鼓励、职业期望、重要他人的鼓励等社会心理因素，探究家庭背景影响学生教育获得和地位获得的中间作用机制，其基本结论是家庭社会经济地位越高，儿童的自我教育期望也越高，最终获得大学教育的机会也越多[①]。有研究认为，低收入家庭的父母对子女持有高教育期望是其子女学业成功，实现阶层向上流动的重要途径，如部分经济状况较差的家庭对子女的教育也给予很高的期望和关注，这种期望和关注是影响子女是否上学或辍学的重要影响因素[②]。

国内关于教育期望的研究多聚焦以下三个方面：一是家庭背景和学校特征对教育期望的影响或不同阶层家庭教育期望的特点，如吴愈晓和黄超使用中国教育追踪调查2013—2014年基线数据研究发现，在平均阶层地位越高的学校就读的学生，其教育期望越高，且就读于阶层异质性越大（即分割程度越低）的学校，学生的教育期望越高[③]；二是教育期望对学生学业成就和个体教育获得的影响研究，相关研究发现，父母的教育期望对学生的高等教育需求具有显著的积极影响[④]；三是教育期望在家庭背景与教育获得影响过程中的中介作用研究，如王甫勤和时怡雯采用2010年“上海居民家庭生活状况调查”数据研究发现，代际传递的逻辑可以表述为：社会经济地位越高的家庭的子女，其上大学的期望也越高，这种期望最终会转化为大学教育获得的优势[⑤]。

家长教育期望作为一种激励性因素，对学生发展有重要影响。实证研究结果表明，无论是父母对子女的教育期望，还是子女的自我教育期

① SEWELL W H, HALLER A O, OHLENDORF G W. The Educational and Early Occupational Attainment Process: Replication and Revision [J]. American Sociological Review, 1970, 35 (6): 1014-1027.

② 安雪慧．教育期望、社会资本与贫困地区教育发展[J]．教育与经济，2005（4）：31-35.

③ 吴愈晓，黄超．基础教育中的学校阶层分割与学生教育期望[J]．中国社会科学，2016（4）：111-134.

④ 钟宇平，陆根书．社会资本因素对个体高等教育需求的影响[J]．高等教育研究，2006（1）：39-47.

⑤ 王甫勤，时怡雯．家庭背景、教育期望与大学教育获得基于上海市调查数据的实证研究[J]．社会，2014，34（1）：175-195.

望，均是直接、有效且稳定的学业成绩预测指标[①]。具体来看，父母教育期望越高的儿童往往有更好的学业表现、更高的认知和非认知能力。父母教育期望对学生发展的影响过程主要通过三种途径实现：（1）积极的教育期望影响父母的教育投入，包括增加教育补习投入、提供良好的物质条件、给子女创造更多的支持条件；（2）对子女教育期望越高的父母，将会在孩子的生活和教育中投入更多的时间与精力；（3）代际间传递价值观和偏好，父母教育期望通过潜移默化的方式影响到子女的价值观念和行为态度，当子女习得父辈的高教育期望后，形成一种激励性的心理能量，重视并发展自身学业。无论是金钱、时间和精力投入，还是父母教育期望的传递，着力点都在学生个体身上。事实上，只有父母和子女教育期望保持一致才能实现家庭社会化过程中价值观在代际间的有效传递。

（二）亲子互动

就家庭内部子女间的横向互动、子女与父母间纵向互动对儿童发展的影响来看，贝克尔提出的罗登·凯德定理、坏小孩定理做了较好解释[②]。有研究通过潜在类别分析，将亲子互动划分为全面互动型、读书运动互动型、文化娱乐互动型和欠缺互动型四种，并发现亲子互动对子女学业成绩没有直接效应，而是通过子女的心理状态产生间接效应[③]。在研究中，亲子互动和家长参与是家庭因素中对学生发展影响最长远和学术成果最丰富的因素。已有大量研究表明，家长参与、亲子互动、父母陪伴等均有助于儿童非认知能力发展。

第一，学业监管有助于儿童非认知能力的发展。当家庭积极参与孩子的学习时，父母参与能够促进子女形成较高的自我效能感以及较高的自主性学习动机，也有助于子女形成良好生活习惯和较强控制能力。当

---

① 郭筱琳，周寰，窦刚，等．父母教育卷入与小学生学业成绩的关系：教育期望和学业自我效能感的共同调节作用[J]．北京师范大学学报（社会科学版），2017（2）：45-53.

② 贝克尔．家庭论[M]．北京：商务印书馆，2009.

③ 侯利明，雷鸣．社会资本与教育获得：基于亲子互动模式的潜在类别分析[J]．西安交通大学学报（社会科学版），2019，39（4）：114-125.

家长指导、监督、陪同孩子学习时，特别是当家长为孩子提供工具性的帮助和与任务相适应的技能时，对于促进孩子形成和实施有效的学习管理策略具有重要作用，可以大大促进孩子的发展[①]。家长监督孩子学习，在培养孩子语言发展、阅读和读写技能方面发挥着重要作用，这些技能对学业成就至关重要。父母在家参与对孩子的学习成绩有积极的影响，对于学业成功的影响比其他家庭背景变量（如社会阶层、家庭规模和父母教育水平）更大。

第二，亲子阅读有助于儿童认知与非认知能力的发展。父母在家参与阅读活动不仅对孩子的语言理解、语言表达、说话技巧有显著的积极影响，而且对学生的阅读兴趣、阅读态度和课堂注意力也有显著的积极影响[②]。家长和孩子围绕阅读书目的互动分享，和孩子早期的语言发展、识字能力、阅读习惯显著相关。

第三，课外活动参与和生活陪伴对儿童发展有显著的积极作用。当家长参与到孩子的学习和生活中时，孩子在学习上会更努力、更专注、更感兴趣，会表现出更强的感知能力[③]。基于北京市 3 911 名学生的调查数据发现，亲子阅读、亲子活动、亲子交流、作业督导对青少年的人际交往、学校适应等非认知能力有显著的正向影响[④]。基于全国青少年心理健康数据库 2009 年横断数据的研究发现，父母陪伴是预测儿童心理健康的重要变量，陪伴越多，儿童的心理健康水平越高[⑤]。

针对不同社会经济地位家庭的亲子互动效果的分析表明，在控制了家庭社会经济条件后，亲子互动对来自处境不利家庭孩子学业发展的影

---

① KELLY J B. Family Mediation Research：Is there Empirical Support for the Field？［J］. Review Articles and Commentaries，2004，22（2）：3-35.

② GUEST D，CONWAY N，DEWE P. Using Sequential Tree Analysis to Search for "Bundles" of HR Practices［J］. Human Resource Management Journal，2004，14（1）：79-96.

③ MARCHANT G J，PAULSON S E，ROTHLISBERG B A. Relations of Middle School Students' Perceptions of Family and School Contexts with Academic Achievement［J］. Psychology in the Schools，2001，38（6）：505-519.

④ 李波. 父母参与对子女发展的影响：基于学业成绩和非认知能力的视角［J］. 教育与经济，2018（3）：54-64.

⑤ 李海英，郭菲，黄峥，等. 课外时间分配与父母陪伴对青少年心理健康的影响［J］. 中国临床心理学杂志，2014，22（2）：357-361.

响效应更大①。理由在于，父母教育参与更多表现为对家庭社会经济状况处境不利状况的补偿，即是对家庭社会经济条件约束的抵消。例如，在针对父母失业这类处境不利儿童学业发展的研究发现，存在父母（尤其是母亲）就业带来家庭收入水平提升与儿童学业成绩下降的“悖论”。原因在于父母外出工作造成了教育参与的减少，这说明父母教育参与的影响效应大于经济收入增加的影响效应②。正因为如此，西方各界一直非常关注通过对家庭社会经济状况处境不利儿童父母的教育参与进行干预，以实现不让一个孩子掉队、推进教育和社会公平发展的目标。

（三）家庭教养方式

家庭教养方式是父母在与子女沟通过程中，对子女进行教育行为所形成的情感氛围，是父母对子女的一种方向性态度③。教养方式不能和具体的教养行为相混淆。教养方式强调家长与孩子互动时的一系列态度所构建的情感氛围，是家长与子女之间的情感互动。家庭教养方式不仅仅是技能、规则和技巧的集合，而且是关于你是谁，你的家庭文化是什么，以及你如何将个人价值观中最私密的内容传递给你的孩子。

家庭教养方式是家长在教养子女过程中体现出的观念、态度和情感的集合体，是家长与子女之间的情感互动。从现有文献看，对家庭教养方式研究影响较大的是鲍姆林德，她通过对100名欧裔中产美国家庭的研究发现，父母在表达态度、管教方法、沟通和期望四个维度上有不同程度的要求，并将家庭教养方式分为权威型、专制型和溺爱型④。Maccoby和Martin在此基础上增加了“支持”维度，即家长通过支持和满足孩子特定的需要来培养其独立性和自我管理能力，他们将这两个教

---

① COLEMAN J S. Social Capital in the Creation of Human Capital [J]. American Journal of Sociology, 1988 (94): 95-110.

② HERBST C M, TEKIN E. Child Care Subsidies and Child Development [J]. Economics of Education Review, 2010 (29): 618-638.

③ DARLING N, STEINBERG L. Parenting Style as Context: An Integrative Model [J]. Psychological Bulletin, 1993, 113 (3): 487-496.

④ BAUMRIND D. Effects of Authoritative Parental Control on Child Behavior [J]. Child Development, 1966, 37 (4): 887-907.

养维度排列组合得到教养方式的四种理想类型：权威型、专制型、溺爱型和忽视型。权威型家长在教养孩子的过程中注重“恩威并施”，既给予孩子充分的支持和关爱，又坚持相应的规则和纪律。相对而言，专制型家长缺乏与子女沟通，他们试图用一系列准则塑造、控制孩子的行为和态度，倾向于使用惩罚性、强迫性的手段要求子女服从。溺爱型家长注重对子女发展的支持，但较少对子女提出要求。忽视型家长偏向于关注家长自身需要，对子女既缺少规则要求又缺乏支持（参见表 2-1）①。

表 2-1　家庭教养方式分类

“要求”维度	“支持”维度	
	频繁	不频繁
严格	权威型	专制型
不严格	溺爱型	忽视型

基于家庭教养方式分类，Steinberg 的研究发现权威型教养方式培养出的孩子在学校表现更好，专制型、溺爱型和忽视型教养方式下儿童更有可能出现心理健康问题和偏差行为。中国教育追踪调查数据显示，权威型教养方式更有利于儿童社会行为发展，忽视型教养方式最不利于儿童社会行为发展②。权威型教养方式更有利于儿童发展，理由如下：（1）权威型父母在儿童自主性和对儿童的控制力之间建立了一种适宜的平衡，在为孩子提出必要的标准、限制以及指导的同时，也给了孩子发展独立性的机会；（2）权威型的父母更倾向于与孩子进行言语上的交流，允许孩子表达自己的观点，这种类型的家庭讨论帮助孩子理解社会关系以及明白成为一个社会能力上能够胜任的人应该达到哪些要求；（3）权威型的父母积极参与儿童的生活，并为他们提供温暖和受支持的

① STEINBERG L. We Know Some Things: Parent-Adolescent Relationships in Retrospect and Prospect [J]. Journal of Research on Adolescence, 2001, 11 (1): 1-19.

② 黄超．家长教养方式的阶层差异及其对子女非认知能力的影响[J]．社会，2018，38（6）：216-240.

环境，有利于他们接受父母的影响[①]。也有研究对此提出了挑战，认为在父母温暖度、支持度和给予自由方面均较高但不使用父母控制的溺爱型教养方式更有利于儿童发展[②]。还有研究发现，中国及亚裔家长往往采用专制型教养方式，且这种方式更有利于儿童良好行为习惯的形成[③]。可见，到底哪种教养方式更容易形成问题行为、哪种教养方式更有利于儿童的社会行为发展暂未形成定论。

家庭教养方式的阶层差异以及家庭教养方式对儿童发展影响的异质性也是近年来关注的重点。一方面，家庭教育方式和关注点因阶层的不同而不同，并由此映射出不同的家庭关系。拉鲁在《不平等的童年》中明确指出，不同社会阶层的父母采取截然不同的教养方式，中产阶级父母注重“协同培养”，工人阶级父母倾向“成就自然成长”，中产阶级父母与子女的关系比工人阶级父母与子女的关系更为密切[④]。德弗罗的跨国研究结论表明，普通阶层的父母更倾向于用监督、惩罚的方式，而中产阶级的父母更倾向于培养子女的独立自主性。桑格利指出，普通家庭一味强调子女的努力程度和学业有成，而上流社会家庭则更关注子女的全面发展，尤其是青少年时期的艺术潜能、情商培养以及协调的人际关系。盖卡斯系统地总结了普通阶层父母和中产阶级父母的差异：普通阶层父母主要采取直接、及时的监督方式，对子女的行为监督程度比较高，体罚较为频繁、专横，亲子交流主要是针对社会地位的；中等或上等阶层父母则重视子女的动机、目的和意愿，精神处罚较多，注重平等和协商，期望子女独立的倾向较高，亲子交流方式是针对个人的。另一方面，家庭养育是多元因素决定的动态过程，家庭教养方式受孩子特征、家长

---

① RUETER M A，CONGER R D. Interaction Style，Problem-solving Behavior，and Family Problem-solving Effectiveness［J］. Child Development，1995，66（1）：98-115.

② WANG H. The Relationship Between Parenting Styles and Academic and Behavioral Adjustment Among Urban Chinese Adolescents［J］. Chinese Sociological Review，2014，46（4）：19-40.

③ WU P，ROBINSON C C，YANG C，et al. Similarities and Differences in Mothers' Parenting of Preschoolers in China and The United States［J］. International Journal of Behavioral Development，2002，26（6）：481-491.

④ 拉鲁. 不平等的童年［M］. 2版. 宋爽，张旭，译. 北京：北京大学出版社，2018：8.

特征、家庭环境特征的影响[①]。"互惠效应"和"交易模型"认为，教养方式不仅会影响孩子的行为，孩子的性别、年龄、认知水平等个体特征也会反过来影响父母教养方式的选择，家庭教养方式应根据不同年龄段儿童的发展需求和发展特点不断调整[②]。在中国背景下，独生子女、农村留守儿童、城市随迁子女等群体有他们独特的成长环境，父母应采用不同的教养方式以促进儿童行为发展[③]。

（四）亲子关系

亲子关系是家庭教育的桥梁，也是家庭教育研究的逻辑起点。关系是两个或多个人或系统之间相互的情感交流、动态的相互影响以及情感、认知、行为的联系。"亲子关系"一词最早出现在遗传学，解释为父母和子女之间的生物血缘关系[④]。亲子关系是儿童出生后最早接触的人际关系，也是家庭内部人际关系的重要组成部分。亲子关系的基础是父母与子女之间的血缘和共同生活的过程，它是由父母与子女之间长期相互影响、相互作用所产生的结果，是亲子双维行为体系的自然关系和社会关系的统一体。

大量研究表明，家庭中的亲子关系一方面影响青少年的适应和发展，高质量的亲子关系能使孩子拥有更高的自尊和更低的抑郁情绪，这有助于形成良好的亲密关系[⑤]。此外，良好的亲子关系还可以缓冲父母婚姻结构变化对孩子的影响，减少吸毒、青少年犯罪、早孕等不良行为。在所有父母参与变量中，亲子讨论是唯一能够提高子女成绩和减少旷课等问题行为的变量。有研究通过对中国中小学生的科学素养调查发现，亲子之间的沟通交流能够帮助孩子提高学业成绩，代际间紧密的社会闭合

---

① BELSKY J. The Determinants of Parenting：A Process Mode［J］. Child Development，1984，55（1）：83-96.

② BORNSTEIN M H. Parenting：Science and Practice［J］. Parenting，2001，1（2）：1-4.

③ 赵娟．流动人口家庭子女教养方式的质性研究［J］．青年研究，2004（8）：15-22.

④ 赵容．初中生亲子关系、感戴与亲社会行为的关系研究［D］．开封：河南大学，2014.

⑤ MACCOBY E E. The Role of Parents in the Socialization of Children：An Historical Overview［J］. Developmental Psychology，1994（28）：1006-1017.

为孩子的成长提供了重要的社会资本①。有研究发现，亲子关系对儿童情绪稳定性显著正相关，生活在亲子关系越亲密的家庭，儿童出现乐观向上的积极心态的概率越高②。亲密融洽的亲子关系有助于儿童形成良好的亲社会行为，而不易出现问题行为和犯罪行为。和谐的亲子关系不仅对儿童自身的适应性有显著积极影响，也对儿童的人格特征和个性形成有重要作用。此外，儿童与父母之间的关系也间接反映儿童在未来人际关系处理中可能的发展趋势，亦即良好的亲子关系也会影响儿童的为人处世和人际关系处理。如果儿童在与父母生活的过程中感受到的是来自父母的支持、关爱、理解，儿童在与他人共处的时候也更容易理解与关爱他人，形成良好的人际关系③。

亲子关系通常在家庭其他变量与儿童发展之间起着中介作用或调节作用。有研究表明，亲子关系在父母夫妻关系与个体心理发展的关系中发挥着中介作用，即父母关系的好坏会通过亲子关系质量进而作用于个体发展④。与此同时，亲子关系也是家庭影响儿童发展的重要调节变量。追踪研究表明，亲子关系在父母教养与青少年问题行为关系间起到重要的调节作用⑤。

第四节　研究述评

随着人力资本理论的发展，新人力资本理论打开了能力形成的“黑箱”，构建了一个以“能力”而非“教育”为核心的、基于多维能力的

① 洪岩璧，赵延东．从资本到惯习：中国城市家庭教育模式的阶层分化[J]．社会学研究，2014，29（4）：73-93.

② FURNHAM A，CHENG H. Factors Influencing Adult Savings and Investment：Findings from a Nationally Representative Sample [J]. Personality and Individual Differences，2019（151）：109510.

③ 骆风，陈秋梅，刘惠良．家长心理健康、亲子关系及其对子女心理健康影响的调查研究[J]．教育研究与实验，2011（6）：93-96.

④ 马梅芬，朱蕾，杨小钧，等．父母婚姻冲突与初中生学业倦怠的关系：共同教养的中介作用[J]．心理发展与教育，2017，33（1）：21-29.

⑤ MENDEZ F L，POZNIK G D，CASTELLANO S，et al. The Divergence of Neandertal and Modern Human Chromosomes [J]. The American Journal of Human Genetics，2016，98（4）：728-734.

新人力资本理论框架，儿童的能力发展尤其是非认知能力发展受到经济学家、教育学家的关注。加之心理学、经济学等关于人格特质、社会与情感能力方面的理论探讨，以及自尊量表、控制点量表、大五人格量表等测量工具的研发并被得到实证检验，为我们讨论学生非认知能力发展奠定了基础。

现有研究达成的共识是，非认知能力作为儿童能力发展的另一重要方面，不仅是衡量教育质量的重要指标，也是衡量个体是否具备适应经济社会发展素养的关键指标，对儿童非认知能力发展的探讨具有重要的理论价值与实践意义。在新人力资本理论的框架中，目前关于非认知能力发展的研究主要有两条主线：一是检验非认知能力对个人产出及经济增长的影响，二是探讨能力的形成与开发的机制，将其作为教育生产函数中的产出指标探讨学校投入和家庭投入的影响。相关研究取得了较为丰硕的研究成果，为本研究的设计和开展奠定了理论基础和方法论基础。但仍有几点不足值得进一步探讨：

第一，对非认知能力的探讨集中于对其社会价值和经济价值的探讨，对于其形成机制尚未进行深入讨论。大量实证研究表明，非认知能力发展对个体的教育获得、工资收入以及生活幸福感有重要的影响，这表明非认知能力具有重要的经济价值和社会价值。然而，非认知能力是如何形成的？关于家庭、学校、社会如何推动儿童的非认知能力发展的研究略显薄弱。事实上，非认知能力的形成与发展是一个复杂的过程，需要学者的深入探讨才能厘清其发展的机制，而专门对此予以关注并给出解释的文献相对较少，相关的文献分散于认知能力发展和学业成就的研究中。

第二，在儿童非认知能力发展的影响因素中，集中于探讨具有政策意义的、可控的学校投入和家庭投入，相关研究的政策关注重点在学校的发展，比如为学校增加投入、完善资源配置、促进教师发展，但对长期以来被认为是“私人领域”的家庭关注不够，尤其对过程性的家庭环境创设探讨不足。家庭是儿童成长与社会化的基本单位，父母是儿童成长过程中的第一位老师，探讨家庭互动、家庭氛围、家庭关系对儿童非认知能力发展的影响具有重要的价值，尤其是对这些可以通过外部干预改变的动态的家庭环境的探讨，具有重要的政策价值。如果忽略了这一点，我们很可能错失一个有效的政策工具。

第三，家庭环境影响儿童非认知能力发展之间的过程机制有待进一步揭示。当前关于家庭环境的探讨主要集中于其对认知能力和学业成绩的影响，以提高学生学业成绩为导向的教育投入要素组合，是否同样适用于学生的非认知能力发展？诚如周金燕所言，在探讨家庭环境和家庭投资时，应当引入能力视角，尤其是要引入非认知能力，从而更深入的理解家庭环境对孩子发展的影响机制①。虽然有部分研究意识到家庭环境在儿童非认知能力发展中的重要作用，但主要关注点仍是家庭社会经济地位、家庭结构等静态的、标签性家庭环境，对于强调家庭成员互动的、动态的、过程性的家庭教育关注不够。已有研究往往从家庭教养方式、亲子互动、家庭教育期望、亲子关系的某一方面出发来探讨家庭环境对学生学业表现的影响，但家庭是一个复杂的系统，在家庭场域中形成的环境氛围具体如何对儿童非认知能力产生影响以及产生了怎样的影响是一个复杂的过程，将家庭环境相关因素割裂开来进行讨论是否能真正反映家庭环境的影响效应有待商榷，如何将这些变量作为整体来看家庭环境到底如何对儿童的非认知能力发展产生影响还有待进一步探究，这也成为本研究重点探讨的内容。

第四，城镇化的快速发展为我们分析教育问题构建了时代背景。城镇化进程中的家庭变迁对家庭教育带来一定挑战，也对儿童发展和教育质量提出新要求，如何在这一时代背景下探讨家庭环境与儿童非认知能力发展之间的关系是对我们提出的考验，也为本研究提供了一定的思路。目前的研究对于城镇化进程中儿童的哪些非认知能力需要特别关注，以及家庭环境对儿童非认知能力发展的异质性影响等问题尚未进行深入讨论。

基于以上分析，在城镇化快速推进的背景下，探讨家庭环境、儿童

---

① 周金燕．人力资本内涵的扩展：非认知能力的经济价值和投资[J]．北京大学教育评论，2015，13（1）：78-95.

非认知能力发展相关问题显得尤为必要。本研究将在充分吸收已有研究成果的基础上，运用混合研究方法探讨城镇化进程中家庭环境与儿童非认知能力发展问题，从而为如何创设良好的家庭环境、提升家长教育素养提供借鉴和参考。

本研究的创新主要体现在三方面：一是研究视角创新。本研究在城镇化这一宏观背景下探讨微观家庭环境与儿童非认知能力发展之间的关系，并最终回到家庭教育政策这一宏观政策，试图实现宏观—微观—宏观的研究视角。二是理论拓展。本研究利用中国本土数据拓展了人力资本理论和教育生产函数。一方面，以儿童非认知能力发展作为教育产出的测量指标之一，城镇化进程中的儿童面临适应性问题、心理健康问题、逆境发展问题，本研究选择学习适应性、意志力、情绪稳定性三个非认知能力指标进行分析。另一方面，将难以观察和测量的家庭环境纳入教育生产函数的投入指标，在考虑静态的结构性家庭环境的同时，重点关注可通过外部干预改变的过程性家庭环境，尽量减少因遗漏变量导致的内生性问题。三是研究方法创新。本研究利用量化为主、质化为辅的混合研究方法，收集了问卷数据和访谈资料，并利用多元线性回归分析、Shapley 值分解法、路径模型等多种数据分析方法，深入探讨城镇化进程中家庭环境影响儿童非认知能力发展的过程机制。

第三章　研究设计

第一节　研究方法

一、研究范式：后实证主义

从研究方法视野看，研究可分为范式、理论视角、方法论、数据收集方法四个层次，范式世界观在研究中起决定作用①。托马斯·库恩在1963年出版的《科学革命的结构》一书中首次提出范式概念。范式是指特定研究领域在特定时间内较常用的、标准相似的、用来观察和理解世界的一套完整的概念框架，是具有共同价值标准、理论背景、研究方法的科学共同体认识世界的方式。以库恩对范式的界定为基础，Patton将范式定义为"一种世界观，一种宽泛的视角以及一种分解真实世界复杂性的方法"②。Lincoln和Guba将范式定义为："一套基本的信仰以及与之相配合的方法，这些信念和方法代表我们对世界的看法并指导我们的行为。"③ 这两种对范式的定义都认为一种范式先于研究问题产生，特定研

---

① CROTTY M. The Foundations of Social Research：Meaning and Perspective in the Research Process［M］. California：Sage Publication，1998.

② 转引自 LINCOLN Y S，GUBA E G. Naturalistic Inquiry［M］. California：Sage Publications，1985：15.

③ LINCOLN Y S，GUBA E G. Judging the Quality of Case Study Reports［J］. Internation Journal of Qualitative Studies in Education，1990，3（1）：53-59.

究问题的选择基于研究者本身所持的研究范式。然而，Cresswell 却认为范式的选择要基于研究者的世界观、研究问题与某一研究所针对的读者，研究范式具有工具性和实用性。换句话说，研究者所持的研究范式是可以随着研究问题和读者的改变而发生改变的。事实上，这一说法并不与库恩对范式的论述相矛盾，因为范式是可以习得的，所以研究者进入某一具体的研究领域或研究问题之前需要习得这一学术共同体所持的研究范式。

范式是一种世界观，是最高层次的方法论，它包括三个方面的内容：一是共同的基本理论、观点和方法；二是共有的信念和价值取向；三是某种自然观。研究范式需要从本体论、认识论和方法论三个维度来理解。本体论旨在回答“事物的本质是什么”的问题；认识论处理“研究者与研究对象的关系”问题；方法论解决“研究者如何发现知识”的问题。所以，研究范式是一门学科的世界观、方法论和工具，不同的范式为人们提供了看待世界的不同视角，范式往往决定了对研究方法论和研究路径的选择，并直接决定研究的过程。

社会科学主要有实证主义、后实证主义、批判主义和建构主义四种研究范式。经过孔德、斯宾塞、韦伯、涂尔干、斯金纳等人的创建与发展，实证研究范式曾经在学术界引起巨大轰动①。实证主义强调社会现实是存在并可以被完全理解的。实证主义遵循二元论和客观主义，认为研究者和被研究的对象是相互独立的，研究者可以有能力对研究对象进行客观的研究，并采取措施减少对研究对象的干扰或被研究对象所影响，尽量避免价值和偏见的影响，社会现实是可以被重复发现的。有观点认为实证研究是客观、量化、有定论、可检验的，基于事实和证据获得对事物特征和变化的确切发现，并可以通过重复操作得到相同结果②。方法论上通常采取实验的方法，严谨地控制可能的干扰条件，以实证的、可操作的方法检验问题和假设。

---

① 向蓉. 研究方法的发展及其在基础教育研究中的应用[J]. 现代教育科学，2019（7）：33-39.

② 袁振国. 实证研究是教育学走向科学的必要途径[J]. 华东师范大学学报（教育科学版），2017，35（3）：4-17.

后实证主义是对实证主义的深化和发展。在本体论层面上，后实证主义认为社会现实是真实客观的，但人类有限的认识能力只能局部认识客观实体，因而我们所了解的真实永远只是客观实体的一部分，所谓的社会科学研究就是通过一系列科学严谨的方法和技术对客观现象进行证伪以逐步接近客观真实的过程。在认识论层面上，后实证主义承认社会事实的客观性，但同时也强调在研究过程中不可避免地会受到研究者个人偏见的影响，因此，研究结果只能无限地接近事实，而不是如实证主义所说的不变性规律。在方法论上，后实证主义运用证伪的方式对理论假设进行验证，并提出从多元主义视角结合经验事实进行相关论证。后实证主义方法提倡采用多种研究方法以尽可能地使研究接近事实。

选取何种研究范式取决于研究的问题以及研究的目的，本质上来说，还是为了回答需要研究的问题。本研究旨在探讨家庭环境对义务教育阶段儿童非认知能力发展影响的过程机制，并在此基础上提出促进家庭教育发展的政策和措施，是对现实问题的回应。家庭环境与儿童非认知能力发展是客观存在的事实，是儿童发展的重要组成部分，需要通过客观真实的数据资料来反映城镇化进程中家庭环境的现状以及儿童非认知能力发展的情况，并以数据和事实为依据，分析家庭环境对儿童非认知能力发展影响的过程机制。但是，家庭是一个复杂的系统，在家庭场域中形成的环境具体如何对儿童非认知能力产生影响以及产生了怎样的影响是一个复杂的过程，需要找出具有典型性的个案和案例加以分析，以深入探讨家庭环境对儿童非认知能力发展影响的过程机制。因此，本研究基于后实证主义范式，采用量化和质化两种方法相结合的混合方法进行研究，希望尽可能地揭示最接近真相的事实。

二、研究方法：混合研究

（一）量化研究和质化研究

量化研究与质化研究是实证研究范式中最为常用的两种方法。量化研究追求研究的客观性，遵循演绎逻辑，即量化研究是从一个一般原理推论到特殊的现实情景的过程。量化研究始于某个关于教育现象的理论或假设，然后用问卷和实验等测量工具收集数据，再运用统计分析技术对数据进行分析，以确定假设是否成立。量化研究强调客观事实，强调变量之间的关系以及变量之间的相互影响。而质化研究追求人文性，遵循归纳的逻辑，即质化研究是一个从具体经验事实到抽象理论的归纳过程。质化研究一般建立在扎根理论的原则基础上，通过对教育现象的观察收集资料，并对案例研究数据进行解释性分析，逐步归纳出对教育现象的解释性观点，最终构建有关教育现象的理论或观点。简言之，质化研究是对观察资料进行归纳、分析和比较，进而对某个或某类现象的性质和特征做出概括的过程。在具体的研究方式上，量化研究强调研究过程的系统化、标准化与操作化，质化研究强调研究方法和资料收集的灵活性与特殊性。从资料分析过程来看，量化研究所获得的资料以大规模的问卷调查或者实验数据为主，通过对数据资料的分析得出结果，而质化研究通常所获得的资料是具体的个案，通过对个案的深入分析，归纳结论。

量化研究和质化研究各有其优点和缺点。量化研究具有科学性、客观性，能够将抽象化和概括化的理论操作化为具体的量化指标，并精确分析各个指标之间的关系。量化研究也有两个缺点：一是量化研究是对总体中的样本的特征进行考察，很难得到深入的解释，非常容易忽视人的行为背后的动机以及社会过程，也很难关注到总体中的个体；二是量化研究主要是对各个操作化的指标之间的关系进行分析，但是因为社会中的因素是纷繁复杂的，通过量化分析得到的结论难以完全控制外在客观因素的干扰，难以得出真正的因果关系。质化研究的优点在于能够挖掘现象背后更深层次的内容，能够给予教育问题通情式的表达。但质化研究的局限性在于研究者的主观分析，结论是依据典型的或少量个案的收集而得来的数据分析得出，因此不具有普遍性并缺乏客观的评价标准，无法对得到的结论进行检验。

（二）混合研究方法的发展

自 20 世纪 50 年代始，社会学、心理学领域开始在研究中使用多种方法，奠定了混合方法研究在社科领域发展的雏形。近年来，混合研究方法在社会科学领域中的应用越发广泛，成为独立于量化与质化研究之外的第三种实证研究的重要方法。混合研究方法是指一种尝试综合考虑多种观点、视角、层次和立场的研究设计，关注研究中质化和量化数据的收集、分析与混合①。它的核心前提是结合使用量化和质化研究能够更好地解决研究问题。

混合研究方法可以消除单一使用量化研究与质化研究的缺点，彼此验证，使解释结果更深入、更可靠、更严谨、更科学。混合研究的关键是混合使用量化与质化研究的研究设计、数据收集方法、数据处理手段、结果解释等，实现多种方法间的优势互补，相互验证，提高研究的信效度。有研究者将混合研究方法使用的目的总结为三角互证、互补、发展、开创、扩展五方面②。混合方法研究有以下几点优势：（1）验证和解释来自另一种方法的结果，并产生更有效的结果；（2）对已有结论提供更详细、更深入的解释；（3）为研究问题提供更丰富、更有意义、更有用的解释③。

从量化研究、质化研究和混合研究三种方法的关系来看，混合研究可以视为量化研究和质化研究的重叠。根据两种研究方法在研究中的地位和顺序，将混合研究方法分为以下五种类型：一是平行设计，这是最为典型的混合研究方法设计。该设计中，量化研究与质化研究居同等地位，同时搜集量化资料和质化资料，“整合”往往发生在资料分析阶段和资料解释阶段，以期通过互补资料来更好地回答研究问题。二是顺序设计。研究者先使用某种方法得出一个研究结果，然后使用另一种方法加以详细说明，即“先量后质”或“先质后量”。“先量后质”的解释性设计，先使用量化研究方法对研究对象进行描述和分析，再搜集质化资料加以解释、验证。“先质后量”的探索性设计，则是先利用质化方法

---

① 克雷斯维尔，查克．混合方法研究：设计与实施[M]．游宇，陈福平，译．重庆：重庆大学出版社，2017.

② GREENE J C，CARACELLI V J，GRAHAM W F. Toward a Conceptual Framework for Mixed-method Evaluation Design [J]. Educational Evaluating and Policy Analysis，1989，11（3）：255-274.

③ JOHNSON R B，ONWUEGBUZIE A J，TURNER L A. Toward a Definition of Mixed Methods Research [J]. Journal of Mixed Methods Research，2007，2（1）：112-133.

对研究问题进行规范和价值论述，然后依此结果编制成量化工具，并进行量化资料搜集与分析。三是多层次取向设计。研究者针对不同的研究群体，选择不同的资料搜集和分析方式，以相互验证和全面分析。混合研究方法的另两种设计类型为同等地位设计和主辅设计，这两种设计可以放在坐标轴上进行分析。

在图 3-1 坐标轴最中心部分的属于纯粹的混合研究，量化研究和质化研究在整个研究中的地位、占比处于均衡状态，为同等地位设计。当研究路径从中心区域向两端移动时，则形成了主辅设计的两种不同类型：一是以量化为主、质化为辅的混合研究。研究者以量化研究方法为主导，基于量化数据对研究问题进行描述，对变量的关系进行分析和解释，同时充分利用个案和访谈深入挖掘研究问题的深层解释。二是以质化为主、量化为辅的混合研究。这类研究基于建构主义和扎根理论，通过对个案的深入描述与挖掘，呈现某一背景下某现象最完整的状态，但是不否认量化分析在对研究结果进行演绎中的重要作用。

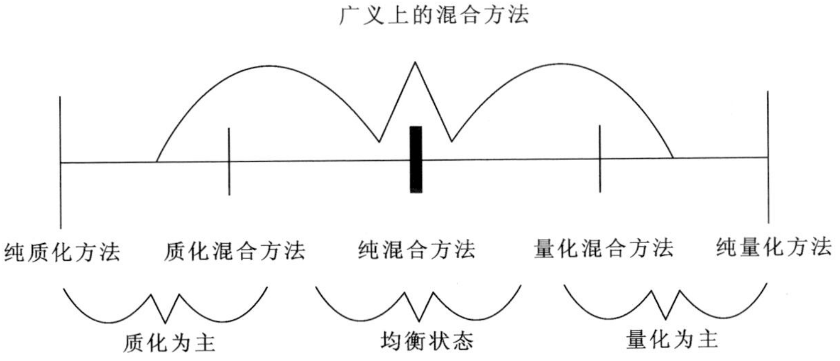

图 3-1　混合研究方法类型

总结而言，混合研究方法是社会科学、行为科学和健康科学领域的一种研究取向，持有这种取向的研究者同时收集量化数据和质化数据，对两种数据进行整合，然后在整合两种数据的基础上进行诠释，更好地理解研究问题①。混合研究方法是以实用主义哲学为基础，基于研究问

① 克雷斯威尔．混合方法研究导论[M]．李敏宜，译．上海：上海人民出版社，2015.

题和研究对象选择“有用”的研究方法以及合适的方法组合设计，主张消除质化研究与量化研究之间的二元对立界限，两种方法在研究设计、数据收集、数据分析、结论阐释各个阶段交替使用或者同时使用。

（三）本研究的混合研究设计

教育是最复杂的一种活动，要求教育研究整合多种研究方法，在研究中将理论与实践、事实与价值进行合理的整合①。作为一门研究如何“成人”的学科，教育学带有鲜明的人文属性和价值特征，这就要求教育研究不仅要有量化的数据分析，还要有通情式的质化讨论，不断彰显教育现象的广度与深度②。量化研究有助于探讨教育活动的普遍规律和发展趋势，而质化研究有助于发掘隐藏在教育现象背后的真实问题。家庭环境对儿童非认知能力发展的影响研究，是在复杂的家庭系统中探讨家庭社会经济文化地位、家庭结构、家庭成员间的互动、行为、价值对儿童非认知能力发展的影响，不仅要通过量化分析呈现家庭环境与儿童非认知能力发展之间的关系与影响机制，还需要通过对不同类型儿童进行深入访谈、长期观察，深入理解数据背后的意义，形成对研究议题全方位、立体化的解释。鉴此，本研究采用量化为主、质化为辅的混合研究方法，这尤其体现在资料收集和资料分析阶段。混合研究在每个阶段的应用如下：

在专著选题阶段，本人所在的研究团队近年来致力于家庭教育研究，围绕“家庭教育”这一议题开展了“农村留守儿童家庭教育研究”“湖北省家庭教育立法调研”“构建覆盖城乡的家庭教育指导研究”等一系列研究，本人也持续参与这些研究长达五年。本研究的研究问题主要来自田野调查中关注到的家庭场域中发生的琐碎但有意义的事件，以及一些长期关注的农村留守儿童、城市随迁子女家庭教育情况，这些家庭在教养方式、家长参与、教育期望以及家庭氛围等方面的表现勾起了本人对这一研究议题的兴趣，并在阅读文献的基础上明确探讨家庭环境对儿

---

① 冯建军．教育研究范式：从二元对立到多元整合[J]．教育理论与实践，2003（19）：9-12.

② 姜勇，柳佳炜，戴乃恩．论教育研究的现象学范式与实证主义范式的差异[J]．华东师范大学学报（教育科学版），2018，36（6）：61-68.

童非认知能力发展的影响研究。

在研究设计阶段，围绕家庭教育生产函数的投入指标和产出指标对变量进行操作化定义与测量。对自变量家庭环境和因变量非认知能力的选择，一方面来源于文献的梳理，包括人力资本理论、生态系统理论、社会互动理论、家庭教育决策理论框架，以及非认知能力发展对儿童学业进步、未来职业获得、社会经济文化地位、人生发展的重要意义。另一方面来源于对家长、学生、老师以及家庭教育工作者的访谈和前期调研数据，根据他们对城镇化进程中的家庭环境和儿童非认知能力发展的理解，归纳出家庭环境和非认知能力的若干重要维度，与文献资料相互印证，实现本研究中自变量与因变量的确定与操作化定义。

在资料收集阶段，主要通过问卷获取量化数据，同时辅之以访谈获取质化数据。围绕前期访谈、观察所得的质化资料，结合相关文献设计了调查问卷，包括家长问卷和儿童问卷两套可以匹配的问卷。问卷设计过程中不仅借鉴了前人的经验，还进行了调研，在听取家长和相关家庭教育工作者意见的基础上进行完善。家长问卷主要收集家庭基本情况、家庭教育情况、家庭教育指导情况，儿童问卷主要收集儿童发展情况、与家长问卷对应的家庭情况、学校以及教师情况，最后将两套数据进行匹配形成一套完整的家庭环境数据。同时，在进行问卷调查过程中，调研人员选择部分家庭进行访谈，并对有代表性的家庭进行跟踪访谈与观察，以获得相应质化资料，为后续量化结果的解释提供依据。

在资料分析阶段，主要通过分析问卷数据得出家庭环境与儿童非认知能力发展的关系，并通过分析访谈资料和个案资料丰富量化研究结果。本研究主要运用多元线性回归模型和结构方程模型分析家庭环境对儿童非认知能力发展的影响机制，利用 Shapley 值分解法比较家庭环境不同维度对儿童非认知能力发展影响的大小，并检验家庭环境对儿童非认知能力发展影响的异质性。但是，通过量化问卷数据分析得出的是冷冰冰的数据结论，需要融入丰富的案例分析、个案分析以及访谈资料，才能既有数据呈现的整体状况，也有个案呈现的丰富表达，使整个研究更加立体完整。

在结论阐释阶段，比较并综合量化与质化资料的研究结果，并基于这种结合得出结论或推断。总之，在整个研究过程中，以量化研究方法为主导，基于量化数据的获得、分析和解释为主，辅之以访谈资料和个案资料的讨论，使研究更加完善、深入。混合方法研究具体流程见图 3-2。

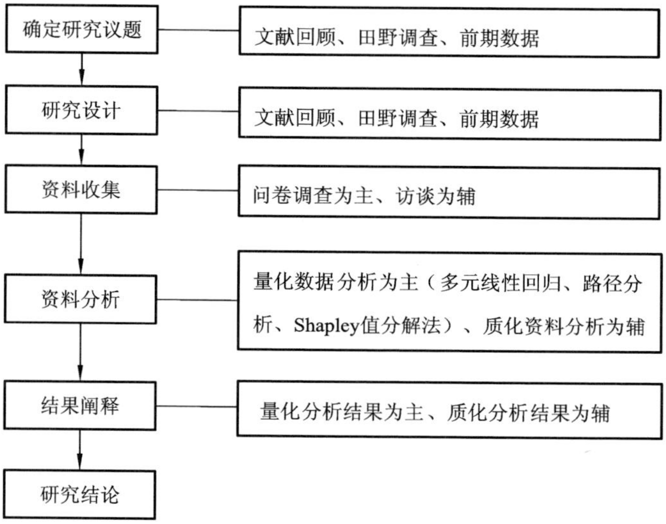

图 3-2　本研究的混合方法研究流程示意图

三、数据分析：多元方法

本研究主要采用多元线性回归、路径模型、分组回归对数据进行分析，并通过 Shapley 值分解法进行分解，比较家庭环境各个变量对儿童非认知能力发展影响效应的大小。

（一）分析路径

本研究重点探讨的是城镇化进程中家庭环境对儿童非认知能力发展的影响机制，主要通过以下四条路径进行分析：

一是探讨结构性家庭环境（家庭社会经济文化地位、家庭结构）和过程性家庭环境（家长教育期望、亲子互动、亲子关系、家庭教养方式）对儿童非认知能力发展的直接影响，包括影响方向、影响大小、影响机制等。

二是探讨结构性家庭环境和过程性家庭环境对儿童非认知能力发展的间接作用。其一是“结构性家庭环境—学校教育质量—非认知能力发展”，其二是“结构性家庭环境—过程性家庭环境—非认知能力发展”，其三是过程性家庭环境内部的中介作用机制。此路径旨在进一步揭示家庭环境影响儿童非认知能力发展的“黑箱”。

三是探讨家庭环境对儿童非认知能力发展影响的调节机制。其一是过程性家庭环境在结构性家庭环境和非认知能力发展之间的调节作用，其二是家长教育素养在过程性家庭环境与非认知能力发展之间的调节作用。此分析路径一方面是为了进一步明确过程性家庭环境的改变是否有利于教育不公平问题的改善，另一方面是为了明确如何改变过程性家庭环境，为建立覆盖城乡的家庭教育指导服务体系提供证据支撑。

四是探讨对于人口流动形成的四类儿童（城市随迁子女、农村留守儿童、城市本地儿童、农村非留守儿童）而言，家庭环境对儿童非认知能力发展影响的差异性。这一分析路径将进一步明确，城镇化进程带来家庭环境的多样化，导致家庭教育的复杂性，以求厘清不同群体的家庭环境特点及其对儿童非认知能力发展影响机制的差异性。

具体的分析路径图见图 3-3。

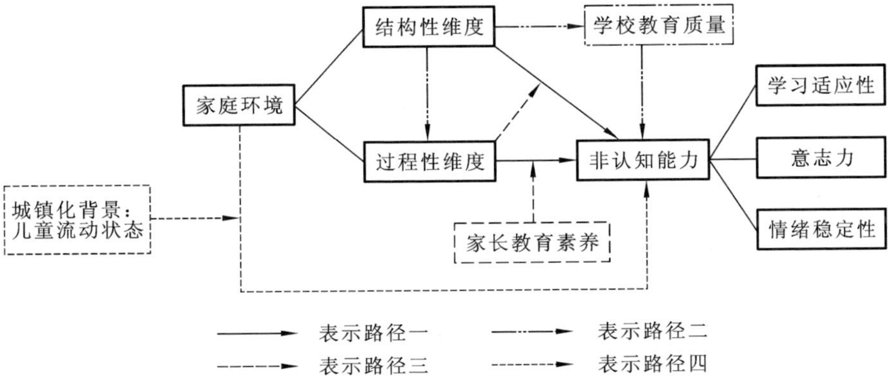

图 3-3　分析路径图

（二）理论模型：教育生产函数

教育生产函数为厂商生产模型概念的延伸，同时考量教育体系特殊因素结构，以描述教育投入、教育产出和教育资源如何转化成教育结果的过程。教育生产函数最早可以追溯到《科尔曼报告》，这篇文章得出了在教育过程中家庭背景与同伴是影响学生学业成绩的重要投入因素的结论。这项研究的模型也显示，教育过程的产出，即每个学生的学业成就与两种投入密切相关，一种是由政策制定者直接控制的投入，如学校和班级规模、学校基础设施、学校教师配置、行政支出等；另一种是不受政策制定者控制的投入，如家庭背景、家庭结构等。美国著名教育经济学家 Hanushek 基于学校场域建立了经典教育生产函数模型来分析学校资源投入对教育质量的影响①，他认为教育生产函数的建立有助于政策决策者了解学校教育质量对教育产出的效能与公平性，具体模型如下：

$$A_t = f\ (F_t,\ T_t,\ O_{st})。\tag{3.1}$$

其中，A_t 表示在时间 t 内学校的教育质量，通常用学生成绩来衡量；F_t 表示影响学生成绩的家庭因素，包括父母受教育水平、家庭收入等；T_t 代表教师的学历、收入等来自教师方面并对学生成绩有影响的相关因素；O_{st} 代表在时间 t 内，学校的其他投入要素，如学校的生均公用经费等。

教育生产函数研究是探讨教育投入与产出关系的模型，不仅考察教育系统的整体效率状况，也探讨不同要素对产出影响的大小，更探究学生全面发展的影响因素。尽管国内外相关文献对于各种投入的相对重要性及其成效未能达成普遍共识，但是相关研究在不断探索与完善教育生产模型。因此，在研究实践中一般用教育生产函数的扩展理论模型：

$$E_t = f\ (T_t,\ R_t,\ F_t,\ P_t,\ Z_t,\ S_t)。\tag{3.2}$$

其中，E_t 代表教育产出，不仅包括学生成绩，还涉及升学率、学生认知能力和非认知能力发展等；T_t 表示与教师有关的变量，包括教师学历、教龄、素质等方面；R_t 表示教师以外的其他学校投入，比如生均教育经费、班级规模、学校排名等方面；F_t 表示与学生发展相关的家庭因

---

① HANUSHEK E A. The Economics of Schooling: Production and Efficiency in Public Schools [J]. Journal of Economic Literature, 1986, 24 (3): 1141-1177.

素，包括家庭社会经济地位、家庭资本、家长教育期望等方面；P_t 表示与学生发展相关的同伴变量，比如同伴的认知水平、家庭状况、行为表现；Z_t 表示学生个体特征变量，包括性别、年龄、民族、努力度、学习投入等方面；S_t 则表示较为宏观的教育系统特征变量，比如教育制度体系。公式（3.2）表达的是在其他变量不变的情况下，某一核心解释变量对教育产出的影响。

简单来说，教育生产函数包含产出要素和投入要素，其中投入要素主要包括学校投入和家庭投入两方面：（1）学校投入主要是在学校体系各个层次可操控的投入变量，包括生均投入、学校硬件设施、教育设备、班级大小、教师平均工资、教师工作量、教师的教学经验、教师受教育程度等方面。对 141 篇已发表的公立学校教育生产函数研究的梳理发现，教育投入研究主要集中在师生比、教师学历、教师工作经验、教师薪酬、生均经费投入五个方面，之后的研究也发现学校教育质量对生产率以及经济增长都有重要的影响①。（2）家庭投入包括家庭收入、父母受教育水平、家庭藏书量、家庭结构、家庭规模、家庭氛围、家庭时间投入、家庭情感投入等方面。对 4 200 名学生及父母的数据进行分析，结果发现家庭收入每增加 1 000 美元可使同期学生数学和阅读测试成绩提高 0.06 个标准差②，经常带子女前往博物馆、图书馆和动物园等场所可以提高学生学习成绩③。然而，长期以来，研究者和政策制定者关注的主要是决策者可控的教育经费、学校设施、教师质量、班级规模等直接投入，对于家庭环境等不在决策者掌握范围内的投入涉及较少。

教育产出包括消费性产出和投资性产出两方面④。消费性产出与学

---

① HANUSHEK E A. The Economics of Schooling: Production and Efficiency in Public Schools [J]. Journal of Economic Literature, 1986, 24 (3): 1141-1177.

② DAHL G B, LOCHNER L. The Impact of Family Income on Child Achievement: Evidence from the Earned Income Tax Credit [J]. American Economic Review, 2012, 102 (5): 1927-1956.

③ HEYMANN S J, EARLE A. Low-income Parents: How Do Working Conditions Affect Their Opportunity to Help School-age Children at Risk? [J]. American Educational Research Journal, 2000, 37 (4): 833-848.

④ SCHULTZ T W. The Economic Value of Education [M]. New York: Columbia University Press, 1963.

生、家庭和整个社会得到的快乐、满足和愉悦有关，比如孩子上学的这段时间减轻了父母的照顾负担，社会也获得了减少犯罪、文明程度增强的消费利益，同时青少年在学校进行职业准备可以使社会减少就业压力和竞争。投资性产出是通过教育投入增加生产技能和未来财富产出，比如职业准备，生活习惯的改善，公民精神的提高，对自己、家庭、同伴和社会的态度的改变。具体的产出包括以下几方面：（1）认知能力与学业成绩。关于认知能力的研究表明，个体的认知能力在劳动力市场上有显著的收益①。学业成绩是认知能力发展的常用代理变量，比如闫伯汉用语文、数学、英语测验得分来探讨农民工流动对子女认知发展的影响②。Hanushek 统计分析了美国 187 项已发表的关于教育投入-产出的研究，结果显示超过 70% 的研究把标准化测验分数当作教育产出的指标。（2）非认知能力。对非认知能力的关注起源于心理学人格特质研究，随着非认知能力测量工具的发展，越来越多学者将非认知能力纳入教育产出指标。大量研究表明，当个体具备诸如恒心、坚韧、毅力等特质时，将会获得更好的职业发展③。（3）学校产出。对于学校以及政策制定者而言，他们除了关注学生个体的能力提升，也关注更为宏观的入学率、辍学率、复读率、义务教育巩固率等产出。（4）职业技能。由于社会职业纷繁复杂，人们很难用统一标准测量这种技能，因而学者往往用毕业生的就业机会和收入来间接测量学生所获得的职业技能。

梳理教育生产函数的研究可以发现，教育生产函数相关研究的关注重点经历了一个变化过程：（1）在教育生产函数提出之初，学者主要关注认知能力发展对职业地位、收入等社会经济地位的影响，即重点关注教育产出中的认知能力。（2）之后的研究发现，教育产出无法通过一纸

① MURNANE R J，WILLETT J B，DUHALDEBORDE Y，et al. How Important Are the Cognitive Skills of Teenagers in Predicting Subsequent Earnings?［J］. Journal of Policy Analysis & Management，2010，19（4）：547-568.

② 闫伯汉．乡城流动与儿童认知发展：基于 2012 年中国城镇化与劳动移民调查数据的分析［J］．社会，2017，37（4）：59-89.

③ 龚欣，李贞义．学前教育经历对初中生非认知能力的影响：基于 CEPS 的实证研究［J］．教育与经济，2018（4）：37-45.

命令改变，产出差异主要由于投入差异导致，因而人们转而关注教育投入，同时拓展产出指标。教育投入的相关研究最开始关注学校投入、教师质量等政策可改变的可控投入。(3) 自 1966 年《科尔曼报告》开始，家庭背景等非学校投入受到关注，Lee 和 Burkham 的研究显示，家庭背景可以解释儿童首次进入幼儿园时的学业表现差异。因此，这段时间人们主要关注静态的家庭背景，特别关注家庭社会经济地位、家庭资本对教育产出的影响。(4) 近期研究发现，家庭物质财富的积累不是决定儿童学习的最重要因素，家庭如何利用物质财富投资孩子的学习才是促进孩子成长的核心[①]，要关注家庭教养方式、亲子互动、亲子关系等动态的、可改变的家庭环境的影响。

与此同时，教育产出研究过去都是以方便测量的受教育水平或者学业成绩来测量，随着新人力资本的发展，人们开始关注非认知能力的发展[②]。因此，现阶段基于教育生产函数来研究教育投入与教育产出的关系，应从两端对教育生产函数进行拓展：一是拓展教育产出指标，在考虑认知能力的同时，将非认知能力纳入教育生产函数的产出指标，修正过去单一考虑学生学业成绩导致的对教育投入要素的估计偏误。二是拓展教育投入指标，在考虑学校投入等可通过公共政策调控的变量同时，将难以观察和测量的家庭环境纳入教育生产函数的投入指标，尤其关注可通过外部干预改变的过程性家庭环境要素。

(三) 计量模型

1. 潜在类别分析

假设 Y_{ik} 是个体 i 在第 k 个题项的作答，s_k 是第 k 个题项上的作答情况，y_i 是个体的作答向量，s 是某种可能的作答向量，潜在类别分析模型假设只有一个潜在类别变量 X_i，潜在类别数为 t。潜在类别分析模型有两个基本假设：

---

① 雷万鹏，向蓉. 留守儿童学习适应性与家庭教育决策合理性[J]. 华中师范大学学报（人文社会科学版），2018，57（6）：174-182.

② HECKMAN J J. Skill Formation and the Economics of Investing in Disadvantaged Children [J]. Science，2006，312（5782）：1900-1902.

(1) 在某个潜在类别下，各外显变量之间无关联性，具有独立性，即属于潜在类别 t 的被试，其作答向量为 s 的概率等于个体在各题项某个水平作答的联合分布概率，如公式(3.3) 所示：

$$P(y_i = s \mid X_i = t) = \sum_{k=1}^{K} P(Y_{ik} = s_k \mid X_i = t)。 \tag{3.3}$$

(2) 潜在类别之间存在互斥性，本来关联的各指标间在被潜在类别变量解释后彼此独立，即某个作答向量的概率等于以潜在类别概率为权向量的该作答向量的条件概率之和，如公式(3.4) 所示：

$$P(y_i = s) = \sum_{t=1}^{T} P(X_i = t) P(y_i = s \mid X_i = t)。 \tag{3.4}$$

其中 $P(X_i = t)$ 是个体属于第 t 种潜在类别的概率，$P(Y_{ik} = s_k \mid X_i = t)$ 是第 t 种潜在类别的个体在题项 Y_{ik} 作答为 s_k 的条件概率。此外，各潜在类别的概率总和以及每个外显变量的条件概率总和，这是该模型的基本限制条件，也可以根据特定研究的相关理论对参数进行限定。

2. 多元线性回归模型

在估计家庭环境对儿童非认知能力发展的影响时，采用多元线性回归模型进行估计，具体计量回归模型的方程表达式如下：

$$Y_i = \beta_0 + \beta_j \sum_{j=1}^{J} F_{ji} + \beta_k \sum_{k=J+1}^{K} C_{ki} + \varepsilon_i。 \tag{3.5}$$

其中，Y_i 表示第 i 个义务教育阶段儿童的非认知能力发展水平，F 表示家庭环境，C 为控制变量。J、K 分别代表家庭环境变量和控制变量个数，j、k 分别表示第 j、k 个自变量。β 为相应自变量对 Y 的偏效应；ε 是模型无法解释的随机误差。采用普通最小二乘法估计家庭环境与儿童非认知能力之间的关系。

3. 路径模型

随着统计分析技术的不断发展和进步，结构方程模型被广泛地运用于社会科学的数据分析领域。结构方程模型源于因子分析和路径分析，其优势体现在，在估计观察变量与其所代表的潜变量关系的同时，也能够分析各潜变量之间的关系，这使得潜变量之间的关系不再受测量误差的影响。结构方程模型主要有两部分：一是基于因子分析的测量模型，主要建立观察变量与其所测量的潜变量之间的关系，然后通过数据检验是否存在假设的因子结构；二是基于路径分析的结构模型，主要用来验证所假设的潜变量之间关系①。路径模型中的关系是假设的因果关系，而非实际的因果关系，真实的因果关系需要满足更严格的条件。路径模型是基于回归分析的技术，仍然保持回归分析的特点，所以路径模型可使用数个回归方程表达，一般情况下，路径模型使用数学形式表示如下：

$$T=\alpha+\beta Y+\Gamma X+\varepsilon。\tag{3.6}$$

由于截距 α 是常数，通过对变量进行减均值处理后，截距项变为零，使得公式（3.6）转变为公式（3.7）：

$$T=\beta Y+\Gamma X+\varepsilon。\tag{3.7}$$

其中，Y 表示由 p 个内生变量组成的 $p\times1$ 向量，为服从多元正态分布的随机变量，且残差项之间不存在相关性。X 为由 q 个外生变量组成的 $q\times1$ 向量，为相关独立的非随机变量。Γ、B 是待估参数矩阵，β 是内生变量之间的系数矩阵，Γ 是外生变量与内生变量之间的系数矩阵。

4. Shapley 值分解法

回归分析的结果提供了家庭环境各变量边际效应绝对值的比较，但是无法给出家庭环境各变量对儿童非认知能力发展变异性的相对贡献率。Shapley 值分解法作为一种新计量手段，为我们估算家庭环境各个变量对儿童非认知能力发展相对贡献率提供了技术支持。该方法的基本思路是，通过计算组合博弈框架下各变量的边际贡献来进行分解。它首先在包含该自变量的组合模型中测算 R^2，然后剔除该变量以观察 R^2 的变化，R^2 减少的程度与该变量的边际贡献成正比，R^2 减少越多，则该变量对因变量变异的贡献率越大②。Shapley 值分解法的步骤是：（1）构建儿童非认知能力发展决定方程，找出影响儿童非认知能力发展的变量。（2）对儿童非认知能力发展方程中的变量进行 Shapley 值分解，计算出各显著变量对儿童非认知能力发展差异的贡献率。

---

① 王济川，王小倩，姜宝法．结构方程模型：方法与应用［M］．北京：高等教育出版社，2011.

② HUETTNER F, SUNDER M. Axiomatic Arguments for Decomposing Goodness of Fit According to Shapley and Owen Values［J］. Electronic Journal of Statistics, 2012（6）：1239-1250.

设定自变量集合$K=\{x_j\}$，假设θ是自变量的一组排列，而$\theta(j)$表示变量x_j在θ中的位置，$P(\theta, x_j)=\{x_p \in K | \theta(p) < \theta(j)\}$表示排在$x_j$之前的变量集。因此在排列$\theta$中，变量$x_j$对于拟合优度的改变程度可用公式（3.8）计算：

$$MC(x_j, \theta)=f(p(\theta, x_j)U\{x_j\})-f(p(\theta, x_j))。 \quad (3.8)$$

此处，$MC(x_j, \theta)$是变量x_j在θ中的临界贡献。$f(p(\theta, x_j)U\{x_j\})$是变量$x_j$取实际值时造成的儿童发展差异，$f(p(\theta, x_j))$是变量$x_j$取均值时造成的儿童发展差异。把$\Theta(K)$作为$K$的所有组合排序，可用公式（3.9）计算$x_j$的Shapley值。

$$Sh_{xj}(f)=\frac{1}{|\Theta(K)|}\sum_{\theta \in \Theta(K)} MC(x_j, \theta)。 \quad (3.9)$$

更进一步，还可以根据自变量之间的预设关系对K进行分组，并计算各组变量的贡献率，也即Owen分解值。

第二节 变量操作化

一、因变量

本研究基于城镇化进程对儿童非认知能力发展的要求、义务教育阶段儿童人力资本发展评估指标、城乡教师与家长对儿童非认知能力发展的期望以及现有测量工具的稳健性和可获得性，选取学习适应性、意志力、情绪稳定性三个维度来测量儿童非认知能力。

（一）学习适应性

本研究关于学习适应性的测量采用由西南大学张大均团队编制的《青少年心理健康素质调查表》适应性分量表，采用量表中关于学习适应性的子维度，包括“我能够把新旧知识联系起来学习”“我能够根据学习任务选择学习方法”“我能够很快学会新知识”等六个题项，采用四点计分法，1表示“非常不像我”，4表示“非常像我”。经检验，量表的Cronbach α系数为0.775，表明学习适应性量表具有较好的内部一致性，量表的信度较高；KMO 值为 0.823，表明学习适应性量表的效度较高；Bartlett 检验的值为 2 465.299，显著性 $p<0.001$，表示量表适合做因子分析。对这些题目进行主成分分析，提取一个连续变量，并参考边燕杰和李煜关于主成分分析法的计算方法①，通过计算形成取值范围为 0—100 的学习适应性得分，数值越大表示儿童学习适应性越好。借鉴此量表测量学习适应性的信效度已得到既有文献的检验②。

（二）意志力

本研究关于意志力的测量来自学生自我报告的意志力量表。因为本次调查对象是义务教育阶段儿童，通过测量他们在学习领域的意志力情况来反映个体整体意志力发展。参考中国教育追踪调查中关于意志力的测量题目："就算身体有点不舒服，或者有其他理由可以留在家里，我仍然会尽量去上学""就算是我不喜欢的功课，我也会尽全力去做""就算功课需要花好长时间才能做完，我仍然会不断地尽力去做"，同时结合前期田野调查和相关文献，在此基础上加入"我总会提前预习老师要讲的内容""我会按照老师的要求完成作业""我上课从不迟到"三个题项，采用四点计分法（1=非常不像我，4=非常像我）。以上六个问题较好地反映了意志力的三个维度（我要做、我不要做和我想要做），也较好地反映了学生克服困难、坚持不懈、克服拖延的能力。数据显示，量表的 Cronbach α 系数为 0.794，表明意志力测量具有较高的信度；KMO 值为 0.871，表明意志力测量具有较高效度；Bartlett 检验的值为 1 760.917，显著性 $p<0.001$，表示意志力的测量题目适合做因子分析。通过主成分分析法提取一个连续变量，并参考边燕杰和李煜关于主成分分析法的计算方法，通过计算形成取值范围为 0—100 的意志力得分，数值越大表示儿童意志力越好。借鉴此量表测量意志力的信效度已得到既

① 边燕杰，李煜．中国城市家庭的社会网络资本[J]．清华社会学评论特辑，2000（2）：17-42.

② 张大均，江琦．《青少年心理健康素质调查表》适应分量表的编制[J]．心理与行为研究，2006（2）：81-84.

有文献的检验①。

（三）情绪稳定性

情绪稳定性测量题目的编制借鉴中国教育追踪调查中关于情绪稳定性的测量，通过测量学生过去七天时间里是否有沮丧、情绪消沉、不快乐、生活无趣、悲伤、提不起劲来做事、紧张、担心过度、预感不好、精力过于旺盛十个方面的表现来反映学生的情绪稳定性状况，采用五点计分法。在具体操作中采用反向赋值，将选项“总是”“经常”“有时”“很少”“从不”依次赋值为1—5。经检验，量表的Cronbach α 系数为0.857，表明情绪稳定性的测量具有较高信度；KMO值为0.913，表明该测量具有较高的效度；Bartlett检验的值为6 750.142，在0.1%的水平上显著，表示原有变量适合做因子分析。通过主成分分析法提取一个连续变量，并参考边燕杰和李煜关于主成分分析法的计算方法，通过计算形成取值范围为0—100的情绪稳定性得分，数值越大表示儿童情绪稳定性越好。借鉴此量表测量学生情绪稳定性的信效度已得到既有文献的检验②。

二、自变量

影响儿童发展的变量主要包含家庭环境因素、儿童个体因素、学校因素、城乡背景因素等四个方面。

（一）核心解释变量

本研究的核心解释变量是家庭环境。根据生态系统理论，本研究从“家庭是什么”“家庭做什么”两个方面来探讨家庭环境，将家庭环境划分为结构性维度、过程性维度两个方面。一是结构性家庭环境，主要探

---

① 钟粤俊，董志强．意志的力量：青少年时期意志力对成年收入的影响[J]．产业经济评论，2017（2）：23-38；雷万鹏，李贞义．教师支持对农村留守儿童非认知能力的影响：基于CEPS数据的实证分析[J]．华中师范大学学报（人文社会科学版），2020，59（6）：160-168.

② 乐君杰，胡博文．非认知能力对劳动者工资收入的影响[J]．中国人口科学，2017（4）：66-76；李乐敏，党瑞瑞，刘涵，等．父母陪伴对青少年非认知能力的影响：基于亲子共餐视角的准实验研究[J]．人口与发展，2020，26（2）：88-98；郭亚平．留守经历及其开始阶段对大学生非认知能力的影响[J]．青年研究，2020（1）：12-23.

讨的是“家庭是什么”，侧重静态的、易于测量的家庭环境，包括家庭社会经济文化地位和家庭结构两方面。二是过程性家庭环境，主要探讨的是“家庭做什么”，侧重动态的、可改变的家庭环境，包括家长教育期望、亲子互动、家庭教养方式和亲子关系四个子维度。详见图 3-4。

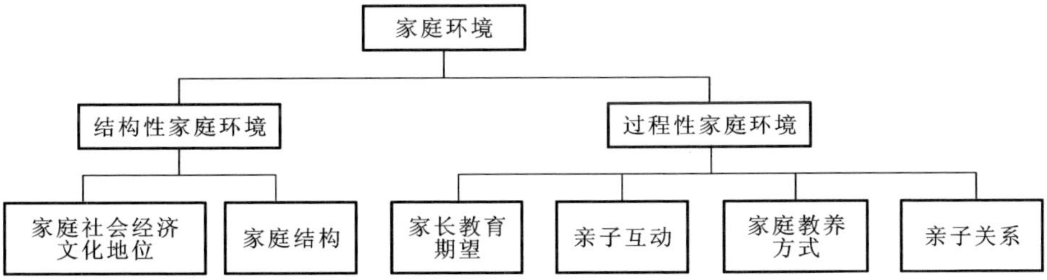

图 3-4　家庭环境变量结构图

1. 家庭社会经济文化地位

已有研究通常使用“家庭社会经济地位”① 反映个体获取现实或潜在资源的差异，从父母受教育水平、父母职业、家庭收入三方面测量。如杨中超基于中国教育追踪调查 2013—2014 年的相关数据，检验了家庭社会经济地位对学生非认知能力有显著的影响②。本研究借鉴国际学生评估项目（PISA）的测量方法，在“家庭社会经济地位”这一维度中，加入家庭文化资源如书籍、电脑和学习材料的测量，形成“家庭社会经济文化地位”维度。

家庭社会经济文化地位由父母学历、职业、家庭经济资本和文化资本等四个因子合成。根据我国的教育制度将父母学历换算成相应受教育年限，取父亲和母亲中受教育年限较高一方进行计算。父母的职业参照中国社科院在《中国社会分层研究报告》的职业划分标准，从低到高分别赋值为“1 分（无业、待业）—10 分（党政干部）”，取父母双方职业得分较高一方进行计算。由于收入话题比较特殊，具有一定的隐私性，

① 书中根据具体情况使用“家庭社会经济地位”和“家庭社会经济文化地位”，两者并不矛盾。

② 杨中超．家庭背景与学生发展：父母参与和自我教育期望的中介作用[J]．教育经济评论，2018，3（3）：61-82.

填答者不一定会给出真实的收入数据，因此本研究中家庭经济资本用“一张供学习使用的书桌”“一个孩子单独的房间”“一台可使用的电脑”作为代理变量，“有”赋值1，“没有”赋值0，加起来的分数为经济状况。文化资源用“经典文学作品（如《西游记》）、古诗词（如《唐诗三百首》）、艺术品（如画作、雕塑）、教辅读物（如课外书、参考书）、字典词典”作为代理变量，“有”赋值1，“没有”赋值0，加起来的分数为文化资本。

$$家庭\ ESCS=(\beta_1\times edu+\beta_2\times occup+\beta_3\times eco+\beta_4\times cul)/\gamma \tag{3.10}$$

[①]。

其中，β_1—β_4分别代表四个指标的因子载荷系数，γ为主因子特征值。

2\. 家庭结构

总体而言，父母双方和子女共同居住的核心家庭被认为是对孩子的发展最为有利的家庭结构或居住安排形式。实证研究表明，单亲家庭由于家庭结构变得不完整，势必会使家庭教育的功能出现缺损，这将会对子女的学业和教育成就、情绪和心理特质、人际交往能力、亲密关系等多方面产生不良影响。相较于在单亲家庭中成长的男孩，在双亲家庭中出生和成长的男孩的收入更高，发生问题行为的概率比在单亲家庭中成长的男孩低6.5个百分点，且父母双方都缺席的孩子的快乐感和满足感更低[②]。

根据王跃生（2013）和吴愈晓、王鹏、杜思佳（2018）对家庭结构的划分，此处的家庭结构划分主要通过子女与父母的居住安排形式而不是父母的婚姻状况来测量，同时兼顾到因婚姻原因和非婚姻原因（如隔代家庭）导致的不同居住形式。本研究将家庭结构分为双亲缺席家庭（父母双方均不和孩子同住，包括孩子与祖父母或外祖父母共同生活的隔代家庭，或与其他家庭成员或亲属共同居住的家庭）、单亲家庭（孩子仅与母亲一起居住或者孩子仅与父亲一起居住）、双亲家庭（孩子与父母双方共同居住）三类。

---

① 任春荣. 学生家庭社会经济地位（SES）的测量技术[J]. 教育学报，2010，6（5）：77-82.

② AMATO P R. The Consequences of Divorce for Adults and Children [J]. Journal of Marriage and Family，2000，62（4）：1269-1287.

3. 家长教育期望

家长期望是家长对孩子未来成就的现实信念或判断，这些成就包括课程成绩、最高学历、职业地位等方面。家长教育期望一般指家长对子女未来教育成就（如最高受教育水平）的希望和期待①，这对学生未来的学业成就和教育获得有重要的、积极的影响作用②。威斯康星理论模型的相关实证研究发现，教育期望是家庭背景对学生学业成就、教育获得产生影响的重要中介变量③。

本研究中的家长教育期望通过家长回答“您期望孩子读到什么程度”来测量，选项包括小学、初中、高中、中专、大专、本科、硕士、博士，通过赋值将教育程度转换为教育年限，小学赋值 6，初中赋值 9，高中赋值 12，中专赋值 12，大专赋值 15，本科赋值 16，硕士赋值 19，博士赋值 22，转换为取值范围为 6—22 的连续变量。

4. 亲子互动

亲子互动是指家庭中父母与子女之间通过交换资料、信息、观点、意见、情感和态度等，达到共同了解、信任与互相合作的过程④。简单来说，即通过建立一种良好的互动过程来培养和促进儿童成长。研究表明，亲子互动对孩子的学业成绩、认知能力、社交能力和情感发展起着重要的作用，与社会经济文化地位、家庭规模、父母受教育程度等其他家庭因素相比，亲子互动是预测孩子发展最有效的因素，亲子互动对儿童发展的积极影响甚至超过了经济资本的作用⑤。

亲子互动包括生活陪伴、文化教育、学习监管三个方面。亲子互动

① YAMAMOTO Y，HOLLOWAY S D. Parental Expectations and Children's Academic Performance in Sociocultural Context［J］. Educational Psychology Review，2010，22（3）：189-214.

② 庞维国，徐晓波，林立甲，等. 家庭社会经济地位与中学生学业成绩的关系研究［J］. 全球教育展望，2013，42（2）：12-21.

③ 王甫勤，时怡雯. 家庭背景、教育期望与大学教育获得基于上海市调查数据的实证研究［J］. 社会，2014，34（1）：175-195.

④ 侯利明，雷鸣. 社会资本与教育获得：基于亲子互动模式的潜在类别分析［J］. 西安交通大学学报（社会科学版），2019，39（4）：114-125.

⑤ FLOURI E，BUCHANAN A. Early Father's and Mother's Involvement and Child's Later Educational Outcomes［J］. British Journal of Educational Psychology，2004，74（2）：141-153.

的测量采用家长问卷中的亲子互动量表来收集有关家长与孩子在生活、娱乐、学习上互动的频率，共有“从来没有”“每年1—2次”“每月1—2次”“每周1—2次”“每天”五个选项，分别赋值1—5，亲子互动的三个变量均由量表中对应题项的得分分别加总并除以各自的题项数量，得到的均值则为对应变量的得分情况。因为学生问卷也有相关的测量题目，缺失值用学生问卷中对应的值进行填补。生活陪伴的测量包括与孩子一起吃晚饭，陪孩子聊天、看电视、运动或玩耍等；文化教育的测量包括与孩子一起参观博物馆、动物园、科技馆等场所，与孩子一起参观爱国主义教育基地、家风家教基地，与孩子一起外出看演出、体育比赛、电影等；学习监管通过检查孩子的家庭作业、辅导孩子写家庭作业、陪孩子一起看书来测量。

5. 亲子关系

亲子关系以血缘关系和共同生活为前提条件，指在日常生活中父母与子女在相互作用下所构成的人际关系。亲子关系不仅强调血缘关系的基础地位，还表明亲子关系具有双向性，是父母与子女在相互影响中形成的。作为儿童的主要人际关系，亲子关系影响儿童认知能力和非认知能力的发展①。不良的亲子关系与儿童无法集中精力完成任务、沟通能力较差、频繁的同伴冲突显著相关②。

本研究的亲子关系采用学生问卷中“你跟爸爸的关系怎么样?”和“你跟妈妈的关系怎么样?”两个题来测量，均有“很不好”“不太好”“一般”“比较好”“非常好”五个选项，依次赋值1—5分，采用两题的得分均值来表示亲子关系。

6. 家庭教养方式

本研究中的家庭教养方式用家长问卷中的家庭教养方式量表来测量。家庭教养方式量表参考Maccoby和Martin在Baumrind的基础上对教养方

① PARK E J, KIM E Y, FORNEY J C. A Structural Model of Fashion-oriented Impulse Buying Behavior [J]. Journal of Fashion Marketing and Management: An International Journal, 2006, 10 (4): 433-446.

② SHOMAKER L B, FURMAN W. Parent-adolescent Relationship Qualities, Internal Working Models, and Attachment Styles as Predictors of Adolescents' Interactions with Friends [J]. Journal of Social and Personal Relationships, 2009, 26 (5): 579-603.

式的分类，具体测量借鉴了瑞典临床心理学家 Perris 编制、我国学者岳东梅等研究者修订的家庭教养方式量表，通过适当删减和本土化修改形成家长问卷中的家庭教养方式量表。一是语言表达本土化，二是符合中国的家庭特点，三是符合被访者可理解的表达。家庭教养方式量表分为“要求”和“支持”两个维度，共有 13 个指标，选项有“从未如此”“有时如此”“多数如此”“总是如此”四个。量表的信效度检验结果显示，Cronbach α 系数为 0.878，信度较高；KMO 的值为 0.973，效度较高；Bartlett's 卡方值达到显著程度，Bartlett's 球形度检验近似卡方值为 8 521.28，表示量表适合进一步做因子分析。

教养方式变量通过将量表中涉及“要求”和“支持”这两个教养维度的若干问题通过潜在类别分析法合成得到。潜在类别分析法的基本假设是，外显变量各种反应的概率分布可以由少数互斥的潜在类别变量来解释，每种类别对各外显变量的反应选择都有特定的倾向①。具体到本研究中，教养方式不同的家长对涉及两个教养维度的 13 道题目的选择各有不同的倾向。在“要求”维度，选项“从未如此”“有时如此”表示不严格，选项“多数如此”“总是如此”表示严格；在“支持”维度，选项“从未如此”“有时如此”表示不频繁，选项“多数如此”“总是如此”表示频繁。这 13 个二分变量的描述性统计结果如表 3-1 所示。

表 3-1 教养方式维度诸变量的描述性统计结果

“要求”维度	严格（%）	不严格（%）
1. 我知道孩子放学后在什么地方（Item4）	88.4	11.6
2. 我会严格要求孩子按时上床睡觉（Item9）	83.0	17.0
3. 我会要求孩子告诉我他要去的地方（Item11）	86.1	13.9
4. 我会规定孩子必须回家的时间（Item12）	84.6	15.4
5. 我定的规矩孩子必须遵守（Item13）	72.2	27.8
“支持”维度	**频繁（%）**	**不频繁（%）**
1. 在孩子不愉快时，我会想办法调节孩子的情绪（Item1）	64.4	35.6

① 邱皓政．潜在类别模型的原理与技术[M]．北京：教育科学出版社，2008.

续表

“支持”维度	频繁（%）	不频繁（%）
2. 我会耐心听孩子说他想说的话（Item2）	77.5	22.5
3. 我会检查孩子的家庭作业完成情况（Item3）	75.7	24.3
4. 我喜欢孩子现在的样子（Item5）	75.2	24.8
5. 我会询问孩子和朋友之间的事情（Item6）	70.3	29.7
6. 当孩子某些事情做得好时，我会给予肯定（Item7）	87.0	13.0
7. 我希望了解孩子遇到的问题（Item8）	83.4	16.6
8. 我满意孩子的言行举止（Item10）	70.6	29.4

潜在类别的确定依据包括两方面：一是理论基础，可以根据已有研究判断；二是根据数据分析结构判断。本研究在已有研究的基础上，利用 Mplus 统计软件，依次对一个、两个、三个和四个潜在类别模型进行估计，然后根据拟合优度判断最佳的潜在类别数量。表 3.2 列出了从 1 种类别到 4 种类别的四个不同模型，由表可知，从 M0 到 M3 似然比统计量 $G^2$①逐步减小，AIC②、BIC③、ABIC④ 也依次减小，到 M3 达到最小，M3 为最佳模型，第 4 种潜在类别为最佳适配，是拟合家庭教养方式的理想模型，这也与已有研究通常将家庭教养方式划分为四类一致。具体模型适配指标见表 3-2。

表 3-2　潜在类别分析模型适配指标摘要表（N=1 850）

Model	G^2	AIC	BIC	ABIC
M0：Null model	3 819.9	24 402.8	24 474.6	24 433.3
M1：2-class model	3 742.9	21 029.8	21 178.9	21 093.1
M2：3-class model	2 969.4	20 486.8	20 713.2	20 582.9
M3：4-class model	2 790.5	20 196.1	20 499.8	20 325.1

① 似然比统计量 G^2 越小，说明模型拟合程度越好。

② AIC 越小，说明模型拟合程度越好。

③ BIC 指标主要用来改善渐进性不足的问题，BIC 越小，说明模型拟合程度越好。

④ ABIC 为调整后的 BIC。

下面借助表 3-3 和图 3-5 为四个潜在类别命名。表 3-3 呈现了四个潜在类别在涉及“要求”维度的 5 道题目中选择“严格”以及在涉及“支持”维度的 8 道题目中选择“频繁”的具体概率，具体数值参见表 3-3。图 3-5 用折线图展示了各个概率连在一起后的变化趋势，通过图形可以更直观地看出四个潜在类别的特点。

表 3-3　13 个题目在四个潜在类别上的条件概率与潜在类别概率

Items	类别 1	类别 2	类别 3	类别 4
1	0. 742	0. 287	0. 103	0. 876
2	0. 856	0. 560	0. 149	0. 950
3	0. 705	0. 570	0. 235	0. 928
4	0. 798	0. 853	0. 361	0. 983
5	0. 827	0. 513	0. 218	0. 927
6	0. 573	0. 464	0. 150	0. 919
7	0. 936	0. 765	0. 183	0. 989
8	0. 889	0. 681	0. 194	0. 984
9	0. 587	0. 802	0. 259	0. 963
10	0. 583	0. 473	0. 158	0. 916
11	0. 520	0. 909	0. 287	0. 973
12	0. 261	0. 936	0. 192	0. 994
13	0. 235	0. 733	0. 223	0. 871

由图 3-5 可知，对于潜在类别 1 的家长而言，选择“频繁”和“不严格”的概率更大，将潜在类别 1 命名为溺爱型教养方式。对于潜在类别 2 的家长而言，有更大的概率选择“严格”和“不频繁”，将潜在类别 2 命名为专制型教养方式。潜在类别 3 的家长不仅对孩子要求不严格，对孩子生活学习的支持也不频繁，因此将潜在类别 3 命名为忽视型教养方式。对于潜在类别 4 的家长而言，选择“频繁”和“严格”的概率更大，将潜在类别 4 命名为权威型教养方式。统计结果显示，溺爱型教养

方式占 9.1%，专制型教养方式占 26.3%，忽视型教养方式占 7.2%，权威型教养方式占 57.4%，总体来看，目前的家庭仍以权威型教养方式为主，专制型次之。

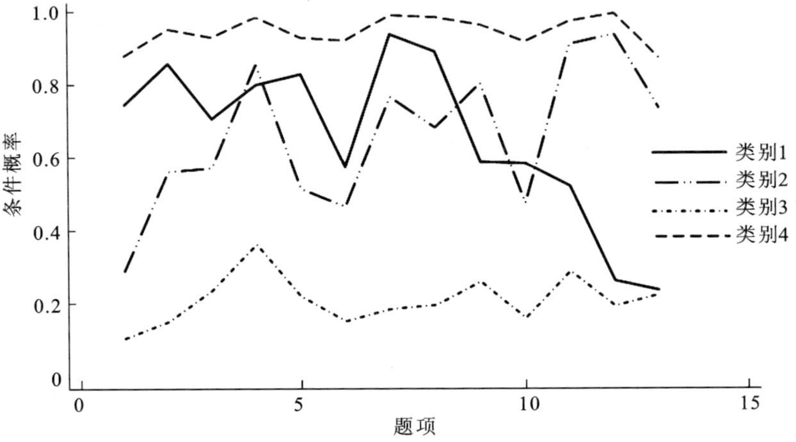

图 3-5 四个潜在类别的条件概率分布图

（二）调节变量

两个变量之间关系的方向和大小依赖于第三个变量时即说明存在调节效应，这里的第三个变量即为调节变量。基于已有研究和田野调查，本研究选择家长教育素养和家庭教育指导作为调节变量。

家长教育素养既包括他们在子女教育问题上所秉持的态度、遵从的理念，也包括他们所掌握的关于教育子女的知识，更包括他们教育子女的能力。家长教育素养综合地反映着家长教育子女的能力和价值取向，并直接表现在他们的日常教育行为之中。研究表明，家长教育素养是影响家庭教育成效、水准的至关重要的因素①。家长教育素养采用家长问卷中家长教育素养量表来测量，量表参考 Brian 等人设计的育儿胜任力模型中的家长教育素养分量表②，采用“翻译-回译”的方式，在保持与

① 关颖．家庭教育社会学[M]．北京：教育科学出版社，2016.

② JOHNSON B D, BERDAHL L D, HORNE M, et al. A Parenting Competency Model [J]. Parenting: Science and Practice, 2014, 14 (2): 92-120.

原量表内容一致的前提下，对其进行本土化表达形成五点计分量表，量表共 24 个题项。本研究采用主成分因子分析法将家长教育素养降维为家庭教育观念、家庭教育知识、家庭教育能力三个公因子。量表的信效度检验结果显示，Cronbach α 系数为 0. 932，信度较高。家庭教养方式的内部一致性系数为 0. 948，Bartlett's 卡方值达到显著程度，Bartlett's 球形度检验近似卡方值为 22 435. 44，表示量表的内部一致性良好，效度较高。

有研究显示，对家长的指导和干预主要有五方面的功能：一是挖掘家长的教育潜力，二是提高家长的教育意识，三是帮助家长树立正确的教育理念，四是帮助家长获得教育技能，五是预测父母行为的后果①。家庭教育指导在一定程度上可以提升家长的教育素养，改变家庭教育观念、教养方式，对于解决现实生活中的家庭教育困惑、促进儿童发展、实现教育公平具有重要意义。因此，本研究将家长是否接受家庭教育指导纳入考量，在具体操作中，接受过家庭教育指导赋值为 1，未接受过家庭教育指导赋值为 0。

（三）控制变量

1. 儿童个体因素

儿童个体因素包括儿童性别、是否独生子女、学段、是否担任班干部。性别以女生为参照，编码为 0，男生编码为 1；独生子女编码为 1，非独生子女编码为 0。学段分为小学低年级、小学高年级、初中三个变量，其中一至三年级为“小学低年级”，四至六年级为“小学高年级”，七至九年级为“初中”。是否担任班干部是孩子综合能力的象征，一般而言，担任班干部的儿童能力较强，在本研究中，担任班干部编码为 1，未担任班干部编码为 0。

2. 学校因素

学校因素包括学校性质、学校教育质量、教师关注度和家校合作四个方面。学校性质以民办学校为参照，编码为 0，公办学校编码为 1。“学校排名”作为学校教育质量的代理变量，学校在本区（县）排名有“最差”

---

① AILINCAI R，WEILBARAIS A. Parenting Education：Which Intervention Model to Use? [J]. Procedia-social and Behavioral Sciences，2013（106）：2008-2021.

“中下”“中等”“中上”“最好”五个选项，分别赋分1—5，作为连续变量进行分析，分数越高表示学校在本区（县）排名越好，表明学校的教育质量越好。教师关注度用学生问卷中的“老师关心你的学习和生活吗?”来测量，选项为“从不关心”“很少关心”“一般”“比较关心”“经常关心”，分别赋值1—5分，分数越高表示教师关注度越高。家校合作用“与孩子的老师交流”和“参加孩子的学校活动”两个题目来测量，选项均为“从来没有”“每年1—2次”“每月1—2次”“每周1—2次”“每天”，分别赋值1—5分，两个题的均值为家校合作得分。

3. 城乡划分

中国社会经济发展、城市管理体制和户籍制度的复杂性，决定了城乡划分的不确定性。国际上城乡划分主要依据人口规模和人口密度、基础设施的完善程度和建筑密度、人口就业结构三个标准来划分①。我国面向公共政策和国家统计形成了两种划分标准，一是国家行政意义上的市镇设置标准和城乡划分标准，二是国家城镇人口统计意义上的城乡划分。参考《2018年统计用区划代码和城乡划分代码》《统计用区划代码和城乡划分代码编制规则》《关于统计上划分城乡的规定》，以及国务院关于我国市镇建制的规定和我国现行的行政区划为依据，将我国地理区域划分设立市的市区和不设立区市的市区、县及县以上人民政府所在建制镇的镇区和其他建制镇镇区、集镇和农村共六个行政区划（详见图3-6）。其中，集镇是指乡、民族乡人民政府所在地和经县人民政府确认由集市发展而来的作为农村一定区域经济、文化和生活服务中心的非建制镇，农村是指集镇以外的地区。

从实际操作层面看，不同研究者根据自身的研究需要对城市和农村的范围进行了不同界定，其主要分歧点在于县镇如何划分，也就是图中的镇区应该划分为城镇还是乡村。目前主要有两种划分方法：一是将县镇纳入城市范围，将县镇视为低配版的城市②；二是将县镇纳入农村范

① 国务院发展研究中心“中国特色城镇化的战略和政策研究”课题组. 城乡空间边界划分的国际经验及启示［J］. 中国发展观察，2010（7）：54-58.

② 费舒澜 . 禀赋差异还是分配不公?：基于财产及财产性收入城乡差距的分布分解[J]. 农业经济问题，2017，38（5）：55-64.

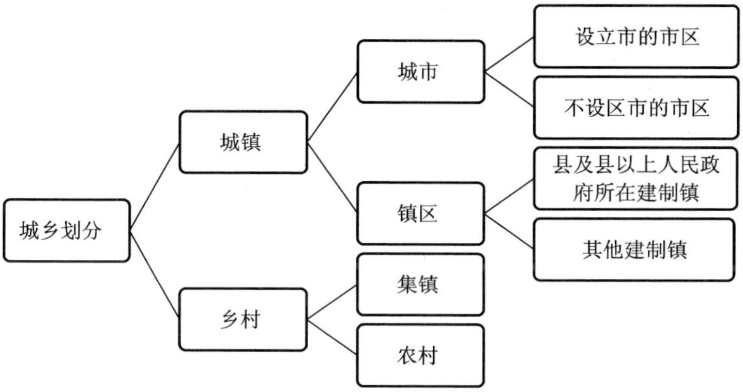

图 3-6　城乡划分图

围，认为县镇地区以农村户籍人口为主，人口分布较为分散，因而县镇属于农村地区①。基于城镇化中县镇的蓄水池作用，以及城镇化发展的特征，本研究将县镇（镇区）单独作为一个维度进行分析。鉴于此，本研究取样的家庭按照家庭所处的地理位置分为城市家庭、县镇家庭、乡村家庭三类。在具体操作中，城市家庭指的是位于市区的家庭，包括设立市的市区和不设立市的市区；县镇家庭指的是位于镇区的家庭，包括县政府所在建制镇和其他建制镇；乡村家庭指的是位于集镇和农村的家庭，在数据分析讨论中以县镇为参照。需要特别指出的是，本书在行文中没有特别区分乡村和农村概念，本书中的“乡村”和“农村”均指包括上述城乡划分图中集镇和农村的地域。

4. 儿童流动状态

受户籍制度制约，大量农民工在完成地域转移的同时未能实现身份的同步转换，出现“就业在城市，户籍在农村；劳力在城市，家属在农村；收入在城市，积累在农村；生活在城市，根基在农村”的“半城镇化”现象。这些农民工比一般农村居民占有更多城市资源，但与城市居民相比，他们所占有的城市资源十分有限，是被排斥在外的非正式城市群体，城市社会对他们是“经济吸纳，社会拒入”。据此，李强教授在城乡二元社会结构的基础上，提出了“三元社会结构”（农民、农民工、

① 秦玉友．不让农村教育成为中国未来发展的短板[J]．教育与经济，2018（1）：13-18.

市民）这一新概念，三元社会结构最主要的构成群体是在农民和市民之外、流动于城乡之间的农民工①，他们表现出非城非乡、亦城亦乡的特点，与市民和农民群体一起重构了社会群体关系，同时也改变了社会利益格局。第三元社会群体子女有留守和随迁两种状态，第三元社会群体会根据孩子的年龄、家庭资源进行孩子流动或留守的决策，子女未跟随父母流动到城市而留在农村老家的为农村留守儿童，子女跟随父母到城市生活学习的为城市随迁子女②。基于此，根据父母外出务工情况以及子女是否跟随父母到务工地点，可以将儿童划分为农村非留守儿童、农村留守儿童、城市随迁子女、城市本地儿童四类。在具体分析中，以农村非留守儿童为参照。

表 3-4 报告了样本分布以及变量的描述性统计结果。

表 3-4　变量界定与测量

变量名称	变量界定	均值	标准差
因变量			
情绪稳定性	情绪稳定性计算得分：0—100	78.31	17.53
学习适应性	学习适应性计算得分：0—100	60.44	15.01
意志力	意志力计算得分：0—100	80.51	15.01
家庭环境因素			
家庭社会经济文化地位	父母学历、职业、经济资源和文化资源合成指标	7.79	1.96
家庭结构	双亲缺席家庭=1；单亲家庭=2；双亲家庭=3	2.33	0.79
家长教育期望	家长期望孩子最高受教育年限	18.26	2.93
生活陪伴	生活陪伴维度得分：1—5	4.24	0.75
文化娱乐	文化娱乐维度得分：1—5	2.09	0.86
学习监管	学习监管维度得分：1—5	3.61	1.04
亲子关系	亲子关系维度得分：1—5	4.23	0.79
家庭教养方式	溺爱型=1；专制型=2；忽视型=3；权威型=4	3.13	1.08

① 李强．农民工与中国社会分层[M]．2 版．北京：社会科学文献出版社，2012.

② 设立市的市区、县城城区（城关镇）划为城市，乡镇（非城关镇）和乡村为农村。

续表

变量名称	变量界定	均值	标准差
儿童个体因素			
性别	男生=1；女生=0	0.51	0.50
独生子女	独生子女=1；非独生子女=0	0.54	0.49
学段	小学低年级=1；小学高年级=2；初中=3	1.95	0.91
担任班干部	担任班干部=1；未担任班干部=0	0.44	0.49
学校因素			
学校性质	公办学校=1；民办学校=0	0.81	0.39
学校教育质量	最差=1；中下=2；中等=3；中上=4；最好=5	3.51	0.86
教师关注度	从不关心=1；很少关心=2；一般=3；比较关心=4；经常关心=5	4.01	0.99
家校合作	从来没有=1；每年1—2次=2；每月1—2次=3；每周1—2次=4；每天=5	2.56	0.91
城乡背景因素			
城乡分布	城市=1；县镇=2；乡村=3	2.11	0.80
流动状态	城市本地儿童=1；城市随迁子女=2；农村非留守儿童=3；农村留守儿童=4	2.34	1.17
调节变量			
家庭教育观念	家庭教育观念维度计算得分	0.00	1.00
家庭教育知识	家庭教育知识维度计算得分	0.00	1.00
家庭教育能力	家庭教育能力维度计算得分	0.00	1.00
家庭教育指导	参加家庭教育指导=1；未参加家庭教育指导=0	0.39	0.49

注：（1）N=1 850；（2）表中二分虚拟变量对应的均值（×100）表示该变量中取值为1的样本占比。

第三节 资料来源

一、资料收集

（一）问卷调查法

问卷调查法主要通过书面语言或通信形式进行数据采集，即研究者根据研究目的，编制科学系统的问卷发给被调查对象，请求其客观填写答案，然后对回收的问卷进行整理与分析，进而获取相关信息。问卷调查法具有高效、客观、经济节省、调查广泛、方便分析的特点，对一些不能直接观察到的概念可以清晰明确地表达出来。在整个20世纪，问卷调查处于研究方法的主流，美国社会学家艾尔·巴比称“问卷是社会调查的支柱”。在教育研究中，问卷调查法也是最常用的资料收集方法。

问卷是研究者为了收集人们对某个特定问题的态度、价值观、观点或信念、背景信息等而设计的一系列问题，是进行变量测量和资料收集的工具。本研究围绕学生发展及家庭教育现状进行问卷设计，对家长和学生分别设计了调查问卷。问卷的设计吸纳了教育研究者、家庭教育指导工作者、妇联系统工作者的意见。在正式调研前，课题组在英山、崇阳等地进行试调查，在此基础上对问卷进行了多次修订，最终形成完整的调查问卷。2019年6月至9月，课题组对湖北省8个市展开实地调研并获取第一手数据。本次问卷调查的对象是义务教育阶段学生及其家长。调研针对湖北省家长和学生设计两套问卷，以家庭为单位发放问卷，并将家长问卷和学生问卷一一匹配，形成“家长-学生”数据库①，同时对问卷收集到的数据进行量化分析。本研究所用数据均来自此次调研。

本章第三节已对主要因变量和核心解释变量的可操作化进行了阐述，以下将根据研究设计情况呈现调查问卷的基本结构。

1. 家长问卷结构

家长问卷以家庭基本信息、家庭教育、家庭教育指导三个方面为主要思路展开。

一是家庭基本信息：(1) 家长基本信息，包括出生日期、受教育水平、职业、工作情况；(2) 家庭基本情况，包括家庭结构、家庭经济状况、家庭资源；(3) 孩子基本信息，如上学年段、学校情况、健康状

① 采用家长问卷和学生问卷进行匹配，较好的避免了过去仅用家长或者学生问卷的弊端，因为每个人进行填答问卷在评述自己的行为时都存在一定的主观性，比如家长陈述的教养行为和孩子感知到的教养行为之间存在一定差异，同时部分心理发展情况也只有填答者本人才知道，其他人无法代答，比如孩子的心理健康不能由外人来填答。这样匹配就能较好地解决这个问题。此外，家长问卷和学生问卷经常出现缺失值，部分题目的缺失值可通过对应问卷进行填补。

况、学习成绩、学习态度、行为表现，其中行为表现为一组行为观测变量，包含 10 个题项，每个题项设置“从不”至“总是”五级选项；学校情况包括学校的性质、学校教育质量排名、学校位置等题目。

二是家庭教育变量：（1）家庭教育投资。测量家庭上学期花费在学费、书本费、杂费、择校费、住宿费、兴趣活动费、研学旅行费、参加学科辅导班或请家教、参加艺体兴趣培训、购买课外读物、参考资料费、购买学习用具（如学习机等）等方面的费用。（2）亲子互动。通过提问家长与孩子一起做活动的频率来测量家长与孩子生活陪伴、文化教育、学习监管、信息分享等方面的情况，共 16 个题项，每个题项设置“从来没有”“每年 1—2 次”“每月 1—2 次”“每周 1—2 次”“每天”五个选项。（3）家庭期望。问卷主要涉及家长对孩子学习成绩、受教育程度、未来职业三方面的期望。（4）家庭教养方式。参考 Maccoby 和 Martin 在 Baumrind 的基础上对教养方式的分类，具体测量借鉴了瑞典临床心理学家 Perris 编制、我国学者岳东梅等研究者修订的家庭教养方式量表，通过适当删减和本土化修改形成家长问卷中的家庭教养方式量表，该量表共 13 个条目，每个条目设置从“从未如此”到“总是如此”四个选项。（5）家庭教育内容与任务。结合贵州省、江西省、重庆市、江苏省、浙江省出台的《家庭教育促进条例》《关于指导推进家庭教育的五年规划（2016—2020 年）》中关于家庭教育内容的规定，问卷设计了 9 个家庭教育内容的题目，考察家长在家庭教育过程中是否涉及政策文本中规定的内容。（6）家长教育素养。参考 Brian 所用量表，问卷从家庭教育观念、家庭教育知识、家庭教育能力三个方面测量家长教育素养，量表共 24 个题项，每个题目设置“非常不同意”到“非常同意”五个选项。（7）家校合作。主要考察家长参与家长会和联系教师的情况。（8）问卷中涉及了家长在家庭教育中遇到的困难，比如“没有时间教育孩子”“辅导孩子学习力不从心”“缺乏有效的家庭教育方法”等。

三是家庭教育指导，包括获取知识渠道、接受家庭教育指导的意愿、接受家庭教育指导的具体情况（频率、时长、内容、机构、指导者、形式、满意度、问题等）。

2. 学生问卷结构

学生问卷从学生发展和家庭教育两方面展开设计。

一是学生基本信息：(1) 人口学信息，例如性别、年龄等。(2) 身心健康状况，身体健康设置题目“总体来看，你现在的健康状况如何”，题项为“很不好”到“很好”五个选项；心理健康为一组主观感受题目，包含10条目，每个条目设置“没有”至“经常”五级选项，分别赋值0—4分，采用反向计分方式，分数越高说明心理健康水平越好。(3) 行为表现，是一组和家长问卷对应的观测变量，包含10个题项，每个题项设置“从不”至“总是”五级选项。(4) 学业成长，包括成绩排名、学习态度、自我效能感、学习习惯等方面。(5) 自我期望，设置了和家长期望对应的题目，包括学习成绩、受教育程度、未来职业三方面。

二是家庭教育信息：(1) 和家长问卷对应的亲子互动，以对比家长报告的亲子互动和学生报告的亲子互动是否存在差异；(2) 家庭关系，包括亲子关系和夫妻关系；(3) 家庭时间投入，设置题目“放学后，照顾你功课和学习、娱乐和玩耍的家庭成员分别是”，设置“父亲”“母亲”“祖父母/外祖父母”等选项，并在每个选项后填写具体的时间。此外，还有若干题目侧面测量家庭教养方式、家庭教育内容等。

三是学校基本情况，包括是否担任班干部、教师的关注度、感知到的教师支持，其中教师支持量表在参考 Babad 等关于教师差别行为的研究的基础上，根据专家意见及课堂观察编制而成，共19个题项，每个题项设置“非常不像我”“不像我”“有点像我”“非常像我”四个选项。

(二) 访谈法

访谈法是指访谈人员通过对访谈对象的交流而收集第一手资料的方法，是质化研究中最重要的一种资料收集方法，在实证研究中被广泛使用。访谈法能够深入、详细地了解研究所需信息。在确定具体研究问题之前，通过半结构式访谈发现问题并结合理论提出假设，在调研过程中，通过个体访谈和集体座谈的形式，对湖北省家长、学生、家庭教育工作者等相关人员进行深入访谈，深入解剖家庭环境对儿童非认知能力发展的影响机制，以作为问卷调查的补充性材料。本研究中的访谈主要由两方面构成：课题组访谈和作者个人访谈。

一是课题组成员在2019年6—9月进行问卷调查的同时，运用座谈、小组访谈、个别访谈等方式对调查对象进行访谈和观察，在收集问卷数据的同时收集到大量的访谈资料和观察资料，形成结构式的问卷资料与开放式的访谈资料结合的全方位的数据库。此阶段对家长、学生及利益相关人员共进行103人的访谈，包括37名家长、34名学生、15名教师、4名村委会主任、3名妇联工作者、2名民政工作人员、2名教育管理人员、2名公安工作人员、2名法院工作人员、2名检察院工作人员。

二是作者自2019年上半年确定研究方向开始，在湖北省英县①进行长期田野调查，选择县域内有代表性的个案进行长期追踪调研，通过非参与式观察，在田野现场以非正式访谈、非结构性访谈作为主要的访谈策略，深入探究家庭环境对儿童非认知能力发展影响的过程机制，以解释量化数据结果，并深入剖析家庭环境影响儿童非认知能力发展的“黑箱”。

（三）文献法

文献研究法主要指搜集、整理、鉴别文献，并通过对文献的研究形成对事实科学认识的方法。本研究采用文献法收集了官方统计资料、政策文本以及与本议题相关的专著、论文、报告、主要事件等文献资料。本研究利用文献法搜集了三类资料。

第一，在国家统计局、教育部网站、湖北省统计局等网站，搜集了历年的中国教育统计年鉴、城镇化数据、国民经济和社会发展统计公报、全国教育事业发展统计公报等各类统计数据，为描述城镇化发展进程和教育发展新特点提供必要的数据支撑，建立起宏观的数据背景，也在一定程度上弥补了本研究问卷调查数据的不足。

第二，在中国政府网、国务院网站、教育部网站等网站，搜集了“城镇化”“家庭教育”“义务教育发展”三类不同的政策文本。这些政

---

① 根据学术惯例，本书所用的地名和人名均为化名。

策文本不仅构成了本研究的政策背景，为本研究指明了研究方向，对政策文本的梳理也可以加深对家庭政策、教育政策、城镇化政策的理解与思考，更好地在社会大环境中理解家庭环境对儿童非认知能力发展的影响。

第三，在整个研究过程中，搜集大量与本研究相关的专著、论文等文献资料。一是立足教育文献，兼顾其他学科文献。教育文献是本研究的基础与重点，同时注重跨学科研究，重点吸收经济学、社会学、人类学等与家庭教育密切相关的学科文献，以开拓研究视野、完善研究思路，为本研究奠定良好基础。二是立足中国文献，吸收他国教育文献。中国文献是了解中国教育现状的重要依据，亦是本研究的重要参照，同时注重吸收国外教育文献，尤其是欧美日等关于人力资本的诸多文献，了解其经验与做法，为本研究提供全球视野，将中国本土研究与国际研究有效结合。三是立足理论文献，依托调查研究。在研究过程中，理论文献是本研究的重要支撑，也是本研究中国路径的重要参照，同时参照已有的调查报告，譬如中国教育财政家庭调查报告、全国家庭教育状况调查报告。

二、样本选择

本研究的调查对象是义务教育阶段的学生及其家长，并以湖北省为调查省份探讨家庭教育问题。选择湖北省主要有三个理由：

一是湖北省地处中部地区，历来重视教育，是教育大省，其教育发展具有一定的典型性。湖北省地处中原腹地，拥有独特的地理优势和战略地位，起着承东启西、贯通南北的作用，湖北历史上的楚国形成了特征鲜明的楚文化和荆楚精神。而近代，湖北也一度成为近代工业、军事、教育的中心，有着重视教育的传统。自改革开放以来，湖北发展的相对速度慢了下来，在我国东、中、西部的经济版图中，中部省份发展水平落后于东部，发展速度落后于西部。与之对应，中部地区义务教育投入存在“水平塌陷”与“低水平均衡”现象，存在“增长塌陷”，并有可能长期陷入“低水平陷阱”，如何解决“教育中部塌陷”成为促进教育公平的重要抉择[①]。湖北作为中部地区的代表省份，探讨其教育发展具有重要的政策价值。

二是在城镇化影响下，湖北省既是劳务输出大省，也是重要的劳务接收大省，在湖北省内有大量留守儿童家庭、随迁子女家庭、单亲家庭等多元结构的家庭，探讨湖北省的家庭教育可覆盖各种特殊结构的家庭，能在一定程度上反映城镇化对家庭的影响。数据显示，2020 年末，全省共有家庭 1 764 万户，常住人口 5 775.26 万人，其中城镇人口 3 632.04 万人，乡村人口 2 143.22 万人，城镇化率达到 62.89%[②]，有留守儿童近 110 万，其中农村留守儿童教育问题较为突出。此外，2020 年湖北省粗离婚率为 3.3%，且呈逐年上升的趋势，这说明单亲家庭的教育问题将成为未来一段时间的关注议题。由此可见，多元的教育发展模式、多样的家庭结构使得湖北省教育特别是家庭教育具有一定代表性。

三是湖北省积极回应国家有关家庭教育的政策，并作了积极探索。近年来湖北省委省政府高度重视家庭教育发展，扎实推进家庭教育指导与服务工作，取得了新的成效：其一是初步建立了与我省发展状况相适应的家庭教育工作机制，构建了覆盖城乡的家庭教育指导服务体系；其二是初步形成了家庭教育专职工作者、专家、社工和志愿者专兼职结合的工作队伍；其三是家庭教育指导服务网络不断拓展，社区指导服务阵地和新媒体指导服务平台快速发展；其四是全省重视和支持家庭教育社会氛围不断浓厚，家长家庭教育能力稳步提升。2017 年出台的《家庭教育指导与服务“十三五”规划》，提出实施“家庭教育八大工程”，开展家庭教育理论研究和实践探索，推进家庭教育立法进程及相关政策制定；2021 年实施的《湖北省家庭教育促进条例》，加强政府对家庭教育工作的支持，促进家庭教育事业发展。这些家庭教育相关政策的出台，对于推动家庭教育指导服务作出了重要贡献。

在确定湖北省作为主要调研地后，本研究选择采用整群抽样和随机

---

① 雷万鹏，钱佳，马红梅．中部地区义务教育投入塌陷问题研究[J]．教育与经济，2014(6)：3-9.

② 数据来自 2021 年湖北省统计年鉴。

抽样相结合的方式进行抽样，为保障研究的科学性，本次调研对象的选择覆盖到各层次、地区、类别的家庭，样本选取程序如下：

（1）在湖北省按照社会经济发展水平和地理位置等因素选取样本市。从社会经济发展水平来看，湖北省呈现“中间高，两边低”的态势，地处湖北中部的宜昌市、荆州市等地区社会经济发展水平较高，地处西南的恩施州、西北的十堰市、东南的咸宁市等地区社会经济发展水平较低。鉴于此，本研究基于东、中、西三个不同的地理位置以及社会经济发展水平的高低，选择了恩施市、宜昌市、十堰市、襄阳市、荆门市、荆州市、武汉市、咸宁市 8 个市作为样本市。

（2）在确定的市内根据经济发展水平选取一个经济较为发达的县、一个经济发展水平一般的县、一个经济发展水平相对落后县，比如荆门市选择了城区东宝区、经济发展水平一般的钟祥市以及经济发展较为落后的沙洋县。共选择 18 县（市、区）作为本研究的样本县（市、区）。需要说明的是，部分样本市因为行政协调原因，未能完全按照这三个等级进行样本县的选择，只能选择其中的一个县或者两个县，比如恩施州因各方面原因只选择了恩施市一个样本市。

（3）每个样本县分别选取一个城关镇（县城），一个经济发展水平中等的乡镇，一个位置相对边远、经济欠发达乡镇。根据所在区域，采用非概率抽样中的偶遇抽样方法，即研究者在乡镇中选择 30 至 50 个容易找到的或者偶然遇到的家庭进行入户调查，覆盖不同区域、不同性质、不同等级的家庭。家庭中的父母/监护人与学生同时对问卷进行填写，并采取统一编号，问卷录入完毕后对两套问卷进行匹配。

课题组最终以家庭为单位发放问卷，共发放家长问卷 3 000 份，回收有效家长问卷 2 603 份，有效回收率为 86.77%，共发放学生问卷 3 100 份，回收学生问卷 2 859 份，有效回收率为 92.26%。将家长问卷和学生问卷进行匹配，形成“家长-学生”数据库，原始可匹配问卷 2 125 份。其中，高中 221 份、幼儿园 54 份、初中 501 份、小学 1 349 份，鉴于本研究主要探讨的是义务教育阶段学生的家庭教育状况，因此在具体分析的过程中选择义务教育阶段的 1 850① 份有效数据进行分析。问卷调查样本分布如表 3-5 所示。

表 3-5　义务教育阶段儿童样本分布情况

样本市（州）	样本县（市/区）	样本量
恩施州	恩施市	106
宜昌市	西陵区、伍家岗区、秭归县	317
十堰市	茅箭区、丹江口市	261
襄阳市	襄城区、枣阳市	152
荆门市	东宝区、钟祥市、沙洋县	388
荆州市	沙市区、松滋市	134
武汉市	洪山区、武昌区、东西湖区	151
咸宁市	咸安区、通城县	341
合　计		1 850

第四节　样 本 描 述

一、家庭基本情况

（一）家庭基本信息

由表 3-6 可知，家庭的基本特征为：（1）从城乡分布来看，城市家庭占 39. 3%，县镇家庭占 40. 1%，乡村家庭占 20. 6%；（2）从是否流动来看，流动家庭占 35. 9%，占总样本的三分之一；（3）从家庭结构来看，完整家庭占 87. 8%，单亲家庭占 8. 4%，再婚家庭占 3. 8%，虽然目前仍以完整家庭为主，但是其他家庭形式也在逐渐增加，家庭结构形式逐渐多样；（4）从家庭经济来看，登记在册的贫困户占 10. 7%，这表明

① 义务教育阶段的 1 850 份问卷在不同题项上存在缺失，故在后续统计中统计软件会自动删除部分数据，进入统计的并非全部的 1 850。

贫困家庭仍占一定比例，如何帮助这部分家庭脱贫，这部分家庭的家庭教育状况如何仍是值得深入研究的问题；（5）家长平均年龄为42.7岁，处于壮年时代；（6）从父母工作情况来看，父母从外地来本地工作的占7.7%，父母一直在本地工作的占60.9%，父母至少有一人在外地工作的占31.4%，表明留守儿童和随迁子女仍占较大比例。

表3-6　家庭基本信息表

类别	值	类别	值	类别	值
城乡分布（%）		**父母工作情况（%）**		**家庭结构（%）**	
城市	39.3	父母从外地来本地工作	7.7	完整家庭	87.8
县镇	40.1	父母一直在本地工作	60.9	单亲家庭	8.4
乡村	20.6	父母至少有一人在外地工作	31.4	再婚家庭	3.8
家长平均年龄（岁）	42.7	**家庭贫困户（%）**	10.7	**流动家庭(%)**	35.9

（二）结构性家庭环境

表3-7的信息显示，家庭社会经济文化地位的平均得分为7.79，具体来看：（1）从家长学历背景来看，父亲平均受教育年限为11.2年，母亲平均受教育年限为11.0年，家长平均以高中学历为主。（2）从家长职业背景来看，父亲职业以工人为主，占样本总体的33.8%，其次是个体户或商业人员，占样本总体的21.4%，紧接着是农民，占样本总体的12.6%，专业技术人员、办事人员、商业服务人员、经理、私营企业老板分别占样本总体的8.7%、5.7%、5.1%、4.5%、4.4%；母亲职业以个体户或商业人员、工人、商业服务人员为主，分别占样本总体的19.3%、17.4%、16.0%，母亲职业为经理、私营企业老板、党政机关单位领导干部的比例较低，分别占2.0%、1.7%、0.7%。总体来看，父亲职业比母亲职业更好，母亲待业/失业/退休人员的比例占13.7%。（3）从家庭社会经济文化地位来看，平均得分为7.79分。具体来看，家庭经济水平处于非常困难的家庭占3.4%，比较困难的家庭占12.3%，一般的家庭占76.9%，比较富裕的家庭占6.9%，非常富裕的家庭占0.5%，仍有15%左右的家庭经济困难。从家庭结构来看，双亲家庭占53.5%，单亲家庭

占26.3%，双亲缺席家庭占20.2%，这表明，城镇化背景下，单亲家庭和双亲缺席家庭占比近一半，如何保障这些家庭结构不完整的儿童的全面发展是新时代对家庭和社会的重要考验。

表 3-7 结构性家庭环境信息表

类别	值	类别	值	类别	值
母亲职业（%）		**父亲职业（%）**		**家庭结构（%）**	
待业/失业/退休人员	13.7	待业/失业/退休人员	2.4	双亲家庭	53.5
农民	13.6	农民	12.6	单亲家庭	26.3
工人	17.4	工人	33.8	双亲缺席家庭	20.2
商业服务人员	16.0	商业服务人员	5.1	**家庭经济状况（%）**	
个体户或商业人员	19.3	个体户或商业人员	21.4	非常困难	3.4
办事人员	5.1	办事人员	5.7	比较困难	12.3
专业技术人员	10.4	专业技术人员	8.7	一般	76.9
私营企业老板	1.7	私营企业老板	4.4	比较富裕	6.9
经理	2.0	经理	4.5	非常富裕	0.5
党政机关单位领导干部	0.7	党政机关单位领导干部	1.4	**家庭社会经济文化地位平均得分（分）**	7.79

（三）过程性家庭环境

由表3-8可知，家长平均希望孩子的最高受教育年限为18.3年，即大部分家长希望孩子能接受到硕士研究生教育，这也说明家长对孩子抱有较高的教育期望。从亲子互动来看，生活陪伴得分为4.24分，学习监管得分为3.61分，而文化教育得分仅为2.09分，未达到总分5分的一半，这表明调查的家长与孩子一起参观博物馆、动物园、科技馆等场所以及与孩子一起外出看演出、体育比赛、电影等活动的频率较低，还有待加强。从亲子关系来看，亲子关系得分为4.23分，总体来看，被调查对象的亲子关系较好。从家庭教养方式来看，溺爱型教养方式占9.1%，专制型教养方式占26.3%，忽视型教养方式占7.2%，权威型教养方式占57.4%，总体来看，目前的家庭仍以权威型教养方式为主，专制型次之。

过去，受到儒家文化“长幼尊卑有序”和传统教育观念“棍棒底下出才子”的长期影响，家庭作为一种社会组织方式依靠等级形成家庭规则，家长注重对孩子行为的指导和约束，更倾向于采取专制型教养方式。调查显示，现在仍有超四分之一的家长采用专制型教养方式（26.3%）。随着改革开放、市场化转型和全球化等带来的社会经济文化变迁，家长的养育观念发生了变化，教养方式逐渐从专制型向权威型转变。伴随独生子女政策实施，中国家庭形成了由祖辈、父辈和孙辈组成的“4-2-1”倒立型结构，教育观念由父权主义转变为以子女为中心，亲子间的沟通交流和情感表达增加，权威型教养方式渐成主流。

表 3-8 过程性家庭环境信息表

类别	值	类别	值
家长教育期望（年）	18.3	家庭教养方式（%）	
生活陪伴（分）	4.24	溺爱型	9.1
文化教育（分）	2.09	专制型	26.3
学习监管（分）	3.61	忽视型	7.2
亲子关系（分）	4.23	权威型	57.4

二、儿童基本情况

表 3-9 显示，学生的基本特征为：（1）从人口学特征来看，男生占比为 50.6%，女生占比为 49.4%；独生子女占 54.1%，非独生子女占 45.9%；（2）从学段来看，调查的学生以小学生为主，占样本总体的 72.7%，其次是初中生，占样本总体的 27.3%；（3）从成绩排名来看，以中等及以上学生为主，中等生占 33.8%，排名中上的学生占 34.4%，前几名的学生占 15.7%；（4）从学生学习态度来看，学习不认真的学生占 16.6%，态度一般的学生占 30.0%，超过半数的学生学习态度认真（53.4%）；（5）从行为表现来看，大部分学生行为表现好（62.0%），行为表现一般的学生占 33.1%，行为表现差的学生仅占 5.0%；（6）从健康状况来看，绝大部分学生身体健康（84.6%），身体健康状况一般的

占 12. 7%，仅有 3. 9% 的学生身体状况不佳。

表 3-9　儿童基本信息表

类别	值	类别	值	类别	值
性别（%）		**成绩排名（%）**		**行为表现（%）**	
男生	50. 6	后几名	3. 6	非常差	0. 8
女生	49. 4	中下	12. 5	比较差	4. 2
家庭结构（%）		中等	33. 8	一般	33. 1
独生子女	54. 1	中上	34. 4	比较好	49. 2
非独生子女	45. 9	前几名	15. 7	非常好	12. 8
学习态度（%）		**是否上过幼儿园（%）**		**健康状况（%）**	
很不认真	3. 5	没有	1. 4	很不好	1. 1
不太认真	13. 1	是的，上过一年或一年不到	15. 9	不太好	1. 7
一般	30. 0	是的，上幼儿园超过一年	82. 7	一般	12. 7
比较认真	41. 5	**学段（%）**		比较好	34. 5
很认真	11. 9	小学	72. 7	很好	50. 0
		初中	27. 3		

第四章　家庭环境与儿童学习适应性

我们处在一个剧变的时代，快速的技术革新要求人们必须迅速适应新的学习环境、工作环境和生活方式，调整和改变策略以适应新环境的要求，这是每个人在变动不止的时代都必须具备的非认知能力。适应性已成为21世纪学习、工作和行使公民权利及履行公民义务的关键能力。埃里克·霍夫尔曾说：在面临变化时，学习者在尘世之间安于现状，而博学者却发现自己从容地做好了准备，去面对一个从不存在的世界。

适应强调个体与环境的关系。随着城镇化的推进、信息化的快速发展，人们的生活环境、家庭结构、家庭教育价值观不断变化，这要求个体适应社会的快速发展与变化。比如农村留守儿童要适应父母外出后的亲子分离状态，城市随迁子女要适应跟随父母到大城市后的学习环境，城市本地儿童要适应不断增加的外来人口，农村非留守儿童要适应农村文化环境。对于义务教育阶段的学生而言，学习是他们的主要任务，不断变化的社会要求他们不断接受新知识、适应新教学方式，比如信息化教学方式、慕课、翻转课堂等。是否有适应学习环境、学习条件、学习内容变化的能力，对于他们能否取得较好的学业成就有重要影响。

学习适应性指的是学生在学习过程中不断调整自身，以适应学习内容、学习方法、学习环境变化的能力。学习适应性不仅表现为学习者对教学方式和学习环境的被动“顺应”，更表现为学习者在学习过程中不断提升自己的学习能力以取得更为持续的学习效能。学习适应性体现了个体积极适应环境的能力，以及个体面临环境变化时由“平衡—不平衡—新的平衡”的动态转化过程。学习适应性与学业成就显著相关，良好的学习适应性有助于儿童取得较高学业成就[①]。学习适应性强的学生有更远大的目标，能更好地跟上课程节奏并积极参与课堂学习，能体验到更多学习乐趣。有研究利用适应框架，认为学习适应性能正向预测个体的主观幸福感，因为学习适应性强的学生在面对日常的学术挑战和困难时更有活力，更有可能通过自我调节解决困难，形成更高的心理健康水平和生活满意度[②]。因此，研究义务教育阶段儿童学习适应性发展状况具有重要的价值和意义。

作为非认知能力发展的重要指标之一，儿童学习适应性发展受到个体特征、学校因素、家庭环境等变量直接或间接的影响。已有研究主要将视野集中于学校环境，认为教师职称、教学经验、师生关系是影响儿童学习适应性的重要因素[③]，普遍缺乏从教育生态视野审视儿童学习适应性的形成与发展，尤其是对家庭的作用关注不够。改革开放以来，随着城镇化的快速发展，社会转型对家庭结构、家庭功能和家庭观念产生了巨大冲击，许多家庭难以应对迅速变化的社会环境，也没有能力教育子女如何适应变化的学习环境，导致很多孩子学习适应性不高。比如部分城市随迁子女由于家庭背景、生活习惯、思想观念与城市儿童存在较大差距，不能适应城市学校的学习节奏，不能融入新的学校环境、人际关系，成为被边缘化的一代。因此，如何帮助家长实现家庭教养方式、家庭交流互动方式的合理化，以提升儿童的学习适应性是我们关注的重点。

在城镇化进程中，儿童面临的学习环境越发复杂，如何让儿童适应复杂的社会环境成为一个重要的议题。那么，儿童的学习适应性发展现状如何？在影响儿童学习适应性发展的诸多因素中，什么样的家庭环境

---

① NEGRU-SUBTIRICA O, POP E I. Longitudinal Links Between Career Adaptability and Academic Achievement in Adolescence [J]. Journal of Vocational Behavior, 2016, 93 (4): 163-170.

② DIENER E, LUCAS R, SCOLLON C N. Beyond the Hedonic Treadmill: Revising the Adaptation Theory of Well-being [J]. American Psychologist, 2006 (61): 305-314.

③ DU P. Factors Influencing Students' Adaptability in School: A Production Function Model and Multilevel Analysis [J]. Chinese Education & Society, 2008, 41 (5): 21-35.

更有利于儿童形成较高的学习适应性？家庭环境影响儿童学习适应性发展的机制是什么？家庭环境对儿童学习适应性的影响在城市随迁子女、农村留守儿童、城市本地儿童和农村非留守儿童之间是否存在差异？为回答上述问题，本章内容以义务教育阶段儿童学习适应性为因变量，重点探讨家庭环境对儿童学习适应性的影响路径与机制是什么，并进一步考虑如何形成有利于提高儿童学习适应性的家庭环境。

第一节　儿童学习适应性现状描述

一、学习适应性的整体描述

从全部学生样本来看，义务教育阶段儿童的平均学习适应性得分为60.44分，最高分为100分，最低分为3.60分，标准差15.01。数据显示，在全部1 850个儿童中，儿童学习毅力得分的第一四分位数为49.28，第二四分位数亦即中位数为60.85，第三四分位数为72.35，中位数和均值相近，表明儿童的学习毅力得分呈正偏态分布，图4-1的学习适应性的直方分布图也反映了儿童的学习适应性呈正偏态分布。

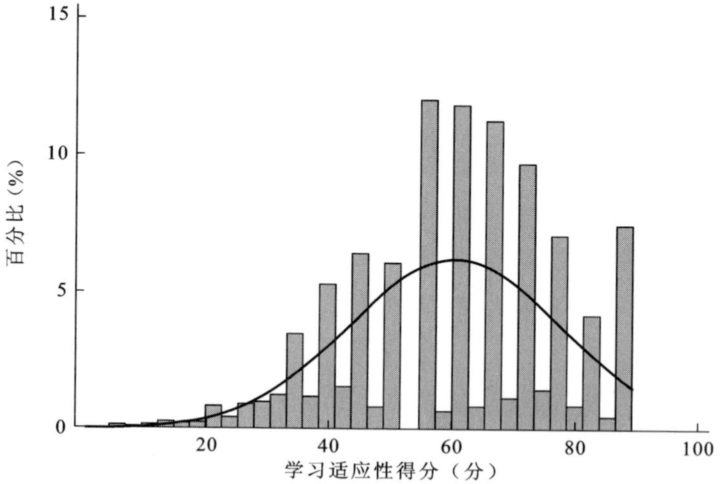

图4-1　儿童学习适应性分布直方图

从儿童学习适应性来看，在取样的 8 个市中，宜昌市儿童的学习适应性整体水平最好，平均得分为 67.60 分，远高于总体均值和中位数。接下来依次是武汉市、十堰市、荆州市、襄阳市、咸宁市、恩施市，其学习适应性得分均值依次为 63.62、61.99、60.64、59.70、59.18、56.77，荆门市儿童学习适应性得分最低，仅 54.75。从地区内部差异来看，荆门市儿童学习适应性得分标准差为 17.75，荆门市内部儿童学习适应性差异较大，恩施市儿童学习适应性得分标准差为 15.66，相较于其他地区而言，恩施市个体间差异相对较小。单因素方差分析结果显示，儿童平均学习适应性有显著的地区差异，F 值为 16.79，显著性检验 $p<0.001$。从箱型图（图 4-2）也可以看出儿童学习适应性的地区差异，武汉市、宜昌市、十堰市儿童学习适应性的中位数高于样本总体均值，荆州市、咸宁市、恩施市儿童学习适应性的中位数与总体均值持平，荆门市、襄阳市儿童学习适应性的中位数低于样本总体均值。

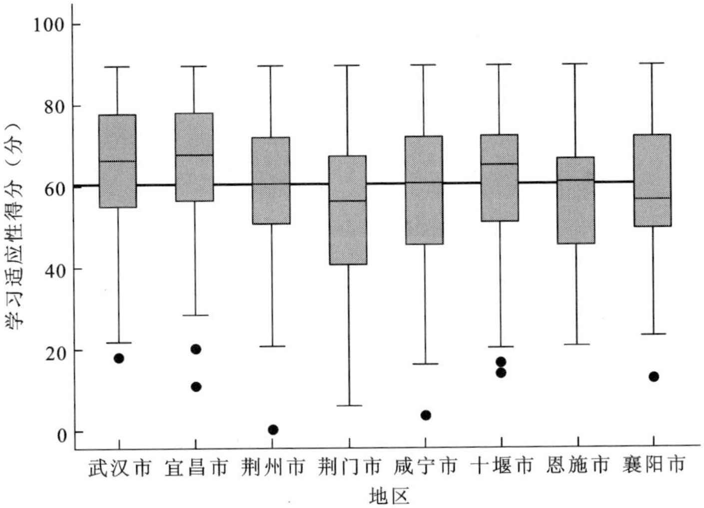

图 4-2　各地区儿童学习适应性箱型图

二、学习适应性的差异分析

（一）个体差异分析

表 4-1 显示，就性别来看，女生得分为 61.22 分，显著高于男生的

59.62分，儿童学习适应性发展存在显著的性别差异（$t=1.98$，$p<0.05$）。从是否独生子女来看，独生子女得分为61.86分，非独生子女得分为58.84分，独生子女和非独生子女学习适应性得分存在显著差异（$t=3.76$，$p<0.001$）。从是否担任班干部来看，担任班干部儿童得分为64.57分，未担任班干部儿童得分为57.29分，儿童学习适应性得分在是否担任班干部上存在显著差异（$t=9.21$，$p<0.001$）。从学段来看，小学低年级的平均得分为59.01分，小学高年级的平均得分为62.08分，初中的平均得分为59.89分，单因素方差分析结果显示，F值为5.65，显著性检验$p<0.001$，儿童的学习适应性发展存在显著的学段差异，且小学高年级学生的学习适应性得分最高。

表4-1　儿童学习适应性发展个体差异

个体特征	属性	均值	标准差	t
性别	男生	59.62	17.39	1.98*
	女生	61.22	17.00	
独生子女	独生子女	61.86	17.11	3.76***
	非独生子女	58.84	17.22	
担任班干部	担任班干部	64.57	16.16	9.21***
	未担任班干部	57.29	17.36	
个体特征	属性	均值	标准差	F
学段	小学低年级	59.01	17.22	5.65***
	小学高年级	62.08	17.26	
	初中	59.89	16.67	

注：显著性水平，+表示$p<0.1$，*表示$p<0.05$，**表示$p<0.01$，***表示$p<0.001$，后表同。

（二）家庭差异分析

1. 家庭社会经济文化地位

家庭社会经济文化地位根据均值和标准差，可分为中下水平、中等水平、中上水平3个等级，从中下水平到中上水平分别为低于均值一个标准差、均值一个标准差内、高于均值一个标准差。表4-2显示，儿童学习适应性发展在家庭社会经济文化地位上存在显著差异。家庭社会经济文化地位处于中下水平的儿童学习适应性得分为 54. 86 分，处于中等水平的得分为 60. 21 分，处于中上水平的得分为 66. 45 分，单因素方差分析结果显示，F 值为 38. 36，显著性检验 $p<0.001$。对三类家庭进行两两比较发现，儿童学习适应性：中上水平>中等水平>中下水平，亦即较低家庭社会经济文化地位不利于儿童学习适应性发展，较高家庭社会经济文化地位更有利于儿童学习适应性发展。

表 4-2　家庭社会经济文化地位与儿童学习适应性发展

家庭社会经济文化地位	样本量	均值	标准差	F
中下水平	302	54. 86	17. 80	
中等水平	1 099	60. 21	17. 19	38. 36***
中上水平	351	66. 45	15. 49	

2. 家庭结构

表 4-3 结果显示，儿童学习适应性发展在家庭结构上存在显著差异。双亲缺位家庭儿童得分为 56. 48 分，单亲家庭儿童得分为 60. 35 分，双亲家庭儿童得分为 62. 02 分。单因素方差分析结果显示，F 值为 14. 10，显著性检验 $p<0.001$。对三类家庭进行两两比较发现，儿童学习适应性：双亲家庭>单亲家庭>双亲缺位家庭，亦即双亲缺位家庭最不利于儿童学习适应性发展，双亲家庭更有利于儿童学习适应性发展。总体来看，双亲缺位家庭儿童的学习适应性发展最差，双亲家庭儿童学习适应性发展最好。

表 4-3　家庭结构与儿童学习适应性发展

家庭结构	样本量	均值	标准差	F
双亲缺位家庭	368	56. 48	18. 62	
单亲家庭	486	60. 35	16. 69	14. 10***
双亲家庭	989	62. 02	16. 71	

3. 家庭教养方式

表 4-4 显示，儿童学习适应性发展在家庭教养方式上存在显著的差异。接受溺爱型教养方式的儿童平均得分为 57.48 分，接受专制型教养方式的儿童得分为 56.98 分，接受忽视型教养方式的儿童得分为 53.06 分，接受权威型教养方式的儿童得分为 63.47 分，接受权威型教养方式的儿童学习适应性得分远高于其他类型教养方式。单因素方差分析结果显示，F 值为 28.29，显著性检验 $p<0.001$。对四类家庭进行两两比较结果显示，儿童学习适应性：权威型教养方式>溺爱型教养方式>专制型教养方式>忽视型教养方式，且两两之间的结果在统计上显著。这表明，权威型教养方式最有利于儿童学习适应性发展，忽视型教养方式最不利于儿童学习适应性发展。

表 4-4 家庭教养方式与儿童学习适应性发展

家庭教养方式	样本量	均值	标准差	F
溺爱型	167	57.48	15.86	
专制型	486	56.98	16.71	28.29^{***}
忽视型	131	53.06	17.38	
权威型	1 059	63.47	17.00	

（三）学校差异

表 4-5 显示，儿童学习适应性发展在学校教育质量上存在显著差异。学校教育质量从“最好”到“最差”，儿童学习适应性得分依次为 63.15、62.56、59.19、54.40、53.16。单因素方差分析结果显示，F 值为 11.19，显著性检验 $p<0.001$，表明不同学校教育质量的儿童学习适应性发展存在显著差异，学校教育质量越好，儿童的学习适应性水平越高。从学校性质来看，公办学校儿童学习适应性得分为 60.66 分，民办学校儿童学习适应性得分为 59.69 分，公办学校和民办学校儿童学习适应性的差异在统计上不显著。

表 4-5　学校差异与儿童学习适应性发展

学校教育质量	样本量	均值	标准差	F
最差	27	53.16	20.69	
中下	154	54.40	16.79	
中等	732	59.19	17.82	11.19***
中上	713	62.56	16.25	
最好	217	63.15	16.54	
学校性质	样本量	均值	标准差	t
公办学校	1 492	60.66	16.81	0.94
民办学校	351	59.69	18.90	

（四）城乡背景差异

就城乡分布而言，城市儿童学习适应性得分最高，平均得分为63.16，县镇儿童次之，平均得分为60.48分，乡村儿童学习适应性得分最低，平均得分为56.79分。单因素方差分析结果显示，F 值为20.46，显著性检验 $p<0.001$，表明乡村、县镇、城市儿童学习适应性水平存在显著差异。就儿童的流动状态来看，城市本地儿童学习适应性整体发展最好，平均得分为63.47分，其次是城市随迁子女，平均得分为61.12分，紧接着是农村非留守儿童，平均得分为58.53分，农村留守儿童学习适应性得分最低，仅57.56分。单因素方差分析结果显示，F 值为13.04，显著性检验 $p<0.001$，表明城市本地儿童、城市随迁子女、农村非留守儿童、农村留守儿童学习适应性发展存在显著差异。详见表4-6。

表 4-6　城乡背景与儿童学习适应性发展

城乡背景	维度	样本量	均值	标准差	F
城乡分布	乡村	503	56.79	16.69	20.46***
	县镇	635	60.48	16.90	
	城市	703	63.16	17.41	

续表

城乡背景	维度	样本量	均值	标准差	F
儿童流动状态	城市本地儿童	671	63.47	16.83	13.04***
	城市随迁子女	265	61.12	17.28	
	农村非留守儿童	513	58.53	16.99	
	农村留守儿童	392	57.56	17.36	

第二节　家庭环境对儿童学习适应性影响研究

一、研究假设

学习适应性反映了学生对学业需求的适应能力、对学习过程的态度、对学习活动的参与情况以及学习的努力程度，它直接影响学生学习的效率和质量。学习适应性能够有效促进学业进步，良好的学习适应性是学生取得较高学业成就的前提条件。已有关于学习适应性影响因素的研究表明，个体特征、学校因素、家庭环境等变量直接或间接对学生学习适应性产生影响。其中，家庭环境是影响儿童学习适应性最重要最持久的因素之一①。

已有研究表明，家庭环境对儿童学习适应性的影响主要包括如下方面：一是家庭社会经济文化地位对儿童学习适应性有显著的影响，高社会经济文化地位家庭的儿童表现出更多的亲社会行为，且家庭社会经济文化地位通过影响儿童的学习策略、学习动机对儿童学习适应性产生间接影响②；二是家长参与和亲子互动等行为有助于对儿童学习适应性发展，亲子沟通质量与儿童的生活学习满意度成正比关系，亲子沟通频率

① 雷万鹏，向蓉．留守儿童学习适应性与家庭教育决策合理性[J]．华中师范大学学报（人文社会科学版），2018，57（6）：174-182.

② BOURDIEU P. Cultural Reproduction and Social Reproduction [J]. Tavistock，1973（178）：71-112.

的增加能有效提高儿童的学习适应性①；三是家庭教养方式对儿童的学习适应性发展有显著的作用，接受权威型教养方式的儿童学习适应性发展最好，紧接着是接受溺爱型教养方式和专制型教养方式的儿童，接受忽视型教养方式的儿童学习适应性发展最差。以上研究表明，儿童学习适应性的发展不仅与家庭社会经济文化地位等结构性变量相关，也与亲子互动、家庭教养方式等过程性变量相关，良好的家庭环境与氛围有助于学生适应不断变化的学习环境、学习任务。由此本研究提出如下假设：

假设 H1：家庭社会经济文化地位对儿童学习适应性有显著的积极影响。

假设 H2：家庭结构对儿童学习适应性有显著的影响，与双亲家庭相比，双亲缺席和单亲家庭均不利于儿童学习适应性发展。

假设 H3：家长教育期望对儿童学习适应性有显著的正向影响。

假设 H4：亲子互动频率越高，儿童学习适应性越好。

假设 H5：家庭教养方式对儿童学习适应性有显著的影响，相较而言，权威型教养方式下的儿童学习适应性更好。

假设 H6：亲子关系对儿童行为表现发展有显著正向作用。

家庭社会经济文化地位不仅直接对儿童学习适应性产生影响，也会通过改变子女接受优质教育的机会对儿童学习适应性产生间接影响。已有研究表明，家庭可以利用社会、经济资源为其子女争取优质的教育机会，进入优质学校就读。优质学校不仅有优质的师资队伍，还有良好的文化氛围，教师会对儿童形成积极的支持和关爱，这会对儿童的良好发展起到促进作用②。基于此，本研究提出如下假设：

假设 H7：家庭社会经济文化地位通过改变儿童接受优质教育的机

---

① SON S H, MORRISON F J. The Nature and Impact of Changes in Home Learning Environment on Development of Language and Academic Skills in Preschool Children [J]. Developmental Psychology, 2010, 46 (5): 1103-1118.

② 李忠路，邱泽奇. 家庭背景如何影响儿童学业成绩?：义务教育阶段家庭社会经济地位影响差异分析[J]. 社会学研究，2016，31 (4)：121-144.

会，进而影响儿童学习适应性。

已有研究发现，家庭社会经济文化地位等静态的家庭环境还通过影响亲子互动、家庭教养方式等动态的家庭环境进而影响儿童非认知能力发展。杨中超基于中国教育追踪调查2013—2014年的相关数据发现，在影响学生认知能力和非认知能力上存在一条“家庭背景—家长参与—非认知能力”的路径机制①。有研究发现，家庭社会经济文化地位较低的家长多以分离责任来面对孩子教育，即家长在家中以“管”为主，教师在学校以“教”为主，将家长和学校对孩子的教育责任互相分开，相反，中上阶层的家长则多以分享责任来参与孩子的教育过程，即家长与老师之间互相配合，一起为促进孩子的进步努力②。研究还表明，中产阶级父母倾向于在与子女的互动中进行“协同培养”和有目的的实践，以结构化的方式安排子女的日常生活和活动，以增强认知和非认知技能的发展；相比之下，工人阶级父母倾向于较少地干预孩子的成长，允许他们的孩子自然地成长，较少参与孩子的生活和学习，于是父母在孩子成长过程中起到的作用较小③。基于此，本研究提出如下假设：

假设H8：过程性家庭环境在家庭社会经济文化地位与儿童学习适应性之间起着中介效应。

二、家庭环境对儿童学习适应性的影响：回归结果

在进行路径分析之前，需要先了解家庭环境各变量对儿童学习适应性的影响，表4-7估计了家庭环境对儿童学习适应性的影响。采用逐项回归的方法，模型1主要考察儿童个体特征、学校特征、城乡特征等控制变量对儿童学习适应性的影响，为基准模型。模型2至模型4在模型1

① 杨中超．家庭背景与学生发展：父母参与和自我教育期望的中介作用[J]．教育经济评论，2018，3（3）：61-82.

② LEVINE D U，LEVINE R F，ORNSTEIN A C. Guidelines for Change and Innovation in the Secondary School Curriculum[J]. NASSP Bulletin，1985，69（481）：9-14.

③ LAREAU A. Unequal Childhoods：Race，Class and Family Life [M]. CA：University of California Press，2011.

的基础上，依次加入结构性家庭环境、过程性家庭环境、学校教育质量三个变量。模型 1 至模型 4 模型的 R^2 从 0.160 增加至 0.220，表明模型对儿童学习适应性有较好的解释力（详见表 4-7），分析结果如下。

表 4-7　家庭环境对儿童学习适应性的影响

变量	学习适应性得分			
	模型 1	模型 2	模型 3	模型 4
城乡背景因素				
农村[a]	−2.680*(1.139)	−2.932*(1.198)	−2.998*(1.184)	−2.852*(1.182)
城市[a]	0.612(1.280)	−0.457(1.321)	−0.120(1.319)	−0.853(1.301)
城市本地儿童[b]	1.886(1.498)	0.776(1.553)	0.309(1.560)	0.774(1.535)
城市随迁子女[b]	−0.044(1.687)	0.863(1.753)	−0.326(1.785)	0.313(1.770)
农村留守儿童[b]	−1.531(1.146)	0.672(1.282)	−0.417(1.329)	−0.314(1.331)
儿童个体因素				
男生	−0.750(0.792)	−0.486(0.821)	−0.923(0.813)	−0.308(0.810)
独生子女	2.831***(0.806)	2.314**(0.837)	2.671**(0.830)	2.121*(0.825)
小学高年级[c]	4.173***(0.938)	3.745***(0.976)	3.804***(0.973)	3.013**(0.971)
初中[c]	1.888+(1.045)	2.899**(1.099)	1.988+(1.075)	2.718*(1.097)
担任班干部	5.890***(0.813)	5.537***(0.848)	5.376***(0.845)	4.686***(0.842)
学校因素				
公立学校	0.968(1.044)	1.068(1.092)	0.983(1.087)	1.371(1.078)
学校教育质量	1.769***(0.466)	1.312**(0.489)	1.390**(0.488)	0.943+(0.487)
家校合作	2.135***(0.445)	0.913+(0.520)	1.878***(0.459)	0.863(0.532)
教师关注度	3.085***(0.411)	3.042***(0.429)	3.223***(0.422)	2.492***(0.437)
结构性家庭环境		2.655**(0.976)		
家庭社会经济文化地位			1.049***(0.246)	0.666**(0.251)
双亲缺席[d]			−1.307(1.294)	−0.245(1.310)
单亲家庭[d]			0.004(1.104)	0.636(1.094)
过程性家庭环境		2.951***(0.654)		
家长教育期望				0.402**(0.141)

续表

变量	学习适应性得分			
	模型 1	模型 2	模型 3	模型 4
生活陪伴				0.904(0.652)
文化教育				2.530***(0.593)
学习监管				−0.966+(0.532)
溺爱型教养方式e				−1.696(1.464)
专制型教养方式e				−2.808**(1.029)
忽视型教养方式e				−2.290(1.769)
亲子关系				3.223***(0.543)
常数项	29.46***(2.742)	34.76***(3.036)	24.26***(3.116)	8.426+(4.899)
N	1 637	1 519	1 556	1 519
R^2	0.160	0.186	0.176	0.220

注:(1)括号内为标准误差;(2)a 表示以县镇为参照,b 表示以农村非留守儿童为参照,c 表示以小学低年级为参照,d 表示以双亲家庭为参照,e 表示以权威型教养方式为参照。此处注释,全书通用。

1. 儿童个体特征、学校特征、城乡特征对儿童学习适应性的影响

模型 1 的结果显示,儿童学习适应性在城乡之间有显著的差异,相较于县镇儿童,农村儿童学习适应性显著低 2.680 分($p<0.05$),城市儿童学习适应性高 0.612 分,但在统计上不显著。数据显示,农村留守儿童和城市随迁子女学习适应性最低,城市本地儿童学习适应性最高,但在统计上不显著。就儿童个体特征来看,男生和女生的学习适应性没有显著差异;独生子女学习适应性比非独生子女高 2.831 分,且在 0.1% 的水平上显著;儿童的学习适应性存在显著的学段差异,相较于小学低年级儿童,小学高年级儿童的学习适应性得分显著高 4.173($p<0.001$),初中儿童的学习适应性得分显著高 1.888 分($p<0.1$);担任班干部的儿童学习适应性得分比未担任班干部儿童高 5.890 分,且在 0.1% 的水平上显著。从学校特征来看,学校性质对儿童学习适应性没有显著影响;学校教育质量对儿童学习适应性有显著正向影响($p<0.001$),学校教育质量每提高一个档次,儿童学习适应性得分增加 1.769 分;家校合作对儿童学习适应性有显著的正向

影响（$p<0.001$），家校合作越频繁，儿童学习适应性得分越高，家校合作每提升 1 单位，儿童学习适应性得分增加 2.135 分；教师关注度对儿童学习适应性有显著的正向作用（$p<0.001$），教师关注度越高，儿童学习适应性得分越高，教师关注度每提升 1 单位，儿童学习适应性得分增加 3.085 分。

2. 结构性家庭环境对儿童学习适应性的影响

模型 2 是在模型 1 的基础上，加入结构性家庭环境和过程性家庭环境两个变量后的结果。采用因素分析法将家庭社会经济文化地位和家庭结构两个变量合成结构性家庭环境变量，将家长教育期望、亲子互动、家庭教养方式、亲子关系合成过程性家庭环境变量。统计数据显示，结构性家庭环境对儿童学习适应性有显著正向影响（$p<0.01$），结构性家庭环境得分越高，儿童学习适应性发展越好。模型 3 是在控制儿童个体特征、学校特征、城乡特征的基础上，加入以家庭社会经济文化地位和家庭结构为表征的结构性家庭环境变量后的结果，R^2 从 0.160 提高到 0.176，模型拟合优度提高，表明结构性家庭环境对儿童学习适应性发展有较大影响。家庭社会经济文化地位对儿童学习适应性有显著的正向影响（$p<0.001$），家庭社会经济文化地位每提升 1 单位，儿童学习适应性得分提高 1.049 分。数据显示，家庭结构对儿童学习适应性没有显著的影响，拒绝了假设 H2“家庭结构对儿童学习适应性有显著的影响”。

3. 过程性家庭环境对儿童学习适应性的影响

模型 2 的结果显示，过程性家庭环境对儿童学习适应性有显著影响（$p<0.001$），过程性家庭环境每增加 1 单位，儿童学习适应性得分提高 2.951 分。在模型 3 的基础上，模型 4 加入过程性家庭环境相关变量。模型 4 的回归结果显示，家长教育期望对儿童学习适应性有显著正向影响（$p<0.01$），家长期望子女的受教育年限每增加 1 年，儿童的学习适应性得分提高 0.402 分。亲子互动中的生活陪伴对儿童学习适应性没有显著的影响。文化教育对儿童学习适应性有显著的正向影响（$p<0.001$），家长参与子女文化活动的频率越高，儿童的学习适应性发展越好。学习监管对儿童学习适应性有显著的负向影响（$p<0.1$），家长监管子女学习的频率越

高，儿童的学习适应性发展越差。家庭教养方式对儿童学习适应性有显著的影响，接受专制型教养方式的儿童学习适应性比接受权威型教养方式的儿童显著低 2.808 分（$p<0.01$），接受溺爱型教养方式和忽视型教养方式的儿童学习适应性与接受权威型教养方式的儿童没有显著差异。亲子关系对儿童学习适应性有显著的正向作用（$p<0.001$），亲子关系每增加 1 单位，儿童学习适应性得分增加 3.223 分。同时，在加入过程性家庭环境变量后，R^2 从 0.176 增加至 0.220，家庭社会经济文化地位的系数变小，且显著性降低，这说明家庭社会经济文化地位在一定程度上通过过程性家庭环境对儿童学习适应性产生影响，具体的影响机制在后面的路径分析中进一步探讨。

三、家庭环境对儿童学习适应性影响的差异：Shapley 值分析

上述回归分析结果表明，结构性家庭环境与过程性家庭环境均对儿童学习适应性产生显著影响，但简单的回归难以准确回答哪一个变量对儿童学习适应性的发展有更强的影响。为进一步明确结构性家庭环境和过程性家庭环境的相对重要性，本研究在回归模型的基础上，使用 Shapley 值分解法和 Owen 值分解法，估算本研究所选变量对儿童学习适应性影响的解释度。

表 4-8 报告了家庭环境的 Shapley 值和 Owen 值分解结果。结果显示，亲子关系对儿童学习适应性发展的差异解释度最大，解释度为 19.18%；其次是亲子互动（生活陪伴、文化教育、学习监管），解释度为 13.07%。家庭社会经济文化地位的解释度为 13.05%，家庭教养方式的解释度为 5.51%，家长教育期望的解释度为 4.95%，家庭结构对儿童学习适应性发展的差异解释度最小，仅为 2.11%。就亲子互动内部来看，文化教育的解释度最大（9.67%），生活陪伴和学习监管的解释度分别为 2.48%、2.41%。这说明，亲子关系是影响儿童学习适应性发展的关键变量，建立良好的亲子关系是推动儿童学习适应性发展的关键措施。

Owen 值分解结果显示，家庭环境对儿童学习适应性发展差异的贡献

率为 55.91%，包括儿童个体特征、城乡背景、学校特征在内的控制变量对儿童学习适应性发展差异的贡献率为 44.09%，由此可见，家庭环境是影响儿童学习适应性发展的重要因素。进一步将家庭环境划分为结构性维度和过程性维度，在控制其他变量后，过程性家庭环境对儿童学习适应性发展差异的解释度（41.78%）远高于结构性家庭环境（16.33%），过程性家庭环境的贡献率是结构性家庭环境的 2.56 倍。这表明，过程性家庭环境仍是影响儿童学习适应性发展的重要变量。

表 4-8　家庭环境的 Shapley 值和 Owen 值分解结果　（%）

变量		Shapley 值分解	Owen 值分解 1 组群	Owen 值分解 2 组群	Owen 值分解 3 组群
结构性家庭环境	家庭社会经济文化地位	13.01	13.05	16.33	55.91
	家庭结构	2.10	2.11		
过程性家庭环境	家长教育期望	4.89	4.95	41.78	
	生活陪伴	2.48	13.07		
	文化教育	9.67			
	学习监管	2.41			
	家庭教养方式	5.48	5.51		
	亲子关系	18.18	19.18		
控制变量	其他变量	41.78	42.13	41.89	44.09

注：其他控制变量包括城乡、性别、独生子女、学段、担任班干部、公立学校、学校排名、家校合作、教师关注度。

四、家庭环境对儿童学习适应性的影响机制：路径分析

多元线性回归分析结果显示，过程性家庭环境变量在结构性家庭环境变量与儿童学习适应性之间存在中介的作用，学校教育质量在家庭社会经济文化地位与儿童学习适应性之间存在中介效应。结合研究假设，本研究运用路径分析来检验家庭环境对儿童学习适应性影响的中介效应以及各变量对儿童学习适应性影响的效应大小，深入探讨家庭环境各变量影响儿

童学习适应性的过程机制。

由于数据存在部分缺失值,本研究采用了保留缺失值极大似然估计①,同时,为解决数据存在的异方差问题,采用 bootstrap 检验,图 4-3 为 1 000 次重抽样的估计结果。结果显示,近似均方根 RMSEA 为 0.072,小于 0.08;比较拟合指数 CFI 为 0.926,非规范拟合指数 TLI 为 0.806,均大于 0.8;标准化残差均方根 SRMR 为 0.044,小于 0.05,路径模型拟合指标均表明模型模拟较好,适合做路径分析。

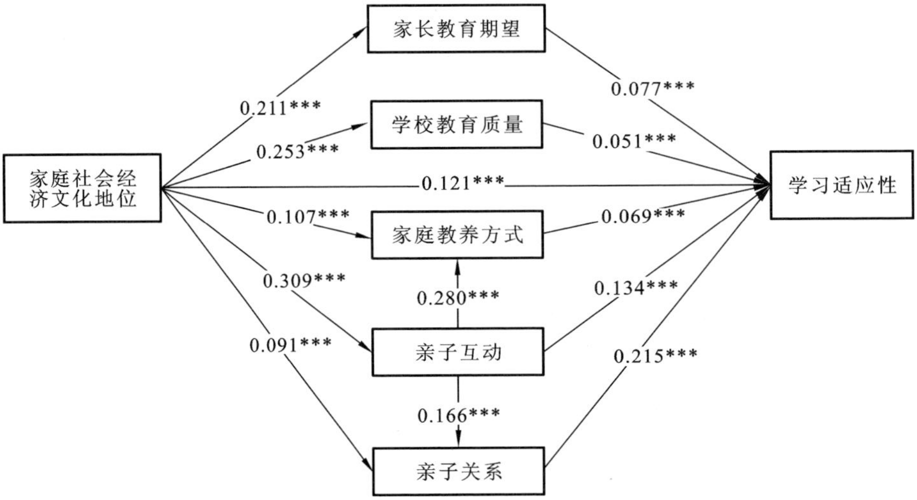

图 4-3　家庭环境影响儿童学习适应性的路径图

图 4-3 为家庭环境影响儿童学习适应性的路径图,展示了家庭环境对儿童学习适应性的影响路径与机制。在此路径模型中,家长教育期望、学校教育质量、家庭教养方式、亲子互动、亲子关系为中介变量,家庭社会经济文化地位既直接对儿童学习适应性产生影响,也通过以上中介变量间接影响儿童学习适应性。同时,家庭教养方式和亲子关系也是亲子互动影响儿童学习适应性的中介变量。表 4-9 是家庭环境对儿童学习适应性影响

① 保留缺失值极大似然估计是一种完全信息估计方法,不会删除有缺失的样本观测值,能使用全部样本观测值的各阶矩信息。而传统的 OLS、2SLS、ML 等估计方法都会删除有缺失的样本观测值,导致损失较多样本信息。

的标准化路径系数，其中亲子互动是由生活陪伴、文化教育、学习监管变量计算合成，通过主成分分析法提取一个连续变量，参考边燕杰和李煜关于主成分分析法的计算方法，通过计算形成取值范围为 0—100 的亲子互动得分，数值越大表示亲子互动频率越高。对于家庭环境到中介变量再到儿童学习适应性的分析结果，具体说明如下。

表 4-9 家庭环境影响儿童学习适应性的路径系数

影响路径	路径系数
家庭社会经济文化地位—家长教育期望	0. 211*** (9. 22)
亲子互动—家庭教养方式	0. 280*** (13. 19)
家庭社会经济文化地位—家庭教养方式	0. 107*** (4. 69)
亲子互动—亲子关系	0. 166*** (7. 09)
家庭社会经济文化地位—亲子关系	0. 091*** (4. 01)
家庭社会经济文化地位—亲子互动	0. 309*** (15. 22)
家长教育期望—学习适应性	0. 077*** (3. 43)
家庭教养方式—学习适应性	0. 069*** (2. 98)
亲子关系—学习适应性	0. 215*** (9. 17)
亲子互动—学习适应性	0. 134*** (5. 59)
学校教育质量—学习适应性	0. 051*** (2. 20)
家庭社会经济文化地位—学习适应性	0. 121*** (4. 92)
家庭社会经济文化地位—学校教育质量	0. 253*** (10. 80)

注：报告的系数为标准化系数。

1. 过程性家庭环境是家庭社会经济文化地位与儿童学习适应性之间的中介变量

图 4-3 和表 4-9 显示,家庭社会经济文化地位对家长教育期望、家庭教养方式、亲子关系、亲子互动影响的标准化系数分别为 0.211、0.107、0.091、0.309,且在 0.1% 的水平上显著,表明家庭社会经济文化地位对家长教育期望、家庭教养方式、亲子关系、亲子互动有显著的积极影响。家长教育期望、家庭教养方式、亲子关系、亲子互动对儿童学习适应性的标准化系数分别为 0.077、0.069、0.215、0.134,且在 0.1% 的水平上显著,表明家长教育期望、家庭教养方式、亲子关系、亲子互动对儿童学习适应性有显著的正向效应,家长教育期望越高、家庭教养方式越良好、亲子关系越亲密、亲子互动频率越高,儿童学习适应性发展越好。这表明,家庭社会经济文化地位通过改变家长教育期望、家庭教养方式、亲子关系、亲子互动等过程性家庭环境,进而对儿童的学习适应性产生影响,过程性家庭环境在家庭社会经济文化地位与儿童学习适应性之间起着中介作用,研究假设 H8 得到了数据验证。

2. 学校教育质量是家庭社会经济文化地位影响儿童学习适应性的重要机制

学校排名是一个学校教育质量高低的象征,能否进入高质量学校上学是家庭为孩子争取教育机会的体现。数据显示,家庭社会经济文化地位对学校教育质量的选择影响的标准化系数为 0.253,家庭社会经济文化地位越高,儿童进入高质量学校就读的机会越大,家庭社会经济文化地位每增加 1 单位,学校教育质量对应提升 0.253 单位。学校教育质量对儿童学习适应性影响的标准化系数为 0.051,儿童就读的学校教育质量越好,儿童学习适应性越好。这意味着,社会经济文化地位越高的家庭,会选择让孩子进入教育质量更好的学校学习,这在一定程度上改变了孩子接受优质教育的机会,通过改变孩子接受优质教育的机会来改变孩子的学习适应性。换言之,学校教育质量在结构性家庭环境与儿童学习适应性之间起着中介作用,研究假设 H7 得到了数据支撑。

3. 家庭教养方式、亲子关系在亲子互动和学习适应性之间起着中介作用

家庭教养方式和亲子关系不仅是一种过程性的家庭环境，也是一种氛围，更容易对儿童的学习适应性产生潜移默化的影响。数据显示，亲子互动对家庭教养方式、亲子关系影响的标准化系数分别为 0.280、0.166，且在 0.1% 的水平上显著。这表明，亲子互动对家庭教养方式和亲子关系有显著的正向影响，亲子互动越频繁，家长越会采取有利于儿童发展的家庭教养方式，家长和子女之间的关系越亲密。如前所述，家庭教养方式和亲子关系对儿童学习适应性有显著的正向影响。因此，亲子互动不仅直接对儿童学习适应性产生影响，家庭教养方式、亲子关系也是亲子互动对儿童学习适应性影响的路径之一。换言之，家庭教养方式、亲子关系在亲子互动与儿童学习适应性之间起着中介作用。

4. 过程性家庭环境对儿童学习适应性产生直接影响，家庭社会经济文化地位通过直接和间接两种机制对儿童学习适应性产生影响

表 4-10 展示了家庭环境对儿童学习适应性影响的直接效应、间接效应和总效应，通过标准化系数的呈现，不仅能比较家庭环境各个变量对儿童学习适应性的效应大小，也能估计各变量对儿童学习适应性影响的直接效应和间接效应情况。家庭社会经济文化地位对儿童学习适应性影响的总效应为 0.236，其中直接效应为 0.121，间接效应为 0.115，间接效应占总效应的 48.73%（0.115/0.236），这说明家庭社会经济文化地位对儿童学习适应性的影响效应近一半是通过中介变量产生的，探索家庭社会经济文化地位对儿童学习适应性影响的中间机制十分重要。就过程性家庭环境来看，家长教育期望对儿童学习适应性影响的总效应为 0.077，家庭教养方式对儿童学习适应性影响的总效应为 0.070，亲子关系对儿童学习适应性影响的总效应为 0.216，亲子互动对儿童学习适应性影响的总效应为 0.190，其中直接效应为 0.135，间接效应为 0.055。相较于家庭社会经济文化地位，以家长教育期望、家庭教养方式、亲子互动、亲子关系为表征的过程性家庭环境对儿童学习适应性的影响效应更大。具体来看，对儿童学

习适应性影响的直接效应从大到小依次为亲子关系、亲子互动、家庭社会经济文化地位、家长教育期望、家庭教养方式。这与前文通过 Shapley 值分解法得到的结论一致。

表 4-10 家庭环境对学习适应性的效应

影响路径	直接效应	间接效应	总效应
家庭社会经济文化地位—学习适应性	0. 121***	0. 115***	0. 236***
家长教育期望—学习适应性	0. 077**		0. 077**
亲子互动—学习适应性	0. 135***	0. 055***	0. 190***
亲子关系—学习适应性	0. 216***		0. 216***
家庭教养方式—学习适应性	0. 070**		0. 070**
学校教育质量—学习适应性	0. 051***		0. 051***

注:报告的系数为标准化系数。

五、家庭环境对儿童学习适应性的影响机制:调节效应

动态的过程性家庭环境可能会调节静态的结构性家庭环境对儿童学习适应性的影响,同时,过程性家庭环境对儿童学习适应性的影响可能受到家长教育素养的调节,例如,教育观念更加科学的家长、更有能力的家长会创造更多的亲子互动来表达更温暖的情感①。为进一步探讨结构性家庭环境、过程性家庭环境、家长教育素养(家庭教育观念、家庭教育指导)之间的调节作用,本研究在控制了儿童个体特征、学校特征、城乡背景的基础上,在模型中分别加入两两之间的交互项。若交互项显著,则认为调节作用存在。在具体操作中,为防止交互项与低次项之间出现共线性问题,本研究对自变量和调节变量进行了“对中”处理②。

---

① MONDELL S, TYLER F B. Parental Competence and Styles of Problem Solving/Play Behavior with Children [J].Developmental Psychology, 1981, 17(1):73-78.

② 谢宇 . 回归分析[M].修订版 . 北京:社会科学文献出版社,2013:246-247.

表 4-11　家庭环境与儿童学习适应性的交互效应

变量	学习适应性得分			
	模型 1	模型 2	模型 3	模型 4
家长教育期望×家庭社会经济文化地位	-0. 134* (0. 067)			
家庭教育观念×生活陪伴		1. 232* (0. 671)		
家庭教育观念×溺爱型教养			-1. 790 (2. 790)	
家庭教育观念×专制型教养			-3. 413* (1. 798)	
家庭教育观念×忽视型教养			-4. 518* (1. 980)	
家庭教育指导×生活陪伴				0. 646* (1. 155)
其他变量	控制	控制	控制	控制
N	1 519	1 519	1 519	1 519
R^2	0. 220	0. 225	0. 227	0. 223

注:其他控制变量包括家庭结构、城乡、流动状态、性别、学段、担任班干部、学习适应、公立学校、家校合作、教师关注度。

1. 家长教育期望对家庭社会经济文化地位与儿童学习适应性的调节作用

在完整模型中,家庭社会经济文化地位和家长教育期望对儿童学习适应性的回归系数均为正数,表示家庭社会经济文化地位和家长教育期望对儿童学习适应性有显著的正向作用。家庭社会经济文化地位与家长教育期望的交互项回归系数为-0. 134,且在 5% 的水平上显示,表示家长教育期望在家庭社会经济文化地位与儿童学习适应性之间起着调节作用。图 4-4 表明,家长教育期望可以削弱家庭社会经济文化地位对儿童学习适应性的作用。具体而言,对家长教育期望处于不同水平的儿童而言,家庭社会经济文化地位越高,儿童的学习适应性越强。对比来看,家长教育期望处于较低水平时回归直线的斜率最大,表明此时家庭社会经济文化地位对儿童学习适应性的影响效应更大,随着家长教育期望的提高,家庭社会经济文化地位对儿童学习适应性的边际影响逐渐变小。同时,当家庭社会经济文化地位得分低于10分时,较高的教育期望更有利于儿童学习适应性的发展。这也说明,较高的家长教育期望可以弥补低社会经济文化地位对儿童学习适应性发展的不利影响。

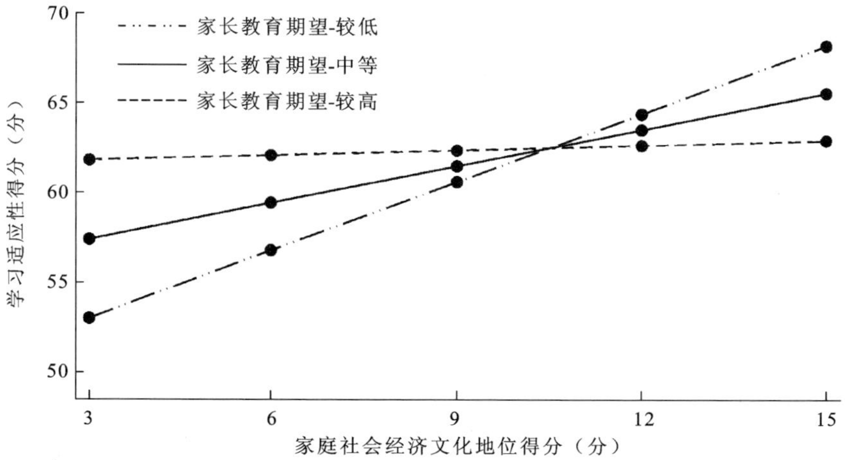

图 4-4　教育期望对家庭社会经济文化地位的调节作用

2. 家庭教育观念对生活陪伴与儿童学习适应性的调节作用

回归数据显示,生活陪伴对儿童学习适应性有正向影响,但在统计上不显著,家庭教育观念与生活陪伴的交互项系数为1.232($p<0.05$),表明家长的家庭教育观念可以调动生活陪伴对儿童学习适应性的积极作用,家长的家庭教育观念水平越高,生活陪伴的频率越高,儿童学习适应性得分越高。对比来看,当家长的家庭教育观念处于较高水平时,生活陪伴对儿童学习适应性的回归直线斜率最大,表明此时生活陪伴对儿童学习适应性的影响效应最大。随着家长的家庭教育观念水平的降低,生活陪伴对儿童学习适应性的影响效应逐渐减小,当家长的家庭教育观念水平处于较低水平时,生活陪伴对儿童学习适应性几乎没有影响。详见图4-5。

3. 家庭教育观念对家庭教养方式与儿童学习适应性的调节作用

完整回归模型显示,相较于权威型教养方式,专制型教养方式显著不

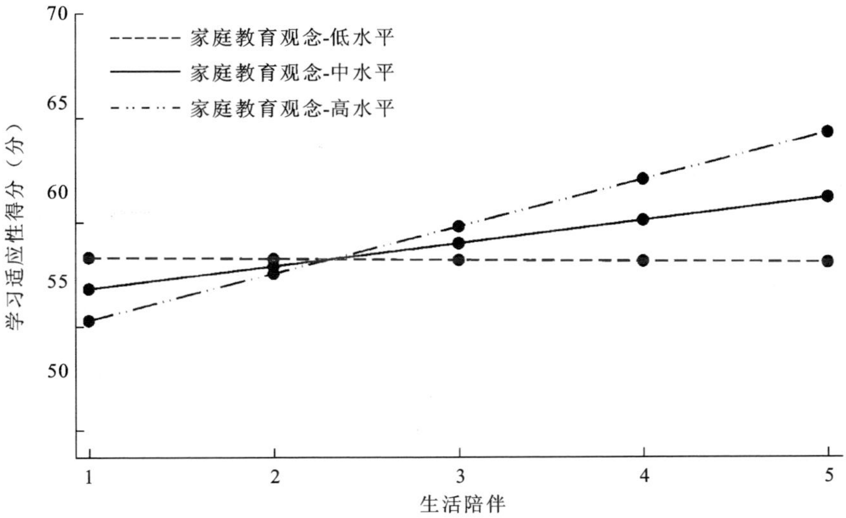

图 4-5　家庭教育观念对生活陪伴的调节作用

利于儿童学习适应性发展，接受溺爱型教养方式和忽视型教养方式的儿童与接受权威型教养方式的儿童之间学习适应性没有显著差异。家庭教育观念与教养方式的交互项系数显示，家庭教育观念与专制型教养方式、忽视型教养方式的交互项系数均为负数，且在 5% 的水平上显著。图 4-6 显示，当家长的家庭教育观念处于较低水平时，不同教养方式对儿童学习适应性影响效应差距较大，且接受忽视型教养方式的儿童学习适应性得分最高，专制型教养方式次之，权威型教养方式最低。当家长的家庭教育观念处于较高水平时，不同教养方式对儿童学习适应性的影响效应差距缩小，此时接受权威型教养方式的儿童学习适应性得分最高，紧接着是溺爱型教养方式，专制型教养方式次之，忽视型教养方式最低。总体来看，家庭教育观念的提升能够增强权威型教养方式对儿童学习适应性的积极影响，降低忽视型教养方式对儿童学习适应性的负面影响。

4. 家庭教育指导对生活陪伴与学习适应性的调节作用

在完整模型中，生活陪伴对儿童学习适应性的回归系数为正数，但在统计上不显著。交互模型显示，在控制其他变量后，家庭教育指导与学习监管的交互项回归系数为 0. 646，且在 5% 的水平上显著，这表明家庭教育指导可以激发生活陪伴对儿童学习适应性的积极作用。从图 4-7 可知，生

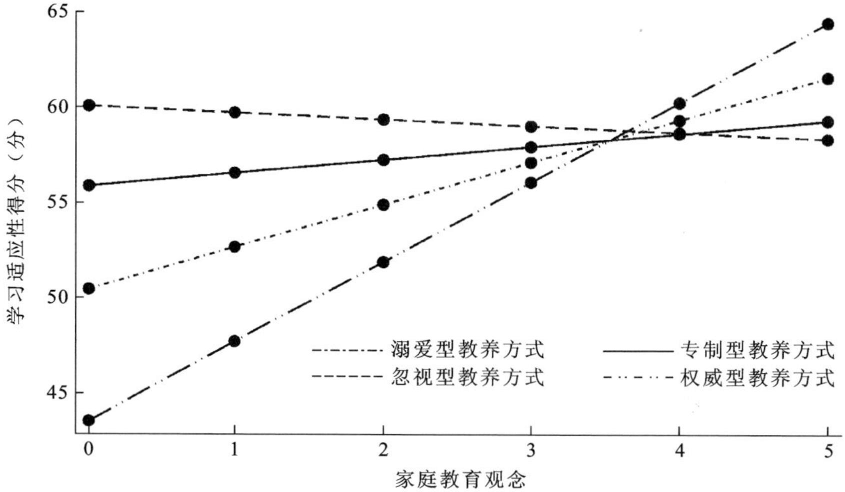

图 4-6　家庭教育观念对教养方式的调节作用

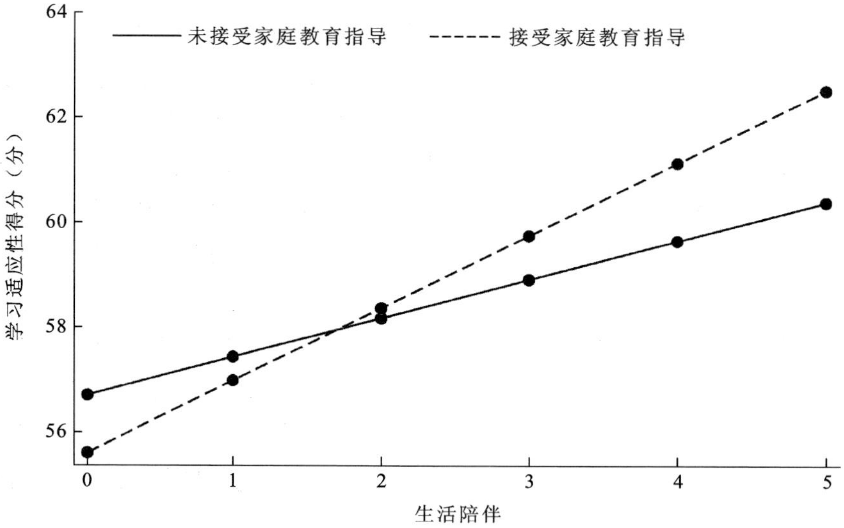

图 4-7　家庭教育指导对生活陪伴的调节作用

活陪伴对儿童学习适应性的影响效应取决于是否接受过家庭教育指导，对于家长接受过家庭教育指导的儿童而言，生活陪伴对儿童学习适应性影响的斜率较大，表明生活陪伴的积极作用更强；对于家长未接受过家庭教育指导的儿童而言,生活陪伴对儿童学习适应性影响的斜率较小,表明生活陪伴的积极作用更小。这意味着,家长接受家庭教育指导能增强生活陪伴对儿童学习适应性的影响。

第三节　家庭环境对儿童学习适应性影响的异质性研究

城市本地儿童、城市随迁子女、农村非留守儿童、农村留守儿童学习适应性发展存在显著差异。尤其是对于农村留守儿童和城市随迁子女等特殊群体而言,他们需要适应父母外出后的亲子分离状态或者适应跟随父母到大城市后的学习环境,需要适应人口大规模流动带来的生活方式、家庭结构的变化,这对于他们能否取得较好的学业成就有重要影响。在他们适应学习内容、学习方法、学习环境变化的过程中,家庭环境起着怎样的作用?城市本地儿童、城市随迁子女、农村非留守儿童、农村留守儿童的家庭环境对其学习适应性的影响是否相同?尤其是对于农村留守儿童和城市随子女等因为城镇化发展带来家庭结构变化的儿童而言,家庭环境是否对他们的学习适应性发展有着特殊的作用?为回答以上问题,本研究按城市本地儿童、城市随迁子女、农村非留守儿童、农村留守儿童样本进行分组回归。

一、基于儿童流动状态的异质性分析

表 4-12 显示,就城市本地儿童样本来看,本研究所选自变量解释了城市本地儿童学习适应性得分的 21.8%。家庭社会经济文化地位对城市本地儿童学习适应性有显著正向影响($p<0.1$),家庭社会经济文化地位越高,儿童学习适应性越好。家庭结构、生活陪伴、学习监管、家庭教养方式对城市本地儿童学习适应性没有显著影响。家长教育期望对城市本地儿童学习适应性有显著的正向作用,回归系数为 0.398($p<0.1$),表明家长教育期望越高,城市本地儿童学习适应性越好。文化教育对城市本地儿童学习适应性有显著的正向作用,回归系数为 0.614($p<0.001$)。亲子关系对

城市本地儿童学习适应性有显著的正向影响，回归系数为 3.312（$p<0.001$），亲子关系越好，城市本地儿童学习适应性越好。

表 4-12　家庭环境对儿童学习适应性影响分儿童流动状态样本回归

变量	学习适应性得分			
	城市本地儿童	城市随迁子女	农村非留守儿童	农村留守儿童
家庭社会经济文化地位	0.700⁺(0.394)	1.202⁺(0.630)	−0.055(0.498)	1.218⁺(0.627)
双亲缺席[d]	0.131(3.051)	1.384(3.093)	−5.129*(2.218)	−2.668(4.302)
单亲家庭[d]	0.163(1.974)	3.198(2.382)	2.822(1.968)	−5.080(4.180)
家长教育期望	0.398⁺(0.241)	−0.123(0.394)	0.737**(0.260)	0.216(0.314)
生活陪伴	1.523(1.324)	−0.710(1.617)	0.722(1.243)	2.264⁺(1.285)
文化教育	0.614***(1.023)	3.229⁺(1.751)	0.948(1.076)	3.223*(1.358)
学习监管	−0.094(0.937)	−1.196(1.415)	1.981⁺(1.032)	−0.551(1.102)
溺爱型教养方式[e]	−3.375(2.483)	−0.110(4.711)	0.033(2.621)	−3.708(3.173)
专制型教养方式[e]	−2.691(1.763)	−6.257*(2.665)	0.643(1.903)	−5.407*(2.307)
忽视型教养方式[e]	−2.647(3.501)	−3.222(4.517)	−5.137(3.173)	−3.124(3.889)
亲子关系	3.312***(0.924)	5.223***(1.513)	2.682**(1.017)	2.634*(1.186)
常数项	1.024(9.098)	17.83(12.84)	15.00⁺(8.902)	21.657(11.127)
其他变量	控制	控制	控制	控制
N	581	223	417	298
R^2	0.218	0.273	0.255	0.236

注：其他控制变量包括城乡、性别、独生子女、学段、担任班干部、公立学校、学校排名、家校合作、教师关注度。

就城市随迁子女样本来看，本研究所选自变量解释了城市随迁子女学习适应性得分的 27.3%。家庭结构、家长教育期望、生活陪伴、学习监管对城市随迁子女学习适应性没有显著影响。家庭社会经济文化地位对城市随迁子女学习适应性有显著的正向作用（$p<0.1$），家庭社会经济文化地位每提升 1 单位，儿童学习适应性得分提高 1.202 分。文化教育对城市随迁子女学习适应性有显著的正向作用，回归系数为 3.229（$p<0.1$），家长对孩子进行文化教育的次数越多，城市随迁子女的学习适应

性得分越高。亲子关系对城市随迁子女学习适应性有显著的正向影响，回归系数为 5. 223（$p<0.001$），家长和子女关系越好，城市随迁子女学习适应性越好。相较于权威型教养方式，专制型教养方式下城市随迁子女学习适应性得分显著低 6. 257 分（$p<0.05$）。

就农村非留守儿童来看，本研究所选自变量解释了农村非留守儿童学习适应性得分的 25. 5%。家庭社会经济文化地位、生活陪伴、文化教育、家庭教养方式对儿童学习适应性没有显著影响。家庭结构对农村非留守儿童学习适应性有显著影响，相较于双亲儿童，双亲缺席儿童的学习适应性显著低 5. 129 分（$p<0.05$）。家长教育期望对农村非留守儿童学习适应性有显著的正向影响，回归系数为 0. 737（$p<0.01$），表明家长教育期望越高，儿童学习适应性越好。学习监管对农村非留守儿童学习适应性有显著的积极影响，回归系数为 1. 981（$p<0.1$），家长监管子女的次数越多，农村非留守儿童学习适应性发展越好。亲子关系对儿童学习适应性有显著的正向影响，回归系数为 2. 682（$p<0.01$）。

从农村留守儿童样本来看，本研究所选自变量解释了农村留守儿童学习适应性得分的 23. 6%。家庭结构、家长教育期望、学习监管均对儿童学习适应性没有显著影响。家庭社会经济文化地位对农村留守儿童有显著的正向影响，回归系数为 1. 218（$p<0.1$），家庭社会经济文化地位越高，农村留守儿童学习适应性得分越高。亲子互动中的生活陪伴和文化教育均对儿童学习适应性有显著的正向作用，回归系数分别为 2. 264（$p<0.1$）、3. 223（$p<0.05$），表明亲子互动有助于促进农村留守儿童学习适应性发展。家庭教养方式对儿童学习适应性有显著影响，相较于权威型教养方式，专制型教养方式下农村留守儿童学习适应性得分显著低 5. 407 分（$p<0.05$）。

二、影响机制的异质性分析

分组回归结果显示，家庭环境对儿童学习适应性的影响效应在城市本地儿童、城市随迁子女、农村非留守儿童、农村留守儿童之间存在差异。本部分在分组回归模型的基础上，使用 Shapley 值和 Owen 值分解法，估算相关变量对不同流动状态下儿童学习适应性影响的贡献度。详见表4-13。

表4-13　家庭环境分儿童流动状态样本的Shapley值和Owen值分解结果　（%）

变量	城市本地儿童		城市随迁子女		农村非留守儿童		农村留守儿童	
	Shapley值分解	Owen值分解	Shapley值分解	Owen值分解	Shapley值分解	Owen值分解	Shapley值分解	Owen值分解
家庭社会经济文化地位	8. 94	10. 15	16. 55	19. 63	3. 01	7. 33	12. 99	14. 71
家庭结构	0. 49		1. 89		4. 22		0. 92	
家长教育期望	4. 58	46. 11	0. 43	46. 47	11. 77	34. 88	3. 00	42. 14
亲子互动	19. 02		4. 90		3. 90		21. 34	
家庭教养方式	7. 82		8. 74		0. 57		7. 70	
亲子关系	16. 99		35. 56		20. 18		12. 17	
其他变量	42. 17	43. 73	31. 94	33. 90	56. 36	57. 79	41. 88	43. 15

注：其他控制变量包括城乡、性别、独生、学段、担任班干部、公立学校、学校排名、教师关注度。

1. 亲子互动对城市本地儿童的影响效应最大

就城市本地儿童来看，过程性家庭环境对儿童学习适应性发展差异的贡献度（46. 11%）大于结构性家庭环境（10. 15%），过程性家庭环境的贡献度是结构性家庭环境的4. 54倍。就过程性家庭环境内部来看，亲子互动是对城市本地儿童学习适应性发展差异贡献度最大的因素，贡献度为19. 02%，其次是亲子关系，贡献度为16. 99%，家庭教养方式的贡献度为7. 82%，家长教育期望的贡献度为4. 58%。就结构性家庭环境内部来看，家庭社会经济文化地位对城市本地儿童学习适应性发展的差异贡献度为8. 94%，家庭结构的贡献度仅为0. 49%。

城市本地儿童一般家庭社会经济文化地位更高，亲子互动更多，亲子关系更好。谈到亲子互动对儿童学习适应性的影响时，一位武市四年级的儿童说道："我爸妈是武汉做生意的，他们平时很忙，经常早上我起床的时候他们已经出门了，晚上我回家了他们还没回来。但是每到周末，他们都会尽量抽空陪我，有时候是一起去吃好吃的，有时候也会去东湖骑车，有时候还会去打羽毛球。他们不仅陪我玩，还陪我看书、写作业，虽然我不会做的题他们也没法教我，但是他们会帮我在网上查答案，或者帮我打视频回家问我表姐，基本上不会的题都是在读大学的表姐帮我解答。说实话，我还是挺喜欢我们家的氛围的。”这个案例说明，父母与孩子之间的互动，能够增进亲子感情，促进孩子好好学习，进而取得良好的学业成就。

2. 亲子关系是影响城市随迁子女最重要的因素

就城市随迁子女来看，结构性家庭环境对其学习适应性发展差异的贡献度为19.63%，其中家庭社会经济文化地位的贡献度为16.55%，家庭结构的贡献度为1.89%。过程性家庭环境对儿童学习适应性发展差异的贡献度为46.47%，过程性家庭环境仍是影响儿童学习适应性的主要因素。其中，亲子关系是对城市随迁子女学习适应性发展差异贡献度最大的因素，贡献度为35.56%；其次是家庭教养方式，贡献度为8.74%；紧接着是亲子互动，贡献度为4.90%；家长教育期望对城市随迁子女学习适应性发展差异贡献度仅为0.43%。

大多数农民工身处社会底层，工作时间较长，生活环境不佳，繁重的生活压力使得他们与子女相处时间不长，相处质量不高，亲子关系不佳。英县一位中学教师说：“我们班有个学生在与同学相处过程中表现得特别自卑。他为了显示自己的存在，会想方设法说谎，有时候会骗老师，有时候会骗家长，有时候会讲大话，或者用别的与众不同的方式显示自己的存在。这种情况的存在，有可能是学生自身的原因，也有家庭的原因。家庭的原因是非常重要的，有的家长管不了或管教方法不对，有的家庭完全指望老师来管，这种情况的家庭亲子关系就比较差，动不动一天一小吵，三天一大吵，只能产生恶性循环。”该中学另一位教师所列举的例子则从反面印证了良好的亲子关系有助于随迁子女积极适应新环境。“我班上有个流动儿童，是我们班的班长，她爸爸在一家公司打工，妈妈在一个商场卖鞋子，她家里经济压力有点大，但亲子关系比较好。这个孩子从不上什么辅导班，很乐观、阳光，也很懂事、自律，班上有什么事就会主动去帮老师解决，而且特别愿意帮助其他同学，像我们搞小组活动，每一个跟她坐一起的同学都会有很大的进步，所以同学和家长都喜欢她。”这两个案例说明，亲子关系对随迁子女学习适应性有显著影响，这与前文的分组回归结果和Shapley值分解结果一致。

3. 亲子关系和家长教育期望对农村非留守儿童学习适应性发展的贡献度最大

就农村非留守儿童来看，学校特征、个人特征等控制变量对其学习适应性发展差异的贡献度为57.79%，家庭环境的贡献度为42.21%，这说明推动农村学校发展和配置优质师资对于促进农村非留守儿童学习适应性发展有显著作用，但家庭环境仍是影响农村非留守儿童学习适应性发展的重要因素。过程性家庭环境对农村非留守儿童学习适应性发展差异的贡献度（34.88%）大于结构性家庭环境（7.33%）的贡献度，过程性家庭环境的贡献度是结构性家庭环境的4.76倍。其中亲子关系和家长教育期望的贡献度最大，分别为20.18%、11.77%，亲子互动和家庭教养方式的贡献度分别为3.90%、0.57%。

一位英县班主任分享了一个农村儿童与家长关系不好的例子：“上学期我班上的一个学生，因为跟父母的关系紧张，总不听管教。学生带手机到学校，我们按照学校的规定收了手机交给他父母，他父母就管不住他，一回家马上就给要走了，又带回学校来，然后我们就没收了。后来进一步了解才知道，其实这与他爸妈平时有密切的关系。据这个孩子说，他爸妈一下班回家就是在玩手机，玩‘抖音’，孩子自然而然也喜欢玩手机，这也不能完全怪孩子。”田野调查中发现，多数家长忙完手头事务均在玩手机，随着“抖音”“快手”“火山小视频”等APP的出现，家长中掀起一股看视频、拍视频的风潮，甚至有家长在孩子写作业的时候也在一旁玩手机、看视频，严重影响孩子的学习，也容易让孩子迷上手机。

4. 亲子互动是对农村留守儿童学习适应性发展贡献度最大的因素

就农村留守儿童来看，结构性家庭环境对其学习适应性发展差异的贡献度为14.71%，其中家庭社会经济文化地位的贡献度为12.99%，家庭结构的贡献度为 0.92%。过程性家庭环境对儿童学习适应性发展差异的贡献度为 42.14%，过程性家庭环境仍是影响儿童学习适应性的主要因素。就过程性家庭环境内部来看，亲子互动是对农村留守儿童学习适应性发展差异贡献度最大的因素，贡献度为 21.34%，其次是亲子关系，贡献度为 12.17%，家庭教养方式和家长教育期望的贡献度分别为 7.70%、3.00%。

在田野调查中，我们在英县某初中看到了一位 13 岁留守女孩的教育生活纪实日记："在我十岁时妈妈爸爸就到广州工作了。现在家里只剩下我和爷爷奶奶，这漫长的日子可真不是滋味。因为家离学校很远，我就常常住在爷爷奶奶家，很少回一次自己的家。回忆起父母在家的日子，真好。那时我就像手心里捧着的一朵鲜花一样幸福。可现在，妈妈爸爸离开了我，我总不可能对爷爷奶奶的依赖也像对父母一样吧。总觉得自己会做的就尽量去做。在我的留守生活里，爷爷常常教育我怎样做人、学习、做事……还经常以他的例子来给我说明这些道理。虽然长话连篇，可我爷爷那人很严肃，不专心听可不行，不过他的话我觉得蛮有道理。"这位留守女孩的日记表明监护人和留守儿童互动交流的重要性。

第四节 结果与讨论

本章利用 1 850 个家庭数据，包括匹配的 1 850 个家长样本和 1 850 个儿童样本，分别构建了儿童学习适应性的回归模型、路径模型、交互模型、分组回归模型以及 Shapley 值分解模型，在控制其他变量后，重点解释了家庭环境对儿童学习适应性的影响作用。研究发现，家庭环境对儿童学习适应性发展差异的贡献率为 55.91%，远超过儿童个体特征、城乡背景、学校特征在内的控制变量的影响，由此可见，家庭环境是影响儿童学习适应性发展的重要因素。具体研究结果如下：

1. 过程性家庭环境是影响儿童学习适应性的重要变量

第一，过程性家庭环境对儿童学习适应性有显著的影响。从全样本来看，家长教育期望、亲子互动中的文化教育和学习监管、亲子关系均对儿童学习适应性有显著的影响。家庭教养方式也对儿童学习适应性有显著的影响，相较而言，权威型教养方式更有利于儿童学习适应性，接受专制型教养方式的儿童学习适应性更差。研究假设 H3、假设 H5、假设 H6 得到了数据支持。当被问到“当你和父母意见不同时，父母一般是怎么解决的?”时，有儿童回答道：“平时我和我爸妈的矛盾还是比较多的。一般情况下，我爸妈不怎么听我的观点，会倾向于强迫我接受他们的意见。他们站在一个过来人的角度，认为这样做那样做才是对我好，所以喜欢把他们的观点强加给我，让我执行。我一般不愿意理睬他们，依旧保持我的意见。”假设 H4 中的文化教育频率越高，儿童学习适应性越高，而学习监管对儿童学习适应性有显著的负向影响，拒绝原假设。主要原因在于家长在没有采取正确的方式指导孩子学习，比如简单地给出正确的答案或直接帮孩子完成作业，这容易让孩子形成对家长的强烈依赖，而不是自己去寻求解决问题的方法，不利于儿童主动适应变化的社会①。正如在访谈中一位城市随迁子女的母亲所说：“现在的书深得很，我根本看不懂也教不了他（孩子），我还怕给他教错了呢，他要是实在不会，那我就只能微信求助他表哥（上大学），要么就是在网上查答案给他，反正讲我是讲不来的。”过程性家庭环境对儿童学习适应性有直接的显著影响，家庭教养方式越良好、亲子关系越亲密、家长参与儿童的文化活动频率越高、家长教育期望越高，儿童学习适应性越好，这在一定程度上验证了已有研究结论。

第二，家庭社会经济文化地位通过过程性家庭环境对儿童学习适应性产生影响。数据显示，家庭社会经济文化地位对家长教育期望、亲子互动、家庭教养方式、亲子关系有显著影响，家长教育期望、亲子互动、家庭教养方式、亲子关系对儿童学习适应性有显著影响。这表明，家庭社会经济文化地位通过改变家长教育期望、亲子互动、家庭教养方式、亲子关系，进而对儿童的学习适应性产生影响。换言之，家庭社会经济

① BARGER M M, KIM E M, KUNCEL N R, et al. The Relation Between Parents' Involvement in Children's Schooling and Children's Adjustment: A Meta-analysis [J]. Psychological Bulletin, 2019, 145 (9): 855-890.

文化地位对儿童学习适应性影响的其中一条路径即为“家庭社会经济文化地位—过程性家庭环境—儿童学习适应性”，这与杨中超提出的影响儿童发展存在一条“家庭背景—家长参与—儿童发展”路径机制的结论一致①。低社会经济文化地位的家长在教育期望、亲子互动方面较弱的原因包括两方面：一是“贫困文化”，即低收入家庭比中产阶级家庭更不重视教育，因此对孩子的教育期望较低，也不愿意参与孩子的学习；二是“制度障碍”，学校往往代表中产阶级的价值观和利益，那些不符合学校价值观的父母很快就会被“取代”，因此低社会经济文化地位的家长较少发挥教育参与在子女发展中的作用。因此，低社会经济文化地位的家庭营造的过程性家庭环境相对更差，儿童的学习适应性也更差。

第三，就过程性家庭环境内部来看，家庭教养方式、亲子关系是亲子互动影响儿童学习适应性的重要机制。回归分析与路径分析结果显示，亲子互动不仅直接对儿童学习适应性产生影响，家庭教养方式、亲子关系也是亲子互动对儿童学习适应性影响的路径之一。亲子互动对儿童学习适应性的影响有三条路径：一是亲子互动直接影响儿童学习适应性，即“亲子互动—学习适应性”；二是亲子互动通过影响家庭教养方式改变儿童的学习适应性发展，即“亲子互动—家庭教养方式—学习适应性”；三是亲子互动通过影响亲子关系进而影响儿童学习适应性，即“亲子互动—亲子关系—学习适应性”。亲子互动是家庭教养方式的载体，也是良好亲子关系形成的基础，如果家长与子女有着频繁的互动，则更容易形成良好的亲子关系。

第四，家长教育期望在家庭社会经济文化地位与儿童学习适应性之间起着调节作用。交互模型显示，家长教育期望可以削弱家庭社会经济文化地位对儿童学习适应性的作用，较高的家长教育期望可以弥补低社会经济文化地位对儿童学习适应性发展的不利影响。过去的研究往往把家长教育期望作为家庭社会经济文化地位影响儿童发展的中介变量，认

① 杨中超．家庭背景与学生发展：父母参与和自我教育期望的中介作用[J]．教育经济评论，2018，3（3）：61-82.

为社会经济文化地位较低的家庭一般对孩子的期望较低[①]，忽视了家长教育期望的调节作用。事实上，对于家庭经济条件较差的家庭而言，改变过去“读书无用论”的教育认知，对子女寄予较高的教育期望，是提升儿童学习适应性的重要途径。

2. 学校教育质量是家庭社会经济文化地位影响儿童学习适应性的重要机制

家庭社会经济文化地位对儿童学习适应性产生直接的显著影响，研究假设 H1 得到了数据支撑。同时，家庭社会经济文化地位还通过选择儿童就读学校的质量对儿童学习适应性产生间接影响。家庭通过运用社会经济资源，为孩子选择更加优质的学校，增加孩子接受优质教育的机会，进而影响儿童的学习适应性，研究假设 H7 得到了数据支撑。学校教育质量的差异是孩子教育机会差异的体现，将孩子送入高质量的学校就读，是改变孩子接受优质教育机会的行为。家庭社会经济文化地位会改变家庭对儿童的投资，高收入的家庭有更多机会把自己的孩子送到质量更好的学校或者居住在更加富裕的社区，所有这些投入都将改变孩子接受优质教育的机会。优质学校不仅有优质的师资、良好的生源，更有良好的文化氛围，这都将有利于儿童更好地适应学习方法、学习环境的变化[②]。

3. 相较于结构性家庭环境，过程性家庭环境变量对儿童学习适应性的影响更大

Shapley 值分解和路径分析结果显示，家庭环境是影响儿童学习适应性发展的重要因素。进一步将家庭环境划分为结构性维度和过程性维度，以家长教育期望、亲子互动、家庭教养方式、亲子关系为表征的过程性家庭环境对儿童学习适应性发展差异的贡献度远高于结构性家庭环境，过程性家庭环境的贡献率是结构性家庭环境贡献率的 2.56 倍。其中，亲

① SEWELL W H，HALLER A O，OHLENDORF G W. The Educational and Early Occupational Status Attainment Process：Replication and Revision［J］. American Sociological Review，1970，35（6）：1014-1027.

② CHIN T，PHILLIPS M. Social Reproduction and Child-rearing Practices：Social Class，Children's Agency，and the Summer Activity Gap［J］. Sociology of Education，2004，77（3）：185-210.

子关系对儿童学习适应性发展的差异贡献度最大，其次是亲子互动。这说明，在孩子成长过程中，家庭的经济状况与所处的阶层虽然是影响儿童发展的重要因素，但是父母的陪伴、宽松有爱的成长氛围、更多的亲子交流和沟通，能起到事半功倍的效果，这种效果对于弱势家庭来说尤为明显[①]。在访谈中一位城市随迁子女的父亲在谈到“如何教育好子女”时说：“其实教育好一个孩子最重要的是陪伴，但是自己和孩子母亲都是在工厂工作，比较辛苦也比较忙碌，在孩子教育这方面确实缺少了很多陪伴。即使物质这方面不缺什么，但共处的时间比较少，而且我回家之后，已经处于一个很疲劳的状态，所以回家后沟通的效果也不是那么好。在教育孩子方面只能够给孩子报名各种各样的培训班、补习机构，自己根本没有好好陪伴过孩子，也没有好好和孩子交流过，不知道孩子天天在想什么，就算他现在成绩不好我们也不知道怎么办。”

4. 家庭环境对儿童学习适应性的影响路径和机制存在显著的异质性

总体来看，家庭环境对儿童学习适应性有显著的影响，但是对不同流动状态儿童学习适应性的影响效应存在差异。总体来看，家庭社会经济文化地位对城市本地儿童、城市随迁子女、农村留守儿童学习适应性发展均有显著影响，且对城市随迁子女的学习适应性影响效应最大，其次是农村留守儿童。家庭结构仅对农村非留守儿童有显著影响，双亲缺席的农村非留守儿童学习适应性得分比双亲儿童低 5.129 分。家长教育期望对城市本地儿童和农村非留守儿童学习适应性均有显著影响，且对农村非留守儿童的边际影响更大，贡献度为 11.77%。亲子互动对农村留守儿童学习适应性发展的影响效应最大，贡献度为 21.34%。具体来看，生活陪伴仅对农村儿童学习适应性有显著的积极影响，文化教育对城市随迁子女的边际影响更大。学习监管仅对农村非留守儿童的学习适应性有显著积极影响。家庭教养方式对城市随迁子女和农村留守儿童学习适应性均有显著影响，接受专制型教养方式的儿童学习适应性更差，这是因为城市随迁子女和农村留守儿童的家庭结构和家庭环境处于弱势地位，

① 卢春天，李一飞，陈玲．情感投入还是经济支持：对家庭教育投资的实证分析[J]．社会发展研究，2019，6（1）：50-67.

如果家长对其过多施加权威、责罚与控制，而不是为其提供温暖与支持，孩子更容易出现不能适应新知识、新环境、新学习方法、新事物的情况，因此家长应该给予他们充足的爱、支持、鼓励和肯定。亲子关系对城市随迁子女的边际效应最大，城市本地儿童次之，紧接着是农村非留守儿童，农村留守儿童最小。

与农村留守儿童相比，跟随父母进城的随迁子女能够获得更多的父母陪伴，可以在城市学校接受教育。伴随着他们的是生活环境、学习场域、社交网络的变化，他们需要不断调整自身以适应新环境。有研究表明，城市随迁子女在教育上的不利处境不仅仅表现为入学机会的不平等，更多表现为学习过程的弱势，即学习适应不良。如果不采取措施及时对其进行弱势帮扶，容易出现学习不适应、人际适应不良、行为异常等一系列适应问题，进而被边缘化。家庭环境作为影响儿童学习适应性的重要因素，家长与孩子的关系、家庭教养方式等动态的环境对随迁子女学习适应性产生重要影响。但由于农民工往往从事的是体力劳动，工资水平低，工作时间长，监管孩子的时间、精力有限，这些都容易导致城市随迁子女的学习不适应。武市一所九年一贯制学校的校长告诉我们："整体来看，我们学校的教学质量不是很高，也不是说我们老师不行，而是我们的生源确实不好。我们学校70%都是随迁子女，就我的经验来看，随迁子女各方面还是和本地儿童有一定差距。这也没有办法，他们本来家庭条件都不太好，靠打工维持生活，家长自己要谋业，要做事，没时间管孩子的学习，也没能力教孩子，与学生相处时间不够，关心不够。学生早上还没起床，家长就要出去做事去了，晚上学生都睡着了，家长才回来，还没有在学校和老师、同学接触的时间多，一天到晚他们跟父母可能就是零交流。所以父母没有时间照顾他们，他们也觉得跟父母没话可说，不愿跟父母沟通，这就缺少有效的沟通。我们还发现有些随迁子女和父母的关系并不好，父母没能力辅导作业，但总是在作业上啰唆唠叨，导致孩子厌烦不安。再加上很多随迁子女到城市来之后，见到新事物比较多，容易攀比，但是父母却不能满足他们的要求，这也会使得亲子关系不好。"

5. 家长的家庭教育观念可以调节生活陪伴和家庭教养方式对儿童学习适应性的影响

数据显示，家长的家庭教育观念可以调节生活陪伴和家庭教养方式对儿童学习适应性的影响。一方面，家庭教育观念可以增强生活陪伴对儿童学习适应性的积极作用，家庭教育观念的水平越高，生活陪伴的频率越高，儿童学习适应性得分越高。另一方面，家长的家庭教育观念能够增强权威型教养方式对儿童学习适应性发展的影响，即家庭教育观念越科学，权威型教养方式对儿童学习适应性的积极作用更加显著。这与 Brian 等人提出的育儿胜任力越强的家长，越能推动家庭教育对儿童发展的积极影响的结论一致①。

在回答“您认为教育好一个孩子需要具备哪些能力?”时有家长回应：“我认为家长要具备很多能力。首先有明辨是非的能力，有正确的价值观、金钱观、道德观，知道什么是对的，什么是错的，可以在孩子的教育中给予正确的指导。其次是有丰富的通识，能解答孩子各种各样的问题。如果孩子问你一个问题，家长不能随意敷衍，而是要站在孩子的视角，用尽量简单通俗易懂的语句给孩子解释，这样不仅能让孩子感觉到你对他的重视，同时满足了孩子的好奇心和求知欲，使孩子的知识储备得到扩充，还能养成孩子好学好问的习惯。”也有家长针对这一问题回答道：“真正要把一个孩子教育好，那说实在的，家长在教育方面需要投入很大精力。很重要的一点是教育理念，要有比较先进的理念，要能够通过言传身教影响孩子，要能够有指导性地告诉孩子如何进行课外学习，在中低年级，要及时地给孩子辅导、解惑。更重要的我觉得是要和孩子交朋友，及时了解他的心理需求、动态。”这两位家长的回应中均提到先进理念、观念在教育孩子上的重要性，这也进一步强调了提升家长教育素养的重要性，为家庭教育指导服务体系的构建提供了实践支撑。

事实上，在调研中我们发现，目前很多农村家长自身教育素养不高，

---

① BRIAN D J, LAURIE D B, MELISSA H, et al. A Parenting Competency Model [J]. Parenting: Science and Practice, 2014, 14 (2): 92-120.

不知道如何科学教养孩子，亟须外界给予指导。在家庭教育指导需求报告中显示，74.7%的家长表示需要家庭教育指导，89.7%的家长表示愿意参加社区或者学校开展的家庭教育指导活动。如某农村三年级学生母亲说："当他调皮的时候，我就只知道打，我也不知道怎么给他讲道理，也不知道应该怎么教育他，毕竟我的能力有限。我也买了一些书，但是带着小家伙（二孩），加上家里事情特别多，根本没有时间看，看了几页，感觉也看不懂。我还是很希望有人来教我怎么教孩子。"当家长在教育孩子的过程中遇到自己难以解决的问题和难题时，他们家庭教育指导的需求就更为迫切。然而，调研数据显示，仅有40.8%的家长接受过家庭教育指导，超过半数的家长从未接受过家庭教育指导，指导力度不够。这也反映出当前的家庭教育指导体系不完善，未能给家长提供及时、有效的指导与支持。

第五章　家庭环境与儿童意志力

孟子有言："天将降大任于是人也，必先苦其心志，劳其筋骨，饿其体肤，空乏其身，行拂乱其所为，所以动心忍性，曾益其所不能。"王国维先生曾把"衣带渐宽终不悔，为伊消得人憔悴"作为做人、做事的一个特别重要的修行境界。意志力是强者制胜的法宝，正可谓"精诚所至，金石为开"。以上名言佳句仍是我国家庭教育和学校教育秉持的基本理念之一。家长从小教育孩子拒绝诱惑、控制冲动，希望他们在遇到困难时，勇于克服挫折，希望他们形成坚强的意志，坚韧的性格。

意志力是一种为了长期的理想目标而克服困难、持续付出努力的非认知能力。大量研究和实践表明，意志力对于学生长远目标的实现起着关键作用。在对青少年的学业表现进行预测时发现，相较于常见的自尊、自控、外向性等非认知能力，一种强调长期坚持、努力的特质即意志力具有更好的解释力度，可以更好地预测儿童的长远发展[①]。已有研究表明，成就和成功不再仅仅被认为是智力和天赋的副产品，而是坚韧、毅力、决心、自律和坚持的结果[②]。因此，意志力在近些年逐渐受到学界和社会的关注。2012 年，美国国家研究委员会发布《面向生活和工作的

---

① 诚如达克沃斯所言："在种种状况中左右着某个人工程的因素既不是体貌特征，也不是身体健康，也不是智商，而是坚毅的精神。只有天赋是不够的，你必须具备坚毅的精神，这种精神的韧性能够帮助你扫清面对的障碍。"

② DUCKWORTH A L, SELIGMAN M E P. Self-Discipline Outdoes IQ in Predicting Academic Performance of Adolescents [J]. Psychological Science, 2005, 16 (12): 939-944.

教育——培养21世纪通用知识和技能》报告，提出意志力是非认知能力的重要指标，也是21世纪能力框架的核心要素。2013年，美国教育部教育技术办公室发布了报告《提升意志力：21世纪成功的核心要素》，将意志力界定为21世纪成功的核心能力。

证据表明，较强的意志力与更好的个人发展有关。意志力较强的人会更加努力，有更强的自控能力①，更有可能实现自己的目标，能表现出更好的认知能力、教育期望、学习态度和学习行为②。同时，意志力对心理健康、工作收入、生活方式等也发挥着长期影响，意志力能让个体生活更快乐、收入更高、事业也更成功③。譬如，Cubel等人检验了大五人格中哪些人格特质在劳动力市场更重要，结果发现，有责任感、能克服困难的人在职业中表现更好，他们的工资水平更高④。正如Heckman和Rubinstein所说："很多例子可以举出高智商的人因为缺乏自律而无法在生活中取得成功，而低智商的人凭借坚持、可靠和自律而取得成功。"⑤ 义务教育阶段是培养儿童意志力的关键时期。因此，培养儿童意志力将是义务教育所需关注的重要议题。

人的意志力并非与生俱来，而与生活环境和个人经历息息相关。大量研究和实践表明，意志力等非认知能力对于学生的长远发展起着关键作用，可以通过环境的营造去支持这类能力的培养和发展。家庭作为儿童的重要学习场所，家长也要担负起子女非认知能力培养的责任，对学

---

① JOB V, WALTON G M, BERNECKER K, et al. Beliefs About Willpower Determine the Impact of Glucose on Self-control [J]. Proceedings of the National Academy of Sciences, 2013, 110 (37): 14837-14842.

② 钟粤俊，董志强．意志的力量：青少年时期意志力对成年收入的影响[J]．产业经济评论，2017 (2): 23-38.

③ FITCH J L, RAVLIN E C. Willpower and Perceived Pehavioral Control: Influences on the Intention-behavior Relationship and Postbehavior Attributions [J]. Social Behavior and Personality: An International Journal, 2005, 33 (2): 105-124.

④ CUBEL M, NUEVO-CHIQUERO A, SANCHEZ-PAGES S, et al. Do Personality Traits Affect Productivity? Evidence from the Laboratory [J]. The Economic Journal, 2016, 126 (592): 654-681.

⑤ HECKMAN J J, RUBINSTEIN Y. The Importance of Noncognitive Skills: Lessons from the GED Testing Program [J]. American Economic Review, 2001 (2): 145-149.

生意志力发展实施有效的正向干预①。在面对21世纪的挑战，面对越发多样的挑战、障碍和挫折时，家庭如何培养孩子克服困境、坚持不懈的能力成为一项重要任务。

城镇化进程中，有的儿童因父母外出务工面临亲子分离的困境，有的儿童因跟随父母进城面临新环境的适应问题，有的儿童因父母离异面临家庭结构破裂的危机，他们如何在变化的环境中专注于一个长期目标，克服困难，坚持不懈，是城镇化给儿童发展带来的挑战。如何让儿童在竞争激烈的社会环境中形成坚强的意志成为一个重要的议题。那么，儿童的意志力发展现状如何？家庭环境在儿童意志力的发展过程中起到何种作用？什么样的家庭环境更有利于儿童形成较强的意志力？家庭环境对儿童意志力的影响是否存在异质性？为了探讨这些问题，本章内容以义务教育阶段儿童意志力发展为因变量，重点探讨家庭环境对儿童意志力的影响路径与机制，并进一步考虑如何形成有利于提高儿童意志力的家庭环境。

第一节　儿童意志力现状描述

一、意志力的整体描述

从全部学生样本来看，义务教育阶段儿童的平均意志力得分为80.54分，最高分为100分，最低分为23.49分，标准差15.01。数据统计显示，在全部1 850个儿童中，儿童意志力得分的第一四分位数为70.80，第二四分位数亦即中位数为83.21，第三四分位数为91.66，中位数和均值相近但略大于均值，表明儿童的意志力得分呈负偏态分布，图5-1为意志力的直方分布图，也反映了儿童的意志力呈负偏态分布。为保证回归模型对数据正态分布的前提要求，后面数据分析时对儿童意志力得分1%范围以外的数值进行“缩尾”处理。

---

① 刘艳华，王以宁，徐鹏，等．挖掘信息技术的隐性教育功能：美国《提升意志力：21世纪成功的核心要素》报告解读及启示[J]．电化教育研究，2015，36（9）：112-120.

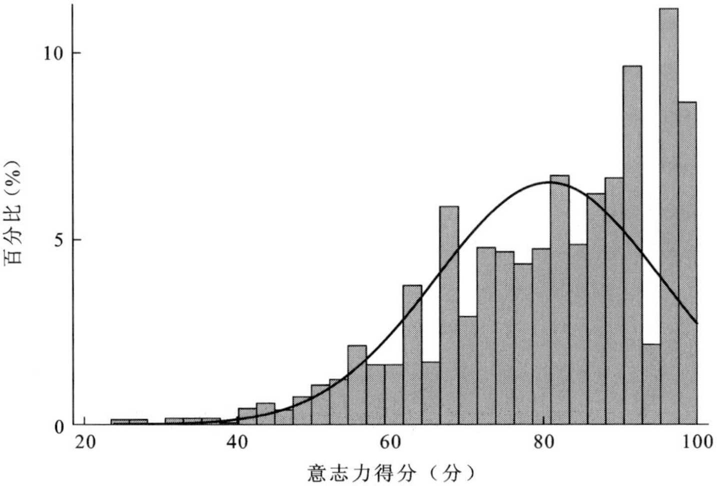

图 5-1　儿童意志力分布直方图

从地区分布来看，在取样的 8 个市中，宜昌市儿童的意志力整体水平最好，平均得分为 84.01 分，远高于总体均值和中位数。其次是十堰市，平均得分为 83.45 分。接下来依次为荆州市、武汉市、荆门市、恩施市、咸宁市、襄阳市，其中襄阳市儿童的意志力水平最低，平均得分仅有 77.36 分，远低于均值和中位数。从地区内部差异来看，襄阳市儿童意志力标准差为 16.69，表明襄阳市内部儿童意志力水平的个体差异较大。十堰市儿童意志力标准差为 12.79，相较于其他地区而言，十堰市儿童意志力得分相对集中，个体间差异相对较小。单因素方差分析结果显示，儿童平均意志力水平有显著的地区差异，F 值为 6.52，显著性检验 $p<0.001$。从箱型图（图 5-2）也可以看出儿童意志力水平的地区差异，宜昌市、十堰市、荆州市、武汉市、荆门市儿童意志力的中位数高于样本总体均值，恩施市、咸宁市儿童意志力的中位数与总体均值持平，襄阳市儿童意志力的中位数低于样本总体均值。

二、意志力的差异分析

（一）儿童个体差异

表 5-1 显示，就性别来看，女生得分为 82.23 分，显著高于男生的

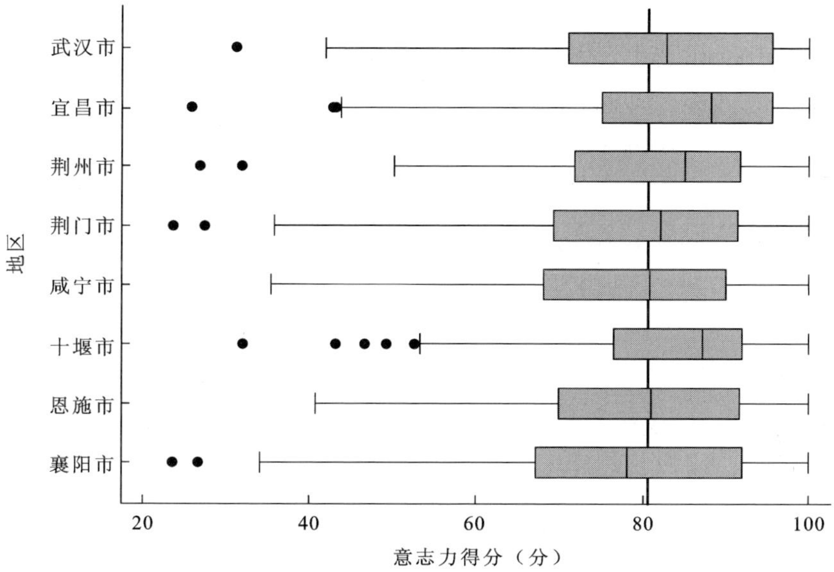

图 5-2　各地区儿童意志力箱型图

79.10 分，儿童意志力发展存在显著的性别差异（$t=4.51$，$p<0.001$）。数据显示，独生子女与非独生子女的意志力得分之间没有显著差异。从是否担任班干部来看，担任班干部儿童的意志力得分为 84.09 分，显著高于未担任班干部儿童的 78.03 分，显著性检验 $t=8.92$（$p<0.001$）。从学段来看，小学低年级的平均得分为 79.03 分，小学高年级的平均得分为 83.44 分，初中的平均得分为 78.47 分，单因素方差分析结果显示，F 值为 22.47，显著性检验 $p<0.001$，儿童的意志力发展存在显著的学段差异。

表 5-1　儿童意志力发展个体差异

个体特征	属性	均值	标准差	t
性别	男生	79.10	15.24	4.51***
	女生	82.23	13.94	
独生子女	独生子女	80.91	14.83	0.73
	非独生子女	80.40	14.47	

续表

个体特征	属性	均值	标准差	t
担任班干部	担任班干部	84.09	13.36	8.92***
	未担任班干部	78.03	15.09	
个体特征	属性	均值	标准差	F
学段	小学低年级	79.03	15.37	22.47***
	小学高年级	83.44	13.86	
	初中	78.47	14.37	

（二）家庭差异分析

1. 家庭社会经济文化地位

根据均值和标准差，将家庭社会经济文化地位分为中下水平、中等水平、中上水平 3 个等级。表 5-2 显示，家庭社会经济文化地位处于中下水平的儿童意志力得分为 77.53 分，处于中等水平的得分为 80.55 分，处于中上水平的得分为 83.22 分，单因素方差分析结果显示，F 值为 12.10，显著性检验 $p<0.001$，对三类家庭进行两两比较发现，儿童意志力：中上水平>中等水平>中下水平，亦即较低家庭社会经济文化地位不利于儿童意志力发展，较高家庭社会经济文化地位更有利于儿童意志力发展。

表 5-2　家庭社会经济文化地位与儿童意志力发展

家庭社会经济文化地位	样本量	均值	标准差	F
中下水平	298	77.53	16.06	
中等水平	1 084	80.55	14.35	12.10***
中上水平	349	83.22	14.20	

2. 家庭结构

表 5-3 结果显示，儿童意志力发展在家庭结构上存在显著差异。具体来看，双亲缺位家庭儿童意志力得分为 78.99 分，单亲家庭儿童意志力得分为 79.71 分，双亲家庭儿童意志力得分为 81.76 分。单因素方差

分析结果显示，F 值为 6.13，显著性检验 $p<0.001$。对三类家庭进行两两比较发现，儿童意志力：双亲家庭>单亲家庭>双亲缺位家庭，亦即双亲缺位最不利于儿童意志力发展，双亲家庭更有利于儿童意志力发展。

表 5-3　家庭结构与儿童意志力发展

家庭结构	样本量	均值	标准差	F
双亲缺位家庭	362	78.99	15.47	
单亲家庭	480	79.71	14.63	6.13***
双亲家庭	976	81.76	14.29	

3. 家庭教养方式

表 5-4 显示，儿童意志力发展在家庭教养方式上存在显著的差异。接受溺爱型教养方式的儿童意志力得分为 79.32 分，接受专制型教养方式的儿童意志力得分为 77.44 分，接受忽视型教养方式的儿童意志力得分为 75.76 分，接受权威型教养方式的儿童意志力得分为 82.96 分，接受权威型教养方式的儿童意志力得分远高于接受其他类型教养方式的儿童。单因素方差分析结果显示，F 值为 22.17，显著性检验 $p<0.001$。对四类家庭进行两两比较结果显示，儿童意志力：权威型教养方式>溺爱型教养方式>专制型教养方式>忽视型教养方式，且两两之间的结果在统计上显著。这表明，权威型教养方式最有利于儿童意志力发展，忽视型教养方式最不利于儿童意志力发展。

表 5-4　家庭教养方式与儿童意志力发展

家庭教养方式	样本量	均值	标准差	F
溺爱型	164	79.32	14.18	
专制型	497	77.44	15.53	22.17***
忽视型	127	75.76	16.02	
权威型	1 048	82.96	13.69	

（三）学校差异

从学校教育质量来看，儿童意志力发展在学校教育质量上存在显著差异（详见表5-5）。教育质量最好的学校儿童意志力得分为83.04分，教育质量中上的学校儿童意志力得分为81.69分，质量中等的学校儿童意志力得分为80.19分，质量中下的学校儿童意志力得分为75.97分，质量最差的学校儿童意志力得分为74.86分。单因素方差分析结果显示，F值为7.59，显著性检验$p<0.001$，表明不同教育质量的学校对儿童意志力发展存在显著差异，学校教育质量越好，儿童的意志力水平越高。从学校性质来看，儿童的意志力发展在学校性质上存在显著差异。公办学校儿童意志力得分为81.32分，民办学校儿童意志力得分为77.95分，公办学校儿童意志力得分显著高于民办学校（$t=3.86$，$p<0.001$）。

表5-5　学校特征与儿童意志力发展

学校教育质量	样本量	均值	标准差	F
最差	27	74.86	16.23	
中下	155	75.97	15.11	
中等	717	80.19	14.92	7.59***
中上	703	81.69	14.32	
最好	216	83.04	13.35	
学校性质	样本量	均值	标准差	t
公办学校	1 470	81.32	14.20	3.86***
民办学校	348	77.95	16.22	

（四）城乡背景差异

由表5-6可知，就城乡分布而言，城市儿童意志力平均得分为80.79分，县镇儿童意志力平均得分为80.66分，乡村儿童意志力平均得分为80.57分，但儿童意志力得分的城乡差异在统计上不显著，亦即城乡之间儿童意志力发展不存在显著差异。就儿童流动状态来看，城市本地儿童意志力平均得分为80.67分，城市随迁子女为81.09分，农村非留守儿童为80.63分，农村留守儿童为80.49分，相较而言，城市随迁子女的意志力得分最高，但是不同流动状态的儿童意志力得分之间的差异在统计上不显著。

表 5-6　城乡背景与儿童意志力发展

城乡背景	维度	样本量	均值	标准差	F
城乡分布	乡村	487	80.57	14.45	0.33
	县镇	629	80.66	14.32	
	城市	700	80.79	15.13	
儿童流动状态	城市本地儿童	664	80.67	14.95	0.92
	城市随迁子女	265	81.09	14.72	
	农村非留守儿童	502	80.63	14.34	
	农村留守儿童	385	80.49	14.61	

第二节　家庭环境对儿童意志力影响研究

一、研究假设

意志力是一种非认知能力，对儿童发展具有重要作用。报告《提升意志力：21 世纪成功的核心要素》指出，社会文化情景、学习环境、心理资源是促进儿童意志力提升的三个重要因素：第一，不同社会文化背景尤其是不同家庭社会经济文化地位的儿童，面对的挫折和挑战、接触到的有利于意志力提升的资源不同，因此意志力的发展可能存在差异；第二，学习环境中的重要他人如果能对儿童保持高期望、高标准，将有利于儿童意志力的提升；第三，家庭成员之间、同伴之间、师生之间的有效互动，能够为儿童树立正确的目标，并鼓励儿童沿着既定目标坚持努力，这个过程即是意志力不断增强的过程。

有研究指出，在学校、家庭和社会支持系统中确定的对儿童意志力有积极影响的三个主要因素是：关爱关系、高期望的沟通以及有意义的参与[①]。基于此，过去一段时间将设计有利于培养儿童意志力的课堂环境作为研究重点，因为在学校生活中，孩子们在课堂上花的时间最多，更有可能发展有意义的人际关系，也更有可能有参与的机会[②]。在学校和课堂环境之外，家庭生活被认为是影响儿童意志力的重要环境因素，儿童在家庭中获得的保护因素越多，当他们在其中一个领域面临挑战时，就越有可能成功[③]。在家庭环境中，家长与孩子构建和谐、融洽、亲密的亲子关系是影响儿童意志力发展的重要因素，亲子关系越亲密，儿童意志力发展越好。达克沃斯在《恒毅力：人生成功的究极能力》这本书中写道："我总是相信，生命、大自然与演化已经在孩子身上种下天生的潜力，那是他们独一无二的命运。就像植物一样，只要适度浇灌施肥，就会成长得强壮、美丽。重点是营造合适的环境，提供肥沃的土壤，倾听及回应他们的需求。孩子本身就蕴含着未来的种子，只要相信他们，兴趣自然会萌芽。"[④] 而家长"严厉的爱"则是培养孩子意志力发展最好的土壤。基于已有研究和田野调查，本研究提出如下假设：

假设 H1：家庭社会经济文化地位对儿童意志力有显著的积极影响。

假设 H2：家庭结构对儿童意志力有显著的影响，与双亲家庭相比，双亲缺席和单亲家庭均不利于儿童意志力发展。

假设 H3：家长教育期望对儿童意志力有显著的正向影响。

假设 H4：亲子互动频率越高，儿童意志力越好。

假设 H5：家庭教养方式对儿童意志力有显著的影响，相较而言，权威型教养方式下的儿童意志力更好。

假设 H6：亲子关系对儿童意志力发展有显著正向作用。

假设 H7：家庭社会经济文化地位通过过程性家庭环境对儿童意志力

---

① REES P，BAILEY K. Positive Exceptions：Learning From Students Who Beatthe Odds' [J]. Educational and Child Psychology，2003 (20)：41-59.

② CEFAI C. Promoting Resilience in the Classroom：A Guide to Developing Pupils' Emotional and Cognitive Skills [M]. London：Jessica Kingsley Publishers，2008.

③ DENT R J，CAMERON R J S. Developing Resilience in Children Who are in Public Care：The Educational Psychology Perspective [J]. Educational Psychology in Practice，2003，19 (1)：3-19.

④ 达克沃斯. 恒毅力：人生成功的究极能力[M]. 洪慧芳，译. 台北：天下杂志股份有限公司，2016：262.

产生间接影响。

家庭经济约束是影响家庭教育投资决策的重要因素，家庭收入对儿童入学产生正向影响①。高收入家庭可以通过把孩子送到私立学校或花钱让孩子住在高质量的学区，为他们的孩子"购买"更好的教育资源。所有这些都对儿童的意志力发展有显著的好处。基于此，本研究提出如下假设：

假设 H8：家庭社会经济文化地位通过选择儿童就读不同质量的学校，进而影响儿童意志力。

二、家庭环境对儿童意志力的影响：回归结果

表 5-7 是家庭环境对儿童意志力影响的分层回归结果。模型 1 主要考察儿童个体特征、学校特征、城乡特征对儿童意志力的影响，模型 2 考察的是结构性家庭环境和过程性家庭环境两个变量对儿童意志力的影响，模型 3 是以儿童意志力得分为因变量，考察结构性家庭环境对儿童意志力的影响，模型 4 考察过程性家庭环境相关变量对儿童意志力的影响，模型 1 至模型 4 模型的 R^2 从 0.145 增加至 0.199，表明模型对儿童意志力得分有较好的解释力（详见表 5-7），分析结果如下。

1. 个体特征、学校特征、城乡特征对儿童意志力的影响

模型 1 是儿童个体特征、学校特征和城乡特征对儿童意志力的影响。统计数据显示，就城乡差异来看，儿童意志力发展不存在显著的城乡差异，城市本地儿童、城市随迁子女、农村非留守儿童、农村留守儿童之间意志力得分不存在显著差异。就儿童个体特征来看，儿童意志力有显著的性别差异，男生比女生意志力得分显著低 2.506 分（$p<0.001$）。独生子女与非独生子女之间意志力得分没有显著差异。与小学低年级学生相比，小学高年级学生的意志力得分显著高 4.513 分（$p<0.001$），初中生的意志力得分与小学低年级学生之间没有显著差异。与未担任班干部的儿童相比，担任班干部的儿童意志力得分显著高 4.126 分（$p<$

① SHAPIRO D, TAMBASHE B O. Gender, Poverty, Family Structure, and Investments in Children's Education in Kinshasa, Congo [J]. Economics of Education Review, 2001, 20 (4): 359-375.

0.001)。就学校特征来看，公立学校学生的意志力得分比民办学校显著高 3.514 分（$p<0.001$）。学校教育质量对儿童意志力发展有显著积极影响（$p<0.001$），学校教育质量每提升 1 等级，儿童意志力发展得分增加 1.378 分。家校合作对儿童意志力有显著的积极影响（$p<0.001$），家校合作越频繁，儿童意志力表现越好，家校合作每增加 1 单位，儿童意志力得分增加 1.252 分。教师关注度对儿童意志力有显著的正向作用（$p<0.001$），教师对儿童越关注，儿童意志力得分越高，教师关注度每增加 1 单位，儿童意志力得分增加 3.057 分。

2. 以家庭社会经济文化地位、家庭结构为表征的结构性家庭环境对儿童意志力的影响

模型 2 的结果显示，在控制其他变量后，结构性家庭环境变量对儿童意志力发展有显著影响（$p<0.01$），结构性家庭环境得分越高，儿童意志力发展水平越高。模型 3 是在控制儿童个体特征、学校特征、城乡特征的基础上，考察以家庭社会经济文化地位、家庭结构为表征的结构性家庭环境对儿童意志力的影响。数据结果表明，家庭社会经济文化地位对儿童意志力有显著的正向影响（$p<0.05$），家庭社会经济文化地位越高，儿童意志力得分越高，家庭社会经济文化地位每提高 1 单位，儿童意志力得分提高 0.509 分。家庭结构对儿童意志力有显著的影响，相较于双亲家庭，双亲缺席家庭儿童意志力得分低 2.227 分（$p<0.05$），单亲家庭儿童意志力得分低 2.121 分（$p<0.05$），这说明双亲的家庭结构最有利于儿童意志力的发展，双亲缺席最不利于儿童意志力发展。

3. 以家长教育期望、亲子互动、家庭教养方式、亲子关系为表征的过程性家庭环境对儿童意志力的影响

模型 2 的结果显示，过程性家庭环境对儿童意志力发展有显著正向影响（$p<0.001$），过程性家庭环境每增加 1 单位，儿童意志力得分提升 1.943 分。模型 4 在模型 3 的基础上加入过程性家庭环境变量后，R^2 从 0.158 提高到 0.199，模型拟合优度大幅提高，表明过程性家庭环境对儿童意志力发展有较大影响。加入过程性家庭环境变量后，家庭社会经济文化地位、家庭结构对儿童意志力影响的系数减小，且影响不再显著。

这表明，结构性家庭环境在一定程度上通过转化为过程性家庭环境对儿童意志力产生影响，具体的影响路径会在后续路径分析中明确。模型 4 的回归结果显示，家长教育期望对儿童意志力有显著的积极影响（$p<0.01$），家长教育期望越高，儿童意志力表现越好，家长期望儿童最高受教育年限每增加 1 年，儿童意志力得分提高 0.325 分。以生活陪伴、文化教育、学习监管为表征的亲子互动对儿童意志力发展没有显著影响，拒绝了假设 H4“亲子互动频率越高，儿童意志力越好”。家庭教养方式对儿童意志力有显著的影响，相较于权威型教养方式，专制型教养方式下儿童意志力得分低 2.677 分（$p<0.01$），权威型教养方式更有利于儿童意志力发展。亲子关系对儿童意志力得分有显著的积极影响（$p<0.001$），亲子关系越好，儿童意志力得分越高，亲子关系每增加 1 单位，儿童意志力得分提高 3.280 分。

表 5-7 家庭环境对儿童意志力的影响

变量	意志力得分			
	模型 1	模型 2	模型 3	模型 4
城乡背景因素				
农村[a]	0.051(0.987)	0.329(1.041)	0.064(1.024)	0.162(1.028)
城市[a]	−1.285(1.100)	−2.089^{+}(1.139)	−1.844(1.130)	−2.320*(1.121)
城市本地儿童[b]	0.478(1.292)	−0.116(1.342)	−0.251(1.340)	0.031(1.327)
城市随迁子女[b]	1.441(1.450)	2.325(1.513)	2.343(1.531)	2.347(1.528)
农村留守儿童[b]	−0.138(0.995)	1.012(1.116)	1.397(1.147)	0.940(1.156)
儿童个体因素				
男生	−2.506***(0.683)	−2.356***(0.711)	−2.620***(0.700)	−2.202**(0.701)
独生子女	0.480(0.695)	0.176(0.725)	0.342(0.714)	0.093(0.714)
小学高年级[c]	4.513***(0.813)	4.277***(0.849)	4.289***(0.841)	3.868***(0.845)
初中[c]	0.146(0.901)	0.837(0.951)	0.247(0.925)	0.946(0.950)
担任班干部	4.126***(0.701)	3.829***(0.734)	3.733***(0.728)	3.201***(0.729)
学校因素				
公立学校	3.514***(0.898)	3.803***(0.942)	3.869***(0.932)	4.108***(0.930)

续表

变量	意志力得分			
	模型 1	模型 2	模型 3	模型 4
学校教育质量	1.378***(0.400)	0.990*(0.422)	1.174**(0.418)	0.814+(0.420)
家校合作	1.252**(0.383)	0.426(0.449)	1.119**(0.395)	0.490(0.460)
教师关注度	3.057***(0.356)	2.942***(0.371)	3.150***(0.364)	2.303***(0.379)
结构性家庭环境		2.304**(0.842)		
家庭社会经济文化地位			0.509*(0.211)	0.224(0.218)
双亲缺席[d]			−2.227*(1.116)	−1.578(1.137)
单亲家庭[d]			−2.121*(0.947)	−1.450(0.944)
过程性家庭环境		1.943***(0.564)		
家长教育期望				0.325**(0.122)
生活陪伴				−0.638(0.566)
文化教育				0.941(0.515)
学习监管				0.203(0.460)
溺爱型教养方式[e]				−0.936(1.270)
专制型教养方式[e]				−2.677**(0.889)
忽视型教养方式[e]				−1.791(1.561)
亲子关系				3.280***(0.474)
常数项	54.93***(2.362)	58.63***(2.620)	52.60***(2.674)	41.93***(4.250)
N	1 612	1 498	1 535	1 498
R^2	0.145	0.164	0.158	0.199

三、家庭环境对儿童意志力影响的差异：Shapley 值分析

上述回归分析结果表明，结构性家庭环境与过程性家庭环境均对儿童意志力产生显著影响，但简单的回归难以准确回答哪一个变量对儿童意志力发展有更强的影响。为进一步明确静态家庭环境和动态家庭环境的相对重要性问题，本研究在回归模型的基础上，使用 Shapley 值和 Owen 值分解法，估算相关变量对儿童意志力影响的解释度。

表 5-8 报告了家庭环境的 Shapley 值和 Owen 值分解结果。家庭环境的 Owen 值分解结果显示，家庭环境对儿童意志力发展差异的解释度为 52.34%，包括性别、学段、担任班干部、学校性质、学校排名、家校合作、教师关注在内的控制变量对儿童意志力发展差异的解释度为 47.66%，由此可见，家庭环境是影响儿童意志力的关键因素，比个人特征和学校特征的解释度更高。

进一步将家庭环境划分为结构性维度和过程性维度，结果显示，在控制其他变量后，过程性家庭环境对儿童意志力发展差异的解释度（48.54%）远高于结构性家庭环境（5.01%），过程性家庭环境的贡献率是结构性家庭环境的 9.69 倍。就过程性家庭环境内部变量而言，亲子关系对儿童意志力的差异解释度最大（33.29%），其次是亲子互动（生活陪伴、文化教育、学习监管），解释度为 6.07%，家庭教养方式和家长教育期望对儿童意志力的差异解释度分别为 5.54%、5.34%。就结构性家庭环境内部而言，家庭社会经济文化地位对儿童意志力的差异解释度为 3.24%，家庭结构对儿童意志力的差异解释度为 0.90%。

表 5-8　家庭环境的 Shapley 值和 Owen 值分解结果　　（%）

变量	Shapley 值分解	Owen 值分解 1 组群	Owen 值分解 2 组群	Owen 值分解 3 组群
结构性家庭环境				
家庭社会经济文化地位	3.24	3.34	5.01	
家庭结构	0.90	0.91		
过程性家庭环境				
家长教育期望	5.32	5.34		52.34
生活陪伴	3.42			
文化教育	2.11	6.07	48.54	
学习监管	1.05			
家庭教养方式	5.44	5.54		
亲子关系	33.32	33.29		
控制变量				
其他变量	45.31	45.51	46.44	47.66

注：其他控制变量包括性别、学段、担任班干部、学校性质、学校排名、家校合作、教师关注度。

四、家庭环境对儿童意志力的影响机制：路径分析

多元线性回归分析结果显示，家庭环境过程变量在家庭环境结构变量与儿童意志力之间存在中介的作用，学校教育质量在家庭环境与儿童意志力之间存在中介效应。结合研究假设，本研究运用路径分析来检验家庭环境对儿童意志力影响的中介效应以及各变量对儿童意志力影响的效应大小，深入探讨家庭环境各变量影响儿童意志力的过程机制。

由于数据存在部分缺失值，本研究采用了保留缺失值的 MLMV 估计，同时，为解决数据存在的异方差问题，采用 bootstrap 检验，图 5-3 为 1 000 次重抽样的估计结果。结果显示，近似均方根 RMSEA 为 0. 067，小于 0. 08；比较拟合指数 CFI 为 0. 887，非规范拟合指数 TLI 为 0. 718，均接近 0. 8；标准化残差均方根 SRMR 为 0. 048，小于 0. 05，路径模型拟合指标均表明模型模拟较好，可以进行路径分析。

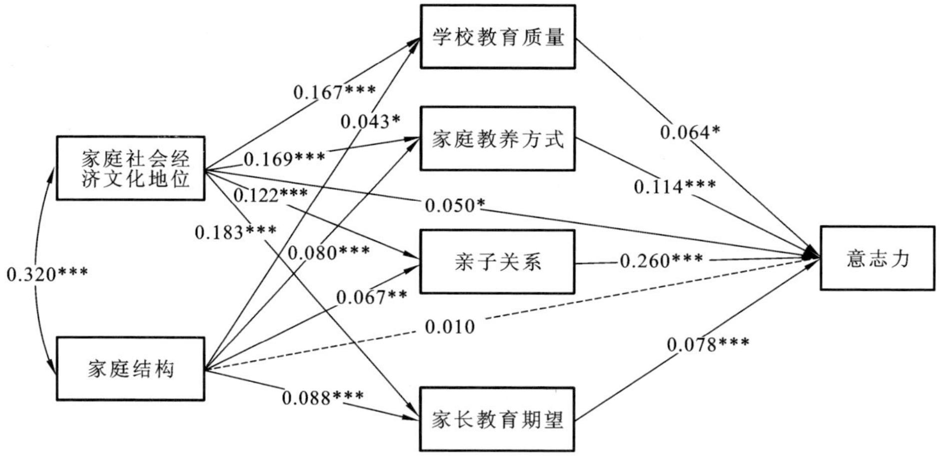

图 5-3 家庭环境影响儿童意志力的路径图

图 5-3 展示了家庭环境对儿童意志力的影响路径与机制。通过路径图可以看出，以家庭社会经济文化地位和家庭结构为表征的结构性家庭环境通过学校教育质量、家庭教养方式、亲子关系、家长教育期望对儿童意志力产生间接的影响，家庭教养方式、亲子关系、家长教育期望对

儿童意志力产生直接的影响。表 5-9 是家庭环境对儿童意志力影响的标准化路径系数，家庭环境各个变量之间的相互关系、影响路径，以及从家庭环境到中介变量再到儿童意志力的分析结果，具体说明如下。

表 5-9 家庭环境影响儿童意志力的路径系数

影响路径	路径系数
家庭社会经济文化地位—家庭教养方式	0. 169*** （6. 99）
家庭结构—家庭教养方式	0. 080*** （3. 22）
家庭社会经济文化地位—亲子关系	0. 122*** （5. 01）
家庭结构—亲子关系	0. 067** （2. 57）
家庭社会经济文化地位—家长教育期望	0. 183*** （7. 25）
家庭结构—家长教育期望	0. 088*** （3. 57）
家庭社会经济文化地位—学校教育质量	0. 239*** （9. 27）
家庭结构—学校教育质量	0. 043* （1. 90）
家庭教养方式—意志力	0. 114*** （5. 22）
亲子关系—意志力	0. 260*** （11. 37）
家长教育期望—意志力	0. 077*** （3. 32）
学校教育质量—意志力	0. 064** （2. 96）

注：报告的系数为标准化系数。

1. 家庭教养方式、亲子关系、家长教育期望对儿童意志力产生直接影响

图 5-3 和表 5-9 显示，家庭教养方式、亲子关系、家长教育期望对儿童意志力影响的标准化系数分别为 0. 114、0. 260、0. 077，且在 0. 1% 的水平上显著，家庭教养方式、亲子关系、家长教育期望对儿童意志力发展有显著的积极影响。家庭教养方式越良好、亲子关系越亲密、家长教育期望越高，儿童意志力越好。

2. 家庭社会经济文化地位、家庭结构通过过程性家庭环境对儿童意志力产生间接影响

家庭社会经济文化地位对家庭教养方式、亲子关系、家长教育期望影响的标准化系数分别为 0.169、0.122、0.183，且在 0.1% 的水平上显著，家庭社会经济文化地位越高，家庭教养方式越科学、亲子关系越亲密、家长教育期望越高。家庭结构对家庭教养方式、亲子关系、家长教育期望影响的标准化系数分别为 0.080、0.067、0.088，家庭结构对家庭教养方式、亲子关系、家长教育期望有显著的影响。如上所述，家庭教养方式、亲子关系、家长教育期望对儿童意志力有显著的积极影响。家庭社会经济文化地位和家庭结构通过改变家庭教养方式、亲子关系、家长教育期望，进而对儿童意志力产生影响。换言之，过程性家庭环境在结构性家庭环境与儿童意志力之间起着中介作用。

3. 家庭社会经济文化地位、家庭结构通过改变子女接受优质教育的机会，进而影响儿童意志力发展

学校排名是一个学校教育质量高低的象征，能否进入高质量学校上学是家庭为孩子争取优质教育机会的体现。数据显示，家庭社会经济文化地位对子女选择入读的学校教育质量影响的标准化系数为 0.239（$p<0.001$），家庭社会经济文化地位越高，儿童进入高质量学校就读的机会越大。家庭结构对子女选择入读的学校教育质量影响的标准化系数为 0.043（$p<0.05$），家庭结构每改变 1 单位，学校教育质量对应改变 0.043 单位。学校教育质量对儿童意志力影响的标准化系数为 0.064，儿童就读的学校教育质量越好，儿童意志力越好，越能抵制诱惑，克服困难。这意味着，社会经济文化地位越高的家庭，会选择让孩子进入教育质量更好的学校学习，这在一定程度上改变了孩子接受教育的机会，通过改变孩子接受优质教育的机会来改变孩子的意志力发展。换言之，学校教育质量在结构性家庭环境与儿童意志力之间起着中介作用，研究假设 H7 得到了数据支撑。

4. 过程性家庭环境对儿童意志力的影响比结构性家庭环境的影响效应更大

表 5-10 展示了家庭环境对儿童意志力影响的直接效应、间接效应和总效应，通过标准化系数的呈现，便于比较家庭环境各个变量对儿童意志力影响的效应大小。就结构性家庭环境来看，家庭社会经济文化地位对儿童意志力影响的总效应为 0.080，家庭结构对儿童意志力影响的总效应为 0.036，且均通过其他间接变量产生作用。就过程性家庭环境来看，家长教育期望对儿童意志力影响的总效应为 0.077，家庭教养方式对儿童意志力影响的总效应为 0.115，亲子关系对儿童意志力影响的总效应为 0.260。相较于家庭社会经济文化地位、家庭结构等结构性家庭环境，以家长教育期望、亲子关系、家庭教养方式为表征的过程性家庭环境对儿童意志力的影响效应更大，与上文 Shapley 值分解结果一致。具体来看，对儿童意志力影响效应从大到小依次为亲子关系、家庭教养方式、家庭社会经济文化地位、家长教育期望、家庭结构。

表 5-10　家庭环境对意志力的效应

影响路径	直接效应	间接效应	总效应
家庭社会经济文化地位—意志力		0.080***	0.080***
家庭结构—意志力		0.036***	0.036***
家长教育期望—意志力	0.077***		0.077***
亲子关系—意志力	0.260***		0.260***
家庭教养方式—意志力	0.115***		0.115***

注：报告的系数为标准化系数。

五、家庭环境对儿童意志力的影响机制：调节效应

动态的家庭环境可能可以调节静态的家庭环境对儿童意志力的影响，同时家庭环境对儿童意志力的影响可能受到家长教育素养的调节。有研究表明，教育观念更加科学的家长、更有能力的家长会创造更多的亲子

互动来表达更温暖的情感①。针对家长教育素养的研究发现，家长的教育观念、教育知识、教育能力是影响儿童发展的重要因素，教育能力更强的家长会采取更适合儿童发展的教养方式，可以有效引导孩子形成正确的生活习惯，促进儿童健康发展②。根据教育知识对教养行为的传导机制假说，家长关于儿童发展的知识会塑造其教养实践，进而促进孩子发展，而教育知识匮乏常常与不恰当的教养方式有关，最终不利于孩子发展③。

为进一步探讨动态的家庭教育实践、家长教育素养的调节作用，本研究在控制儿童个体特征、学校特征、城乡背景的基础上，在模型中分别加入过程性家庭环境与结构性家庭环境的交互项、家长的家庭教育观念、家庭教育知识、家庭教育能力、家庭教育指导与家庭环境的交互项。若交互项显著，则认为调节效应存在。详细的交互项回归结果见表 5-11。

表 5-11　家庭环境与儿童意志力的交互效应

变量	意志力得分							
	模型 1	模型 2	模型 3	模型 4	模型 5	模型 6	模型 7	模型 8
文化教育×家庭 ESCS	−0. 554*							
	(0. 216)							
家庭教育观念×生活陪伴		1. 635**						
		(0. 579)						
家庭教育观念×文化教育			1. 318*					
			(0. 596)					
家庭教育观念×学习监管				1. 386**				
				(0. 495)				

① MONDELL S, TYLER F B. Parental Competence and Styles of Problem Solving/ Play Behavior with Children [J]. Developmental Psychology, 1981, 17 (1): 73-78.

② CUNHA F, HECKMAN J J, LOCHNER L, et al. Interpreting the Evidence on Life Cycle Skill Formation [J]. National Bureau of Economic Research, 2005 (1): 697-812.

③ BRIAN D J, LAURIE D B, MELISSA H, et al. A Parenting Competency Model [J]. Parenting: Science and Practice, 2014, 14 (2): 92-120.

续表

变量	意志力得分							
	模型 1	模型 2	模型 3	模型 4	模型 5	模型 6	模型 7	模型 8
家庭教育知识×生活陪伴					1.244*			
					(0.606)			
家庭教育知识×文化教育						1.226*		
						(0.597)		
家庭教育能力×生活陪伴							1.277*	
							(0.627)	
家庭教育指导×学习监管								1.306*
								(0.749)
其他变量	控制	控制	控制	控制	控制	控制	控制	控制
N	1 498	1 498	1 498	1 498	1 498	1 498	1 498	1 498
R^2	0.202	0.204	0.202	0.204	0.201	0.201	0.202	0.204

注：其他控制变量包括城乡、流动状态、性别、学段、担任班干部、学习适应、公立学校、家校合作、教师关注度。

1. 家长文化教育对家庭社会经济文化地位与儿童意志力的调节作用

在完整模型中，家庭社会经济文化地位对儿童意志力的回归系数为正数，表明家庭社会经济文化地位对儿童意志力有正向作用，文化教育对儿童意志力的回归系数为正，但在统计上不显著。文化教育与家庭社会经济文化地位的交互项回归系数为-0.554，且在5%的水平上显著，表明家长参与在家庭社会经济文化地位与儿童意志力之间起着调节作用。如图5-4所示，对于家长文化教育频率较低或中等水平的儿童而言，家庭社会经济文化地位对其意志力起着正向作用，且对较低水平的边际效应更大。对于家长文化教育频率较高的儿童而言，家庭社会经济文化地位越高，儿童意志力得分越低。同时，当家庭社会经济地位较低时，家长的文化教育频率越高，儿童意志力得分越高，这表明，家长的文化教育可以削弱家庭社会经济文化地位对儿童意志力的影响，较高的文化教育频率可以弥补低家庭社会经济文化地位对儿童意志力发展的不利影响。

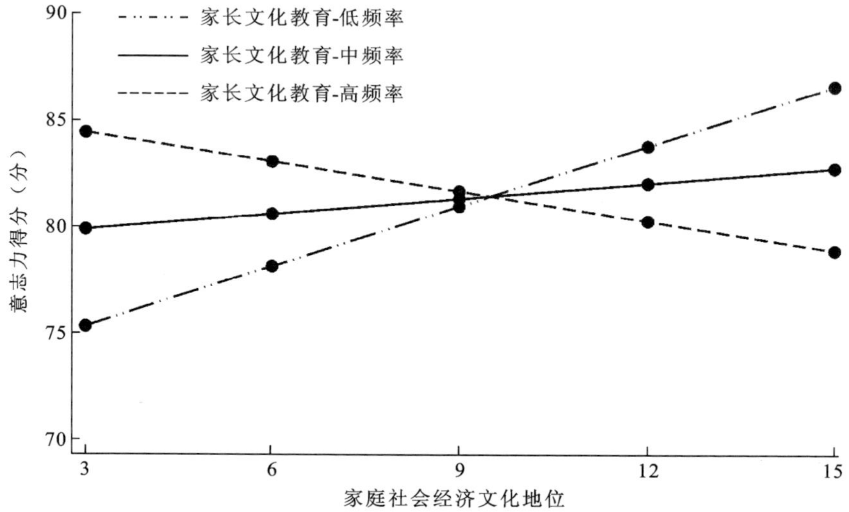

图 5-4　家长文化教育对家庭社会经济文化地位的调节作用

2. 家庭教育观念对过程性家庭环境与儿童意志力的调节作用

首先，家庭教育观念在生活陪伴与儿童意志力之间起着调节作用。完整模型中，生活陪伴对儿童意志力的回归系数为正，但在统计上不显著。家庭教育观念与生活陪伴的交互项回归系数为 1.635，且在 1% 的水平上显著，表明家庭教育观念可以激活生活陪伴对意志力的作用。对于家长的家庭教育观念处于低水平的儿童而言，生活陪伴对儿童意志力发展有负向作用，对于家长的家庭教育观念处于高水平的儿童而言，生活陪伴对儿童意志力发展有积极作用，家长的生活陪伴越多，儿童意志力发展水平越高（详见图 5-5）。这说明，生活陪伴对儿童意志力发展的影响因家长教育观念的不同而不同，生活陪伴仅对家长的家庭教育观念处于高水平的儿童意志力发展有正向作用。

其次，家庭教育观念在文化教育与儿童意志力之间起着调节作用。完整模型中，文化教育对儿童意志力的回归系数为正，但在统计上不显著。家庭教育观念与文化教育的交互项回归系数为 1.318，且在 5% 的水平上显著，表明家庭教育观念可以调动文化教育对儿童意志力的影响。如图 5-6 所示，对于家长的家庭教育观念处于高水平和中等水平的儿童

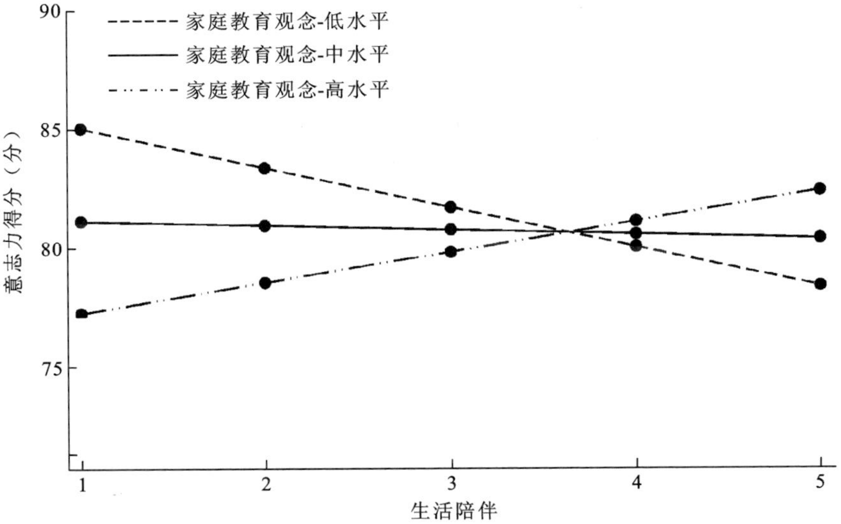

图 5-5 家庭教育观念对生活陪伴的调节作用

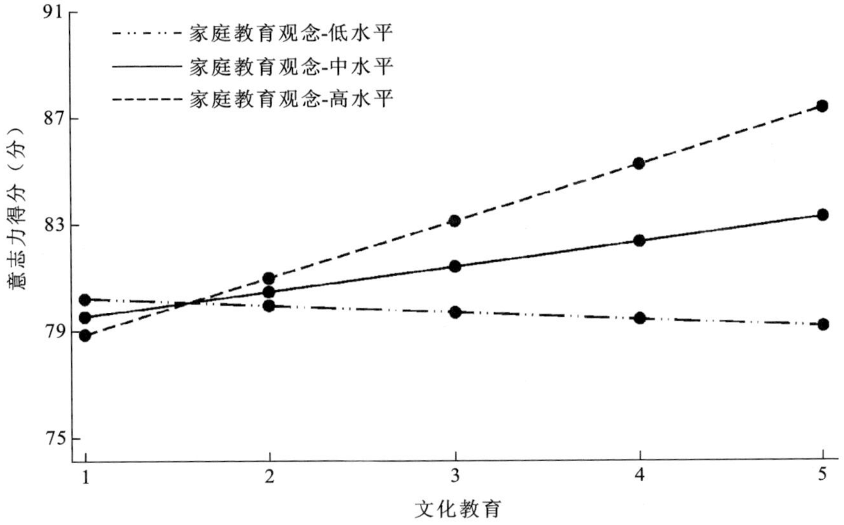

图 5-6 家庭教育观念对文化教育的调节作用

而言，文化教育对儿童意志力发展有显著正向影响，对于家长的家庭教育观念处于低水平的儿童而言，文化教育对儿童意志力发展有负向影响。

这说明，文化教育对儿童意志力发展的影响因家长教育观念的不同而不同，文化教育仅对家长的家庭教育观念处于高水平和中等水平的儿童意志力发展有正向作用。

再次，家庭教育观念在学习监管与儿童意志力之间起着调节作用。基准回归模型中，学习监管对儿童意志力的回归系数为正，但在统计上不显著。家庭教育观念与学习监管的交互项系数为 1.386，且在 1% 的水平上显著，表明家庭教育观念可以激活学习监管对儿童意志力发展的作用。图 5-7 的结果显示，对于家长的家庭教育观念处于高水平和中等水平的儿童而言，学习监管对儿童意志力发展有显著正向影响，对于家长的家庭教育观念处于低水平的儿童而言，学习监管对儿童意志力发展有负向影响。这说明，学习监管对儿童意志力发展的影响因家长教育观念的不同而不同，学习监管不利于家长的家庭教育观念处于低水平的儿童意志力发展，教育观念处于较高水平的家长对孩子进行学习监管有助于儿童意志力发展。

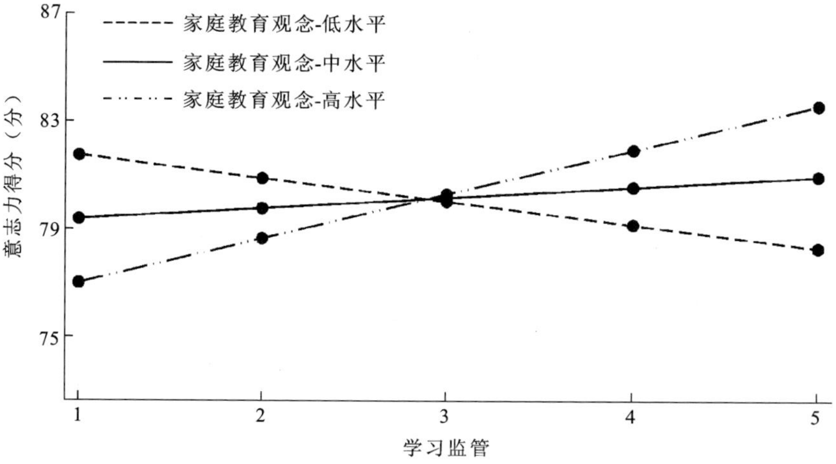

图 5-7　家庭教育观念对学习监管的调节作用

3. 家庭教育知识对过程性家庭环境与儿童意志力的调节作用

一方面，家庭教育知识可以调节生活陪伴对儿童意志力发展的影响。如前所述，生活陪伴对儿童意志力的回归系数为正，但在统计上不显著。家庭教育知识与生活陪伴的交互项回归系数为 1.244，且在 5% 的水平上显著，表明家庭教育知识可以激活生活陪伴对意志力的作用。如图 5-8 所示，生活陪伴对儿童意志力发展的影响因家长知识的不同而不同。对于家长教育知识处于低水平和中等水平的儿童而言，生活陪伴的频率越高，儿童意志力发展水平越低，对于家长教育知识处于高水平的儿童而言，生活陪伴对儿童意志力发展起着正向作用。这说明，家长的家庭教育知识不仅可以激活生活陪伴的作用，还能调节生活陪伴对儿童意志力发展的效应，家庭教育知识处于较高水平的家长对孩子的生活陪伴有助于促进儿童意志力发展。

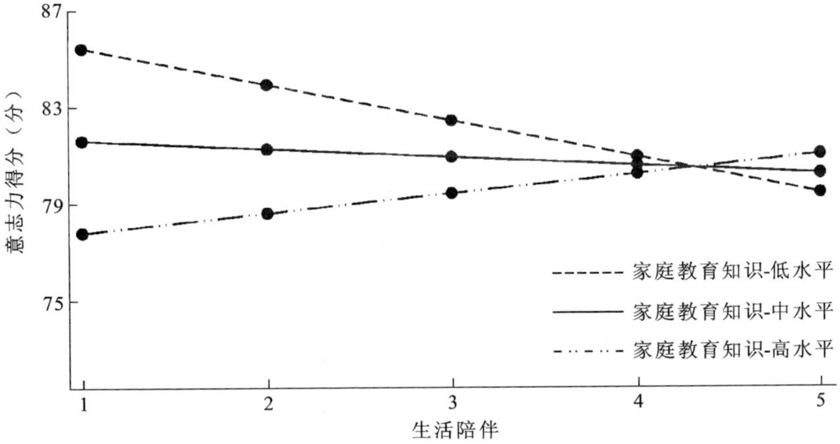

图 5-8 家庭教育知识对生活陪伴的调节作用

另一方面，家庭教育知识可以调节文化教育对儿童意志力发展的影响。文化教育对儿童意志力没有显著影响，家庭教育知识与文化教育的交互项回归系数为 1.226，且在 5% 的水平上显著，表明家庭教育知识可以激活文化教育对儿童意志力发展的作用。图 5-9 显示，对于家长教育知识处于不同水平的儿童而言，文化教育对儿童意志力发展的影响效应存在差异。具体来看，对于家长教育知识处于中高水平的儿童而言，文化教育对儿童意志力发展起着积极作用，对于家长教育知识处于低水平的儿童而言，文化教育不利于儿童意志力发展。

4. 家庭教育能力对生活陪伴与儿童意志力的调节作用

回归数据显示，生活陪伴对儿童意志力没有显著影响，家庭教育能

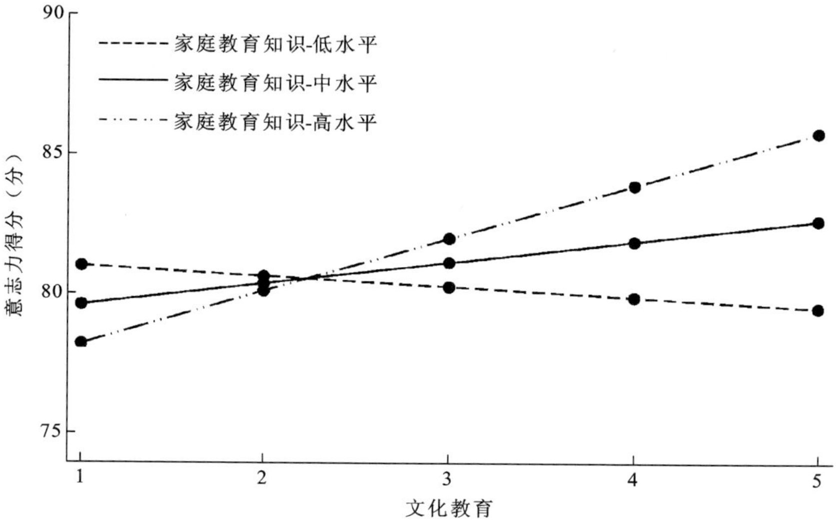

图 5-9　家庭教育知识对文化教育的调节作用

力与生活陪伴的交互项系数为 1.277，且在 5% 的水平上显著，表明家庭教育能力在生活陪伴与儿童意志力发展之间起着调节作用。图 5-10 显示，生活陪伴对儿童意志力发展的影响因家长教育能力的不同而不同。具体来看，当家长的家庭教育能力处于较高水平时，生活陪伴对儿童意志力发展起着积极作用，当家长的家庭教育能力处于中低水平时，生活陪伴不利于儿童意志力发展。这说明，家长的家庭教育能力不仅可以激活生活陪伴对儿童意志力发展的作用，还能调节生活陪伴对儿童意志力发展的效应。

5. 家庭教育指导对学习监管与儿童意志力的调节作用

回归数据显示，在控制其他变量后，家庭教育指导与学习监管的交互项回归系数为 1.306，且在 5% 的水平上显著，这表明家庭教育指导对学习监管与儿童意志力的关系有显著的调节作用。从图 5-11 可知，学习监管对儿童意志力的影响取决于是否接受家庭教育指导，对于家长接受过家庭教育指导的儿童而言，学习监管对儿童意志力发展有积极作用，对于家长未接受过家庭教育指导的儿童而言，学习监管不利于儿童意志力发展。这意味着，接受家庭教育指导可以改变学习监管对儿童意志力的负向作用。

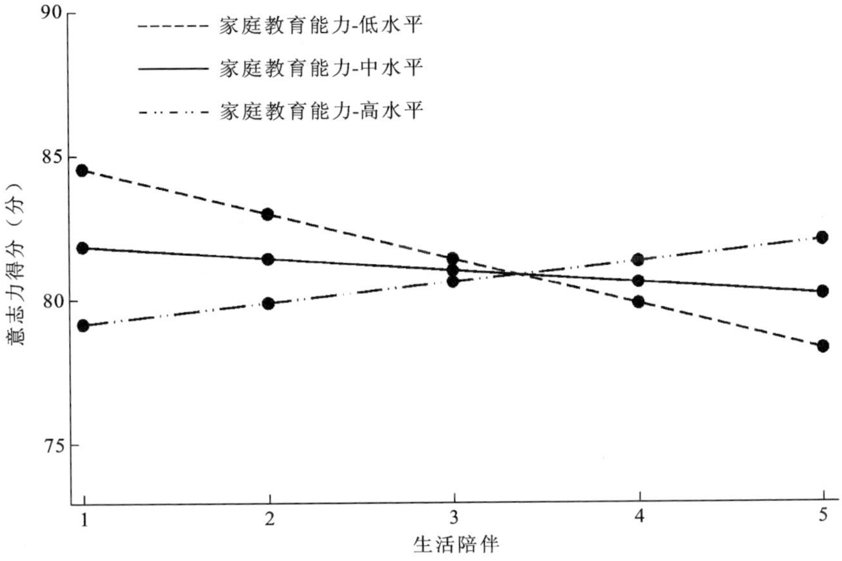

图 5-10　家庭教育能力对生活陪伴的调节作用

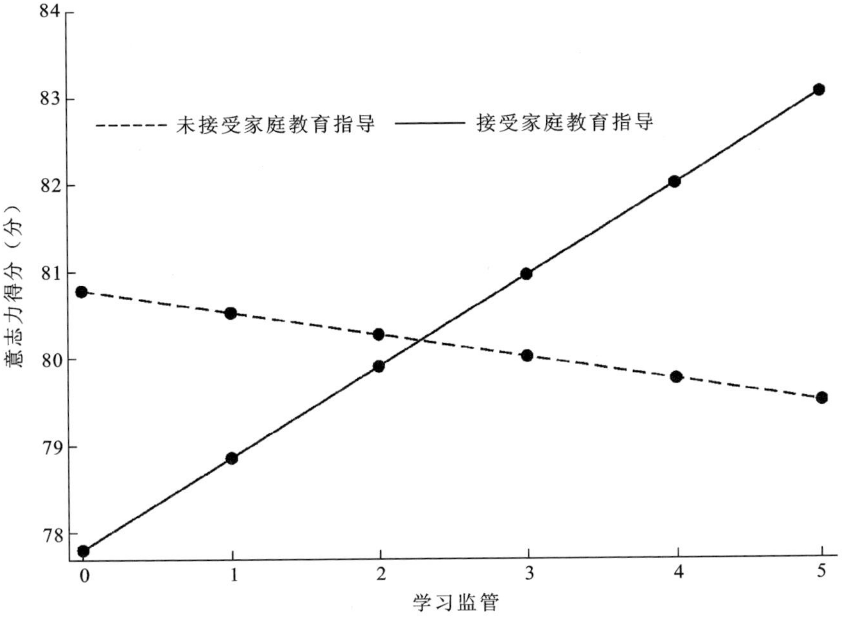

图 5-11　家庭教育指导对学习监管的调节作用

第三节　家庭环境对儿童意志力影响的异质性研究

不同社会文化情景尤其是不同家庭社会经济文化地位的儿童，面对的挫折和挑战、接触到的有利于意志力提升的资源不同，因此意志力的发展可能存在差异。对于城市随迁子女、农村留守儿童、城市本地儿童、农村非留守儿童而言，他们的生活学习环境、家庭经济状况，甚至他们从父辈那里得到的教育观念、教养方式均存在差异，这些不同的环境形成了儿童不同的意志力发展水平。那么，家庭环境对儿童意志力的影响是否因城乡分布不同而不同？对于处于弱势地位儿童而言，家庭环境的改变能否提升其意志力的发展？对于这些问题的回答是对家庭环境影响儿童意志力发展探讨的升华。

城镇化进程中，有的儿童因父母外出务工面临亲子分离的困境，有的儿童因跟随父母进城面临新环境的适应问题，有的儿童因父母离异面临家庭结构破裂的危机，他们如何在处境不利的环境中保持专注于一个长期目标，克服困难，坚持不懈，并最终成就目标，是城镇化发展给儿童发展带来的挑战。对于因为父母流动形成的城市随迁子女或者农村留守儿童来说，他们能否克服环境变化带来的困境形成严格自律、坚持不懈的能力？他们所处的特殊家庭环境能否帮助他们形成较强的意志力，并最终获得较好的发展？家庭社会经济文化地位、家庭教养方式等家庭环境对城市本地儿童、城市随迁子女、农村非留守儿童、农村留守儿童意志力发展的影响是否一致？若答案是否定的，家庭环境对不同流动状态儿童意志力发展影响的差异体现在哪里？对上述问题的回答不仅深化了家庭环境对儿童意志力发展的异质性作用，也进一步回答了城镇化进程对家庭环境和儿童意志力发展的影响。基于此，本研究对城市本地儿童、城市随迁子女、农村非留守儿童、农村留守儿童进行分样本回归。

一、基于儿童流动状态的异质性分析

由表5-12可知，就城市本地儿童样本来看，本研究所选自变量解释了城市本地儿童意志力得分的16.7%。家庭社会经济文化地位和家庭结

构对城市本地儿童意志力没有显著影响。家长教育期望、生活陪伴、文化教育、学习监管对城市本地儿童意志力没有显著影响。家庭教养方式对城市本地儿童意志力有显著影响。相较于权威型教养方式，接受忽视型教养方式的儿童意志力得分显著低 5.817 分（$p<0.1$）。亲子关系对城市本地儿童意志力发展有显著正向影响（$p<0.001$），回归系数为 3.580，亲子关系越好，城市本地儿童意志力发展越好。

就城市随迁子女样本来看，本研究所选自变量解释了城市随迁子女意志力得分的 31.2%。家庭社会经济文化地位对城市随迁子女意志力发展有显著正向作用（$p<0.05$），回归系数为 1.203，家庭社会经济文化地位每提升 1 单位，城市随迁子女意志力得分提升 1.203 分。家庭结构对儿童意志力发展有显著影响，双亲缺席家庭的儿童意志力得分比双亲家庭儿童显著低 4.420 分（$p<0.1$）。家长教育期望、生活陪伴、文化教育、学习监管对城市随迁子女意志力没有显著影响。家庭教养方式对城市随迁子女意志力有显著影响，相较于权威型教养方式，接受专制型教养方式的儿童意志力得分显著低 6.038 分（$p<0.01$）。亲子关系对城市随迁子女意志力发展有显著正向影响（$p<0.001$），回归系数为 4.164，亲子关系越好，城市随迁子女意志力发展越好。

就农村非留守儿童来看，本研究所选自变量解释了农村非留守儿童意志力得分的 27.2%。家庭社会经济文化地位对农村非留守儿童意志力没有显著影响。家庭结构对农村非留守儿童意志力有显著影响，双亲缺席家庭的儿童意志力得分比双亲家庭儿童显著低 3.518 分（$p<0.1$）。文化教育、学习监管、家庭教养方式对农村非留守儿童意志力没有显著影响。家长教育期望对农村非留守儿童意志力发展有显著正向影响（$p<0.05$），回归系数为 0.523，家长教育期望越高，儿童意志力发展越好。亲子关系对农村非留守儿童意志力发展有显著正向影响（$p<0.01$），亲子关系每增加 1 单位，农村非留守儿童意志力得分提升 2.473 分。

从农村留守儿童样本来看，本研究所选自变量解释了农村留守儿童意志力得分的 26.1%。以家庭社会经济文化地位、家庭结构为表征的结构性家庭环境对农村留守儿童意志力没有显著影响。家长教育期望、生活陪伴、文化教育、学习监管对农村留守儿童意志力没有显著影响。家庭教养方式对农村留守儿童意志力有显著影响，相较于权威型教养方式，接受专制型教养方式的儿童意志力得分显著低 4.401 分（$p<0.01$）。亲子关系对农村留守儿童意志力发展有显著正向影响（$p<0.01$），回归系数为 2.956，亲子关系每增加 1 单位，农村留守儿童意志力得分提升 2.956 分。

表 5-12　家庭环境对儿童意志力影响分儿童流动状态样本回归

变量	意志力得分			
	城市本地儿童	城市随迁子女	农村非留守儿童	农村留守儿童
家庭社会经济文化地位	0.245(0.365)	1.203*(0.517)	−0.071(0.423)	0.309(0.511)
双亲缺席[d]	−0.706(2.822)	−4.420+(2.538)	−3.518+(1.897)	−2.278(3.483)
单亲家庭[d]	−2.820(1.827)	−0.245(1.965)	0.978(1.662)	−5.143(3.383)
家长教育期望	0.333(0.223)	−0.174(0.322)	0.523*(0.221)	0.235(0.256)
生活陪伴	0.045(1.245)	0.032(1.334)	−1.948+(1.056)	−0.407(1.048)
文化教育	1.062(0.959)	0.143(1.439)	1.423(0.922)	1.302(1.098)
学习监管	0.862(0.867)	0.057(1.168)	−0.168(0.871)	−0.155(0.899)
溺爱型教养方式[e]	−2.981(2.295)	−1.498(3.886)	0.809(2.213)	−1.703(2.638)
专制型教养方式[e]	−2.098(1.631)	−6.038**(2.188)	−0.236(1.616)	−4.401*(1.877)
忽视型教养方式[e]	−5.817+(3.237)	2.264(3.725)	−0.584(2.792)	−3.721(3.316)
亲子关系	3.580***(0.855)	4.164***(1.243)	2.473**(0.870)	2.956**(0.996)
常数项	40.97***(8.443)	47.11***(10.60)	48.72***(7.534)	50.96***(9.189)
其他变量	控制	控制	控制	控制
N	577	224	408	289
R^2	0.167	0.312	0.272	0.261

注：其他控制变量包括城乡分布、性别、独生子女、学段、担任班干部、公立学校、学校排名、家校合作、教师关注度。

二、影响机制的异质性分析

分组回归结果显示，家庭环境对儿童意志力的影响效应在城市本地儿童、城市随迁子女、农村非留守儿童、农村留守儿童之间存在差异。

本部分在分组回归模型的基础上，使用 Shapley 值和 Owen 值分解法，估算相关变量对不同流动状态下儿童意志力影响的贡献度，详见表 5-13。

表 5-13 家庭环境分儿童流动状态样本的 Shapley 值和 Owen 值分解结果 （%）

变量	城市本地儿童		城市随迁子女		农村非留守儿童		农村留守儿童	
	Shapley 值分解	Owen 值分解	Shapley 值分解	Owen 值分解	Shapley 值分解	Owen 值分解	Shapley 值分解	Owen 值分解
家庭社会经济文化地位	4.53	8.83	15.76	22.53	1.04	4.33	2.88	4.64
家庭结构	3.39		5.68		2.93		1.01	
家长教育期望	6.55	56.86	0.34	42.37	9.15	39.56	4.47	38.98
亲子互动	9.38		2.76		3.99		8.69	
家庭教养方式	9.92		14.83		0.39		4.44	
亲子关系	32.88		26.62		26.76		23.28	
其他变量	33.36	34.31	34.01	35.10	55.73	56.11	55.22	56.38

注：其他控制变量包括城乡、性别、独生子女、学段、担任班干部、公立学校、学校排名、家校合作、教师关注度。

1. 亲子关系对城市本地儿童意志力发展的影响最大

就城市本地儿童来看，过程性家庭环境对儿童意志力发展差异的贡献度（56.86%）大于结构性家庭环境（8.83%），过程性家庭环境的贡献度是结构性家庭环境的 6.44 倍。其中，家庭社会经济文化地位对儿童意志力发展差异的贡献度为 4.53%，家庭结构对儿童意志力发展差异的贡献度为 3.39%。就过程性家庭环境内部来看，亲子关系是对城市本地儿童意志力发展差异贡献度最大的因素，贡献度为 32.88%，其次是家庭教养方式和亲子互动，贡献度分别为 9.92%、9.38%，家长教育期望的贡献度为 6.55%。

调研过程中，大部分家长都认识到亲子关系对孩子发展的重要性，但对于不同类型儿童，亲子关系对其发展的影响程度可能存在差异。针对亲子关系对儿童意志力发展的影响这一议题，一位武市小学四年级学生的父亲谈道："工作日我和爱人都要上班，但我们会尽量在周末陪孩子。我们把孩子的兴趣班安排在某一天，然后一个星期至少有一天带她出去玩。这里的公园、书店、图书馆我们都带她去过好多次了。我们还经常带她去做义工，因为对我们家来说，成绩好是一方面，最重要的是从小培养她良好的价值观。有时候做义工还蛮辛苦的，经常就是大半天，但是我们每次都是陪着她的，在这个过程中告诉她凡事要坚持，既然开始做一件事了就要有始有终做好。所以你看她还是挺受影响的，学校运动会能坚持跑 800 米，平时功课也从不落下。你知道最主要的是什么吗？在这个过程中我们会谈心，会一起完成很多事情，关系特别好，现在处得像朋友一样。反正这个活动我们以后还会坚持做，也希望可以锻炼一下她的毅力，形成永不放弃的观念。”

2. 家庭社会经济文化地位对城市随迁子女意志力发展有重要作用

就城市随迁子女来看，结构性家庭环境对其意志力发展差异的贡献度为 22. 53%，其中家庭社会经济文化地位的贡献度为 15. 76%，家庭结构的贡献度为 5. 68%。过程性家庭环境对儿童意志力发展差异的贡献度为 42. 37%，过程性家庭环境仍是影响儿童意志力的主要因素。其中，亲子关系是对城市随其子女意志力发展差异贡献度最大的因素，贡献度为 26. 62%，其次是家庭教养方式，贡献度为 14. 83%，家长教育期望对城市随迁子女意志力发展差异贡献度仅为 0. 34%。

田野调查中，在回答“在您看来，本地孩子和外地孩子在学校的表现有什么不同吗”的问题时，一位班主任提道：“其实我觉得随迁子女还是要一分为二地看待，我们班也有几个随迁子女，但是表现都不一样。有一个孩子虽然是随迁子女，但是成绩在我们班上却是数一数二的。她爸妈在我们学校附近开了一个宾馆，据说收入还不错，他们也有比较充足的时间陪孩子。我和她爸妈面对面交流过几次，感觉还挺通情达理的，也挺注重孩子的学习，他们也经常在微信上问孩子的情况。所以说，随迁子女的发展很大程度上还是取决于他的家庭，如果家长本身素质还不错的话，通过言传身教，孩子也不会差。”

3. 家长教育期望对农村非留守儿童意志力发展有重要影响

就农村非留守儿童来看，学校特征、个人特征等控制变量对其意志力发展差异的贡献度为 56. 11%，家庭环境的贡献度为 43. 89%，这说明相关控制变量对于促进农村非留守儿童意志力发展有较大作用，但家庭环境仍是影响农村非留守儿童意志力的重要因素。过程性家庭环境对农村非留守儿童意志力发展差异的贡献度（39.56%）大于结构性家庭环境（4.33%），过程性家庭环境的贡献度是结构性家庭环境的9.14倍。其中亲子关系对农村非留守儿童意志力发展差异贡献度最大（26.76%），其次是家长教育期望（9.15%），亲子互动和家庭教养方式对儿童意志力发展差异的贡献分别为3.99%、0.39%。

与城市孩子没完没了的上补习班、参加兴趣小组等课余时光不同，由于农村家长对孩子的教育期望一般不高，对他们的生活没有长远规划，大部分农村儿童的课余时间都在“随意”玩耍，比如去田边和山上玩，几个孩子坐在一起看动画片，和同学一起看手机、打游戏，这与拉鲁总结的美国工人阶级抚养孩子的“成就自然成长”状态比较接近①。这种不用计划、没有组织、随意松散的闲暇时光，纵然使这些孩子具有更接近自然的天性和更强的自理能力，但却无法帮助他们树立长远的发展目标，对于人力资本和社会资本的积累并无贡献。相反，如果家长对孩子有较高的教育期望，孩子会有更强烈的愿望“走出农村”。正如访谈中一位出生于农村的初一学生谈道：“我们这边重男轻女，家里的亲戚包括爷爷奶奶都不喜欢我，好在我爸妈还疼我，他们经常给我说‘幺啊，不要管别人怎么说，闺女以后照样有出息’，‘你只要好好读书，以后走出去了就好了’，还经常给我说要我努力读书，只有读书能改变现在的情况，别人才不会看不起我们。所以我从小就知道要好好念书，以后要挣很多钱，让那些看不起我们的人后悔。”正是因为家长殷切的希望，激发了这位学生好好念书的志向。

4. 亲子关系对农村留守儿童意志力发展的重要作用

就农村留守儿童来看，控制变量对其意志力发展差异的贡献度为56.38%，家庭环境的贡献度为43.62%，说明家庭环境仍对儿童意志力发展有较大影响。结构性家庭环境对其意志力发展差异的贡献度仅为4.64%，过程性家庭环境对儿童意志力发展差异的贡献度为38.98%，过程性家庭环境是影响儿童意志力发展的主要因素。就过程性家庭环境内部来看，亲子关系是对农村留守儿童意志力发展差异贡献度最大的因素，

---

① 拉鲁．不平等的童年[M]．宋爽，张旭，译．北京：北京大学出版社，2010：311.

贡献度为 23.28%，其次是亲子互动，贡献度为 8.69%，家庭教养方式和家长教育期望的贡献度分别为 4.44%、4.47%。

对于大多数背井离乡进城打工而无法把孩子带在身边的农民工父母来说，他们无法与子女共享正常的家庭氛围，因此与子女的情感联结受到时空分离的严重冲击。调研数据显示，在一年时间内，外出父亲平均回家 4.7 次，每次平均在家 9.6 天，外出母亲平均回家 3.6 次，每次平均在家 11.1 天。外出父亲与孩子联系（电话、语音、视频等）的平均次数为每个月 10.7 次，外出母亲与孩子联系（电话、语音、视频等）的平均次数为每个月 9.6 次，外出父母平均约 3 天才和子女联系一次，联系频率较低。在离散模式下，他们又缺乏与子女在远距离建立亲密关系的能力和技巧，使得农民工家庭无法建立牢固的情感枢纽，亲子间的隔阂不断扩大。访谈中有农村留守儿童提道："我和爸爸妈妈都有大半年没见了，上次见面还是过年的时候，他们每次过年回来待几天就走了，平时他们也忙，偶尔打电话或视频一下。每次都是问学习情况，烦死人了，后来也不愿意同他们讲电话了。时间久了，我也不想他们了，慢慢习惯了。以前我还想着努力学习好让他们开心，现在也觉得无所谓了，你说的那些期望、坚持、努力对我来说都没有吸引力了，我已经没有动力去做这些事了。"

第四节　结果与讨论

已有研究达成的共识是，成就和成功不再仅仅被认为是智力和天赋的副产品，而是坚韧、毅力、努力、决心、自律和持续的激情共同作用的结果。但是，意志力的发展受到哪些因素的影响？特别是随着城镇化的发展，家庭结构变迁、家庭环境变化，这将会对儿童的意志力发展带来何种特殊的影响？对这些问题的回答具有重要意义。基于此，本章利用 1 850 个家庭数据，包括匹配的 1 850 个家长样本和 1 850 个儿童样本，分别构建了儿童意志力的回归模型、Shapley 值分解、路径模型、交互模型、分组回归模型，在控制其他变量后，重点解释了家庭环境对儿童意志力的影响作用，主要研究结果如下：

1. 家长教育期望、家庭教养方式、亲子关系是影响儿童意志力发展的重要因素

回归模型显示，家长教育期望对儿童意志力有显著的积极影响，家长教育期望越高，儿童意志力越强，研究假设 H3“家长教育期望对儿童意志力有显著的正向影响”得到了验证。家长的教育期望越高，越有助于儿童树立远大的目标，并为这个目标坚持奋斗。达克沃斯在其有关著作中讲述了莱格兰德夫妇培养孩子意志力的故事：莱格兰德夫妇自身最大的特点是努力、坚持和不抱怨，他们教育孩子的目标也是培养孩子的自律和坚毅品格，希望将来孩子有始有终地做完事情。为了实现这个目标，莱格兰德夫妇以身作则，并在日常教育中要求孩子无论做出怎样的选择，都必须坚持到底，所以他们的孩子史蒂夫从 6 岁就开始打橄榄球，无论刮风下雨都坚持训练，最终被美国国家评为“最有价值的球员”[①]。达克沃斯的这个例子说明，家长的期望对儿童意志力发展极为重要。

家庭教养方式对儿童意志力有显著的影响。总体来看，权威型教养方式最有利于儿童意志力发展，研究假设 H5 得到验证，接受专制型教养方式的儿童意志力发展显著弱于接受权威型教养方式的儿童。一家长在谈到自身家庭教养方式时说道：“在教育孩子这件事上，我会犯中国家长的通病，是什么呢，那就是‘咆哮式’的教育方式。‘你怎么又不听话了？’‘你怎么又这样？’‘要你做作业你怎么不做呢？’‘每天规定的东西你怎么不按时完成呢’，就是犯这种通病。实际上，每当我静下来的时候，我觉得就不应该这个样子，而是应该有些新的，或者说让她心甘情愿地接受的教育方式，也就是说让她爱上学习，而不是在我的压迫之下被动地去接受。这是个很难的课题，对大多数家长来说，难得做到。”这位家长的案例说明，长期以来中国家长更偏向于专制型而非权威型教养方式，对子女的教养方式更多表现出家长“专制”的特点，即强调服从与控制，较少沟通，这容易打击儿童的学习热情，不利于其意志力发展。而如达克沃斯所说，家长“严厉的爱”才是培养儿童意志力发展最好的土壤。

---

① 达克沃斯．坚毅：释放激情与坚持的力量[M]．安妮，译．北京：中信出版社，2017：226-232.

亲子关系对儿童意志力得分有显著的积极影响，亲子关系越好，儿童意志力越强，假设 H6“亲子关系对儿童行为表现发展有显著正向作用”得到了数据支撑。分样本回归结果显示，亲子关系对不同群体儿童的意志力发展均有显著影响，说明亲子关系的影响具有稳健性，不因儿童群体的改变而改变。美国社会学家古德曾指出：“如果说家庭是由父亲、母亲和孩子组成的一个社会单位，那么成年人与其子女有着亲子关系是形成家庭的一个条件。”① 这说明亲子关系是家庭环境的重要组成部分，良好的亲子关系对于儿童意志力发展有着重要作用。相反，紧张的亲子关系容易对儿童造成挫折和打击，这些消极体验容易让他们形成习得性无助，进而削弱其意志力发展水平②。

2. 结构性家庭环境通过过程性家庭环境、学校教育质量对儿童意志力产生间接影响

回归分析和路径分析结果显示，过程性家庭环境和学校教育质量是家庭社会经济文化地位和家庭结构影响儿童意志力发展的两种重要机制。家庭社会经济文化地位和家庭结构对儿童意志力发展没有直接的显著影响，但通过家庭教养方式、亲子关系、家长教育期望对儿童意志力产生间接影响，研究假设 H7 得到了数据支撑。这说明，家庭社会经济文化地位和家庭结构作为一种静态的环境结构，不能对儿童发展产生直接影响，要通过转化为动态的、过程性的目标、行动和氛围才能对儿童意志力发展产生影响，这与已有研究结论一致③。具体来看，社会经济文化地位较高的家庭，通过提供更高水平的教育和服务（比如送孩子去课外补习班和兴趣班）来补充孩子的学习，并投入更多时间在孩子身上（比如带孩子去图书馆和科技馆），从而对孩子的人力资本进行了更大的投资，更有利于促进孩子的技能提升和健康发展。

同时，家庭社会经济文化地位还通过改变儿童接受优质教育的机会对儿童意志力产生间接影响，研究假设 H8 得到了数据支撑。优质学校

---

① 古德．家庭[M]．魏章玲，译．北京：社会科学文献出版社，1986：11-12.

② 郑磊，孙钰．家庭对学生意志力的影响及作用机制：基于 CEPS 数据的研究[J]．教育科学研究，2020（12）：24-32.

③ 雷万鹏，向蓉．留守儿童学习适应性与家庭教育决策合理性[J]．华中师范大学学报（人文社会科学版），2018，57（6）：174-182.

不仅有优质的师资，还有良好的生源，更有良好的文化氛围，这都将有利于儿童发展有意义的人际关系，也有更多的机会，这都有利于儿童梳理明确的目标，并为之坚持奋斗。此外，更加优质的学校，更加注重培养学生德智体美劳全面发展，在提升学生学业成绩的同时，这类学校也会通过课程设计、活动开设提升学生非认知能力发展，因此，在优质学校学习的学生，有更多机会提升自己的意志力。

3. 过程性家庭环境对儿童意志力发展的影响效应大于结构性家庭环境

Shapley 值分解结果和路径分析结果显示，家庭环境是影响儿童意志力的关键因素，比个人特征和学校特征的解释度更高。进一步分解发现，过程性家庭环境对儿童意志力发展差异的贡献率是结构性家庭环境的 4.6 倍，过程性家庭环境的影响效应大于结构性家庭环境的影响效应。具体来看，对儿童意志力影响效应从大到小依次为亲子关系、亲子互动、家庭教养方式、家长教育期望、家庭社会经济文化地位、家庭结构。其中，亲子关系对儿童意志力的差异贡献度最大，是亲子互动的 5.48 倍，是家庭教养方式的 6.01 倍，是家庭社会经济文化地位的 9.97 倍，是家长教育期望的 6.23 倍，是家庭结构的 6.58 倍。儿童发展的生态系统模型和代际传递模型都认为，儿童所处的多重环境之间的相互作用在很大程度上解释了儿童发展中的个体差异，但相较而言，儿童家庭环境中的近端过程，特别是养育子女的过程，是至关重要的①。因此，亲子关系、家庭教养方式、家长教育期望等动态的过程性家庭环境，对儿童意志力发展的影响作用更大。

4. 文化教育可以弥补低家庭社会经济文化地位对儿童意志力发展的不利影响

在完整模型中，文化教育对儿童意志力的回归系数为正，但在统计上不显著，但文化教育与家庭社会经济文化地位的交互项回归系数显著为负，表明家长文化教育在家庭社会经济文化地位与儿童意志力之间起

① LIU A, XIE Y. Influences of Monetary and Non-monetary Family Resources on Children's Development in Verbal Ability in China [J]. Research in Social Stratification and Mobility, 2015, 40 (40): 59-70.

着调节作用。也就是说，家长的文化教育对儿童意志力发展没有直接的作用，但家长的文化教育可以削弱家庭社会经济文化地位对儿童意志力的影响，较高的文化教育频率可以弥补低家庭社会经济文化地位对儿童意志力发展的不利影响。具体来看，对于家长文化教育频率较低或中等水平的儿童而言，家庭社会经济文化地位对其意志力起着正向作用，且对较低水平的边际效应更大。对于家长文化教育频率较高的儿童而言，家庭社会经济文化地位越高，儿童意志力得分越低。

5. 提升家长教育素养是增强亲子互动对儿童意志力影响的重要途径

调节效应分析显示，以生活陪伴、文化教育为表征的亲子互动对儿童意志力发展没有直接的影响，但是随着家长的家庭教育观念的科学化、家庭教育知识的增加、家庭教育能力的提升，不仅可以激活生活陪伴、文化教育的作用，还能调节生活陪伴、文化教育对儿童意志力发展的效应，尤其当家长教育素养处于较高水平时，生活陪伴、文化教育能促进儿童意志力发展。正如田野调查中有老师说道：“孩子潜能的发现和培育是要靠家长的，关键就在于家长有没有这种教育观念，有没有这种培育能力。比如有的家长懂教育知识，当他看见孩子打篮球，打得不错，他就会陪着孩子一起打，并鼓励孩子把这项兴趣坚持下去，这样不仅能激发孩子在打篮球方面的潜力，还能培养孩子的长久兴趣。但如果家长没有这方面的知识，他就只会觉得孩子为什么只是在打篮球？温好习了吗？做好功课了吗？这样就扼杀了孩子的潜能。”这位老师的话说明家长教育素养对孩子成长的重要性。

同时，接受家庭教育指导可以增强学习监管对儿童意志力的正向作用。家庭教育指导活动是通过外部干预提升家长教育素养的重要途径，参加家庭教育指导活动在一定程度上可以提升家长的教育素养，进而调动学习监管对儿童意志力的正向作用。在回答“您在家庭教育中遇到的最大困难有哪些”时，“缺乏有效的家庭教育方法”和“辅导孩子学习力不从心”是家长选择最多的困难，分别占样本总体的 26. 5% 、25. 9% ，15. 6% 的家长选择“遇到家庭教育问题不知道向谁求助”，14. 5% 的家长选择“没有时间教育孩子”，“祖辈的干预或溺爱”“教育支出负担过重”也是家长遇到较多的困难。这说明了两个问题：一是家长本身教育素养不高，家长对于如何科学教养孩子还缺乏有效方法。客观存在的家庭教育困难，表明家长亟须家庭教育方法等方面的指导，需要借助外力来帮助自己提升家庭教育能力，也说明家庭教育指导工作开展的必要性；二是家庭教育指导的可及性和覆盖面还不够，内容的有效传达度还不够，家庭教育指导服务体系还有待完善。

6. 家庭环境对儿童意志力发展的影响因儿童类型不同而存在差异

家庭社会经济文化地位仅对城市随迁子女意志力发展有显著积极影响，因为社会经济文化地位越高的城市随迁子女家庭，他们越能帮助孩子在遇到困难时解决困难以使孩子能沿着自己的目标坚持奋斗。双亲缺席不利于在城市学习但户口在农村的城市随迁子女的意志力发展。家长教育期望对农村非留守儿童的意志力发展的积极影响最大，家长的高教育期望能帮助他们树立较为长远的目标，并为这个目标坚持奋斗。生活陪伴对农村儿童意志力发展有显著的负向影响，可能的原因有两方面：一是农村经济来源较少，一般以外出务工为主要收入来源，选择陪伴在孩子身边而未外出，可能形成较低的经济收入，不利于孩子树立合适的奋斗目标；二是农村儿童主要是爷爷奶奶教养，爷爷奶奶的溺爱不利于儿童意志力的发展。专制型教养方式不利于城市随迁子女和农村留守儿童意志力发展，这是因为城市随迁子女和农村留守儿童的家庭结构和家庭环境处于弱势地位，如果家长对其过多施加权威、责罚与控制，而不是为其提供温暖与支持，则更容易使之遇难则放弃，不能按照老师的要求完成作业和功课，因此家长应该给予他们充足的爱、支持、鼓励和肯定。亲子关系对儿童意志力发展的积极影响不存在异质性，对城市随迁子女的影响最大。

第六章　家庭环境与儿童情绪稳定性

情绪稳定性既是一种人格特质，也是一种非认知能力。情绪稳定性不仅可以不断地发展健全人格，提高生活质量，保持旺盛精力和愉快情绪，还与个体的情绪体验、自尊水平和生活满意度密切相关，而且对个人职业、收入和长远发展有着重要影响[①]。对义务教育阶段儿童情绪稳定性的关注不仅是学生全面发展的需要，也是实施素质教育和深化教育改革的需要，更是时代变迁与社会转型对教育提出的要求。然而，从实际来看，我国正处于社会经济快速转型时期，人民的价值观念和生活节奏不断变化，社会竞争压力不断增大，义务教育阶段儿童面临各种压力和挑战，由于他们的情绪体验尚不稳定，焦虑、沮丧、愤怒、过度担心等消极情绪越发凸显。据世界卫生组织统计，我国 70% 左右的人处于精神“亚健康”状态，17 岁以下儿童有学习、情绪障碍者约 3 000 万人。由此可见，义务教育阶段儿童情绪稳定性状况将是教育研究关注的热点问题。

我国政府对此日益重视。2018 年，中共中央、国务院通过的《“健康中国 2030”规划纲要》指出，要提升心理健康素养，加强对抑郁症、焦虑症等常见精神障碍和心理行为问题的干预。2019 年，国家卫健委发布的《健康中国行动（2019—2030 年）》中将心理健康促进行动作为提升居民健康水平的重要行动，要求个人和家庭提高心理健康意识，追求

① HELLER B R，DRENKARD K，ESPOSITO-HERR M B，et al. Educating Nurses for Leadership Roles [J]. The Journal of Continuing Education in Nursing，2004，35（5）：203-210.

身心健康，保持乐观、开朗、豁达的生活态度。2019年，中共中央、国务院发布的《关于深化教育教学改革全面提高义务教育质量的意见》中指出，要坚持“五育”并举，全面发展素质教育，加强心理健康教育和品德修养教育，注重学生的身心健康与完善人格，培养德智体美劳全面发展的社会主义建设者和接班人。这表明，作为心理健康的重要预测因素，儿童情绪稳定性水平是我国新时代背景下深化教育改革所需要关注的重要议题。

人的情绪模式虽然具有相对稳定性，但也并非意味着它是绝对不可改变的。大多数人的情绪稳定性程度在30岁之前仍具有较强的可塑性，且年龄越小，情绪稳定性的可塑性越高。这意味着，情绪稳定性发展变化的关键时期是儿童与青少年时期。在此期间，通过儿童的自我塑造和外界的教育干预，可以有效避免儿童出现情绪大起大落，进而提升孩子的幸福感与成就动机[①]。因此，如何帮助义务教育阶段儿童学会适度地表达自己的情绪，在遇到情绪困扰时，能运用良好的情绪调节方式进行调节是本研究关注的重点。

伴随着城镇化的快速发展，流动人口迅速增加，农村留守儿童和城市随迁子女也不断增加，同时伴随着离婚率上升，单亲家庭急剧增加，对儿童的情绪稳定性发展带来一定挑战，他们出现情绪消沉、生活无趣、悲伤等消极情绪的概率增加。一方面，儿童的情绪稳定性发展是社会转型的产物；另一方面，加强儿童情绪稳定性发展也会对个人的长远发展产生积极影响，有助于促进社会稳定和人际关系和谐、提升公众幸福感。那么，在城镇化进程中，儿童的情绪稳定性发展现状如何？在影响儿童情绪稳定性发展的诸多因素中，什么样的家庭环境更有利于儿童情绪稳定性发展？家庭环境影响儿童情绪稳定性发展的机制是什么？家庭环境对儿童情绪稳定性的影响是否存在儿童类型的异质性？有鉴于此，本章内容以义务教育阶段儿童情绪稳定性得分为因变量，在描述儿童情绪稳定性发展现状的基础上，重点探讨在控制其他变量后，家庭环境对儿童

---

① 黄忠敬．社会与情感能力：影响成功与幸福的关键因素［J］．全球教育展望，2020，49（6）：102-112.

情绪稳定性的影响机制，并进一步探究城镇化进程中家庭环境在儿童情绪稳定性发展中的差异作用。

第一节　儿童情绪稳定性现状描述

本研究使用的情绪稳定性量表参考美国流行学研究中心抑郁量表和中国教育追踪调查中关于情绪稳定性的测量，采用李克特五点量表，共包含 10 个题项，参考边燕杰和李煜关于主成分分析法的计算方法，通过计算形成取值范围为 0—100 的情绪稳定性得分，数值越大表示儿童情绪稳定性越好。

一、情绪稳定性的整体描述

从全部学生样本来看，义务教育阶段儿童的平均情绪稳定性得分为 78. 31 分，最高分为 100 分，最低分为 14. 81 分，标准差 17. 53。数据显示，在全部 1 850 个儿童中，儿童情绪稳定性得分的第一四分位数为 68. 14，第二四分位数亦即中位数为 80. 19，第三四分位数为 92. 70，中位数和均值相近但略大于均值，表明儿童的情绪稳定性得分呈左偏态分布。从儿童情绪稳定性得分的分布直方图可知（图 6-1），儿童情绪稳定性得分整体呈左偏态，这与义务教育阶段大部分儿童情绪稳定性较为正常的现实相符①。

从地区分布来看，在取样的 8 个市中，宜昌市儿童的情绪稳定性整体水平最好，平均得分为 83. 56 分，远高于总体均值和中位数。其次是武汉市，平均得分为 80. 16 分。接下来依次为荆州市、襄阳市、十堰市、荆门市、咸宁市、恩施市，其中恩施市儿童的情绪稳定性水平最低，平均得分仅有 73. 57 分，远低于总体均值和中位数。从地区内部差异来看，恩施市儿童情绪稳定性平均得分标准差为 18. 94，表明恩施市内部儿童情绪稳定性水平的个体差异较大，襄阳市儿童情绪稳定性得分标准差为 14. 42，相较于其他地区而言，襄阳市儿童情绪稳定性得分相对集中，个

---

① 俞国良，李建良，王勍．生态系统理论与青少年心理健康教育［J］．教育研究，2018，39（3）：110-117.

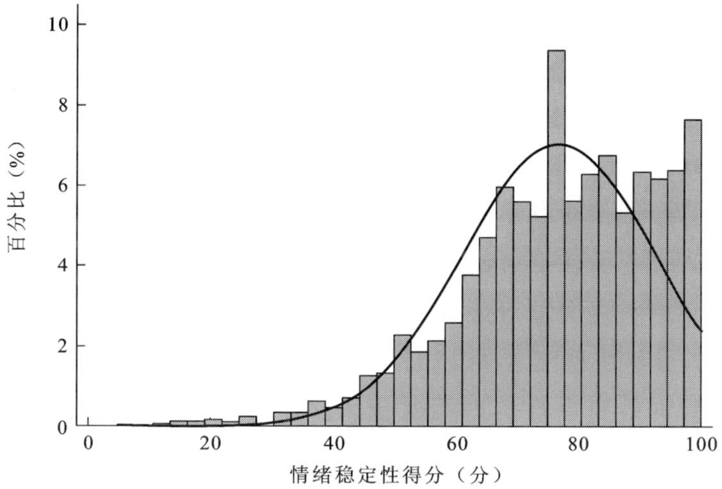

图 6-1　儿童情绪稳定性得分分布直方图

体间差异相对较小。单因素方差分析结果显示，儿童平均情绪稳定性水平有显著的地区差异，F 值为 7.51，显著性检验 $p<0.001$。从箱型图（图 6-2）也可以看出儿童情绪稳定性水平的地区差异，宜昌市、武汉市儿童情绪稳定性得分的中位数远高于样本总体均值，荆门市、十堰市、荆州市儿童情绪稳定性得分的中位数略高于样本总体均值，咸宁市、襄阳市、恩施市儿童情绪稳定性得分的中位数低于样本总体均值。

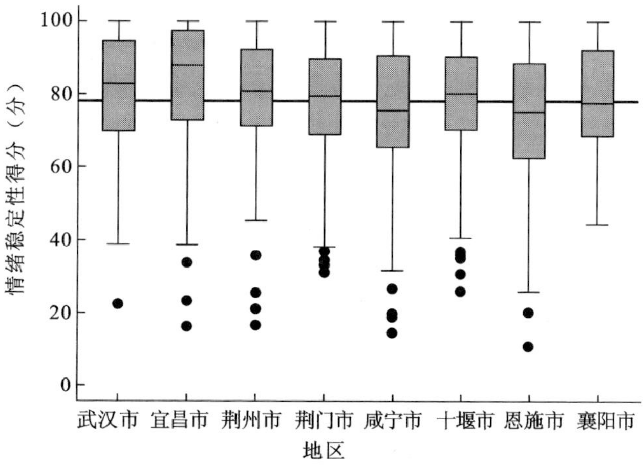

图 6-2　各地区儿童情绪稳定性得分箱型图

二、情绪稳定性的差异分析

（一）个体差异分析

表6-1的数据表示，儿童情绪稳定性水平存在显著的学段差异，小学低年级的平均得分为80.86分，小学高年级的平均得分为80.28分，初中的平均得分为72.53分，初中儿童情绪稳定性得分显著低于小学阶段儿童，F值为38.80，显著性检验$p<0.001$。儿童情绪稳定性水平在是否担任班干部上有显著差异，担任班干部儿童的情绪稳定性水平显著高于未担任班干部的儿童，担任班干部儿童的情绪稳定性平均得分为79.88分，未担任班干部儿童的情绪稳定性平均得分为77.09分，显著性检验$t=3.41$（$p<0.001$）。数据显示，女生平均情绪稳定性水平高于男生，独生子女平均情绪稳定性水平高于非独生子女，但是两者差异在统计上并不显著。

表6-1　儿童情绪稳定性水平个体差异

个体特征	属性	均值	t
性别	男生	77.53	1.62
	女生	78.88	
独生子女	独生子女	78.82	1.36
	非独生子女	77.71	
担任班干部	担任班干部	79.88	3.41***
	未担任班干部	77.09	
个体特征	**属性**	**均值**	**F**
学段	小学低年级	80.86	38.80***
	小学高年级	80.28	
	初中	72.53	

（二）家庭差异分析

1. 家庭社会经济文化地位

家庭社会经济文化地位根据均值和标准差，可分为中下水平、中等水平、中上水平 3 个等级。表 6-2 显示，从家庭社会经济文化地位来看，儿童情绪稳定性水平在家庭社会经济文化地位上存在显著差异，家庭社会经济文化地位越高的儿童，情绪稳定性得分越高。中下家庭社会经济文化地位的儿童情绪稳定性平均得分为 76.03 分，中等家庭社会经济文化地位的儿童情绪稳定性平均得分为 77.99 分，中上家庭社会经济文化地位的儿童情绪稳定性平均得分为 80.96 分，单因素方差分析结果显示，F 值为 6.69，显著性检验 $p<0.001$。对三类家庭进行两两比较发现，儿童情绪稳定性水平：中上水平>中等水平>中下水平，亦即较低家庭社会经济文化地位不利于儿童情绪稳定性发展，较高家庭社会经济文化地位更有利于儿童情绪稳定性发展。

表 6-2　家庭社会经济文化地位与儿童情绪稳定性水平

家庭社会经济文化地位	样本量	均值	标准差	F
中下水平	304	76.03	17.89	
中等水平	1 103	77.99	17.07	6.69***
中上水平	351	80.96	18.91	

2. 家庭结构

表 6-3 结果显示，儿童情绪稳定性水平在家庭结构上存在显著差异。双亲缺席家庭儿童的情绪稳定性得分为 77.95 分，单亲家庭儿童的情绪稳定性得分为 76.29 分，双亲家庭儿童的情绪稳定性得分为 78.31 分，单亲家庭儿童的情绪稳定性得分最低，双亲家庭儿童的情绪稳定性得分最高。单因素方差分析结果显示，F 值为 5.33，显著性检验 $p<0.001$。对三类家庭进行两两比较得出结论，儿童情绪稳定性水平：双亲家庭>双亲缺席家庭>单亲家庭，亦即单亲家庭最不利于儿童情绪稳定性发展，双亲家庭更有利于儿童情绪稳定性发展。

表 6-3　家庭结构与儿童情绪稳定性水平

家庭结构	样本量	均值	标准差	F
双亲缺席家庭	374	77.95	17.54	
单亲家庭	487	76.29	17.97	5.33***
双亲家庭	989	78.31	17.23	

3. 家庭教养方式

表 6-4 显示，儿童情绪稳定性水平在家庭教养方式上存在显著的差异。溺爱型教养方式的儿童情绪稳定性平均得分为 75.83 分，专制型教养方式的儿童情绪稳定性平均得分为 76.23 分，忽视型教养方式的儿童情绪稳定性平均得分为 70.69 分，权威型教养方式的儿童情绪稳定性平均得分为 80.60 分。单因素方差分析结果显示，F 值为 18.30，显著性检验 $p<0.001$。对四类家庭进行两两比较结果显示，儿童情绪稳定性水平：权威型教养方式>专制型教养方式>溺爱型教养方式>忽视型教养方式，且两两之间的结果在统计上显著，这表明，权威型教养方式最有利于儿童情绪稳定性水平的提升，忽视型教养方式最不利于儿童情绪稳定性发展。

表 6-4　家庭教养方式与儿童情绪稳定性水平

家庭教养方式	样本量	均值	标准差	F
溺爱型	168	75.83	16.49	
专制型	486	76.23	16.97	
忽视型	133	70.69	21.31	18.30***
权威型	1 063	80.60	17.01	

（三）学校差异

由表 6-5 可知，从学校差异来看，不同教育质量学校儿童的情绪稳定性水平存在显著的差异。就学校教育质量而言，中上水平教育质量学校的儿童情绪稳定性水平最高，平均得分达到 79.33 分；其次是中等水平教育质量学校，平均得分为 78.67 分；再次是质量最好的学校，儿童情绪稳定性平均得分为 76.31 分；紧接着是中下水平教育质量的学校，儿童情绪稳定性平均得分为 76.03 分；教学质量最差学校的儿童情绪稳定性水平最低，平均得分仅为 70.32 分。单因素方差分析结果显示，F 值为 3.47，显著性检验 $p<0.001$，表明不同教育质量学校的儿童情绪稳定性水平存在显著差异。就学校性质而言，公办学校儿童情绪稳定性平均得分为 78.70 分，民办学校儿童情绪稳定性平均得分为 76.63 分，公办学校儿童情绪稳定性水平显著高于民办学校儿童情绪稳定性水平（$t=1.83$，$p<0.1$）。

表 6-5 学校特征与儿童情绪稳定性水平

学校教育质量	样本量	均值	标准差	F
最差	27	70.32	18.41	
中下	156	76.03	17.21	
中等	733	78.67	17.12	3.47^{***}
中上	717	79.33	17.51	
最好	217	76.31	18.66	
学校性质	样本量	均值	标准差	t
公办学校	1 497	78.70	16.97	1.83^{+}
民办学校	353	76.63	19.69	

（四）城乡背景差异

表 6-6 的结果显示，就城乡差异来看，城市儿童情绪稳定性水平最高，平均得分为 78.97 分，县镇儿童情绪稳定性水平次之，平均得分为 77.99 分，乡村儿童情绪稳定性水平最低，平均得分为 77.88 分。虽然城乡儿童情绪稳定性得分的差异在统计上不显著，但是儿童情绪稳定性水平在城乡之间的差异不可忽视。就人口流动形成的不同儿童类型来看，城市随迁子女情绪稳定性水平最高，平均得分为 79.48 分，其次是城市本地儿童，平均得分为 78.90 分，紧接着是农村非留守儿童，平均得分为 77.92 分，农村留守儿童情绪稳定性水平最差，平均得分仅为 77.14

分，但是不同儿童的情绪稳定性得分的差异在统计学意义上不显著。

表 6-6 城乡背景与儿童情绪稳定性水平

城乡背景	维度	样本量	均值	标准差	F
城乡分布	乡村	505	77.88	16.41	0.75
	县镇	639	77.99	16.78	
	城市	704	78.97	18.92	
儿童流动状态	城市本地儿童	672	78.90	18.63	1.32
	城市随迁子女	266	79.48	18.31	
	农村非留守儿童	514	77.92	16.49	
	农村留守儿童	396	77.14	16.29	

第二节 家庭环境对儿童情绪稳定性影响研究

一、研究假设

作为儿童非认知发展的重要指标，儿童时期的情绪稳定性发展不仅关系到个体将来的教育获得和社会经济地位获得，而且关系到其将来的身心健康发展状况和幸福生活①。根据社会生态系统理论，儿童情绪稳定性发展主要受三方面因素的影响：一是儿童个体的相关因素，包括人口学变量和自我认知、自我发展；二是家庭环境，包括家庭社会经济文化地位、家庭结构、家长教育期望、亲子互动、家庭教养方式、亲子关系等静态的和动态的环境；三是学校环境，包括学校教育质量、学校文化、师生关系、同伴关系等。

就结构性家庭环境因素来看，地位观认为，人们所处结构位置的差异及其发生过程是决定身心健康不平等的根本性原因②。社会经济文化

① CASE A, PAXSON C. Children's Health and Social Mobility [J]. The Future of Children, 2006, 16 (2): 151-173.

② 姚远，张顺. 家庭地位、人际网络与青少年的情绪稳定性[J]. 青年研究，2016 (5): 29-37.

地位越高的家庭，可以运用更多的资源去应对各种突发事件和负面事件，他们面临的精神压力更小，因而表现出更好的情绪状态[①]。相反，社会经济地位较低家庭的个体更容易陷入“社会困境”，他们普遍缺乏经济来源和社会支持，更有可能表现出焦虑、抑郁和愤怒等情绪[②]。随着社会经济文化的发展，人们价值观念随之变化，伴随离婚率上升而来的是家庭的解体与重组，家庭结构正在多样化发展，这对儿童的情绪稳定性发展有着重要影响。大量经验研究表明，儿童时期在非完整家庭中成长的孩子，在学业成绩、认知、情感、行为和社交技能等方面落后于完整家庭的孩子，而且他们的长远发展也更可能处于劣势[③]。根据已有研究，本研究提出以下假设：

假设 H1a：家庭社会经济文化地位对儿童情绪稳定性有直接的显著影响。

假设 H1b：家庭结构对儿童情绪稳定性有显著的影响，与双亲家庭相比，双亲缺席和单亲家庭均不利于儿童情绪稳定性发展。

就过程性家庭环境因素来看，不仅父母职业、受教育程度、家庭结构等结构性环境对儿童情绪稳定性有影响，家长教育期望、亲子互动、亲子关系、父母教养方式等过程性环境变量对儿童情绪稳定性水平也有影响。儿童发展的生态系统模型和代际传递模型都认为，儿童与其所处的多重环境之间的相互作用在很大程度上解释了儿童发展中的个体差异[④]。因此，家庭环境中养育子女的过程对儿童的发展至关重要，高质量的养育实践甚至可以削弱家庭收入缺乏带来的发育缺陷。生态系统理论、社会资本理论、符号互动理论指出，亲子互动、亲子关系是家庭环境的重要组成部分，当亲子互动频繁，亲子之间形成亲密关系时，子女之间的社会资本增加，形成有利于儿童情绪稳定性发展的家庭环境。据

---

① 胡荣，陈斯诗．影响农民工精神健康的社会因素分析[J]．社会，2012，32（6）：135-157.

② 彭国胜．家庭对青少年学生自杀意愿和行为的影响：基于湖南省的实证调查[J]．青年研究，2007（7）：16-24.

③ CARLSON M J，CORCORAN M. Family Structure and Children's Behavioral and Cognitive Outcomes [J]. Journal of Marriage and Family，2001，63（3）：779-792.

④ BRONFENBRENNER U，CECI S J. Nature-nuture Reconceptualized in Developmental Perspective：A Bioecological Model [J]. Psychological Review，1994，101（4）：568-586.

此，本研究提出以下假设：

假设 H2a：家长教育期望越高，儿童情绪稳定性水平越高。

假设 H2b：亲子互动频率越高，儿童情绪稳定性水平越高。

假设 H2c：家庭教养方式对儿童情绪稳定性有显著的影响，相较而言，权威型教养方式更有利于儿童情绪稳定性发展。

假设 H2d：亲子关系对儿童情绪稳定性发展有显著的积极影响。

家庭环境不仅直接对儿童情绪稳定性产生影响，也会通过改变子女接受优质教育的机会对儿童情绪稳定性产生间接的影响。家庭利用社会、经济资源为其子女争取优质的教育机会，进入优质的学校，进而可以改变儿童的情绪稳定性发展水平①。有研究表明，家庭社会经济地位越高，儿童就读学校的等级也越高，学校教育质量也越好②。经济资源丰富的家庭往往选择将孩子送往优质的民办学校，即便在就近入学的公办教育体系中，高质量的公办学校往往位于优势社会阶层聚居的区域之中，经济资源通过居住地域的隔离达到教育隔离的效应。在中国，有相当一部分富裕家庭为使子女进入优质公办小学、初中，不惜花重金购买“学区房”，通过买房而选择高质量的学校③。基于此，本研究作出以下假设：

假设 H3a：结构性家庭因素通过选择不同质量的学校，进而影响儿童情绪稳定性发展。

二、家庭环境对儿童情绪稳定性的影响：回归结果

表 6-7 是家庭环境对儿童情绪稳定性影响的分层回归结果，模型 1 至模型 4 逐步加入控制变量、结构性家庭环境变量、过程性家庭环境变量、中介变量，模型的 R^2 从 0.079 增加至 0.165，表明模型对儿童情绪稳定性得分有较好的解释力（详见表 6-7）。

模型 1 是控制变量对儿童情绪稳定性的影响。数据结果显示，从城

---

① 李忠路，邱泽奇．家庭背景如何影响儿童学业成绩?：义务教育阶段家庭社会经济地位影响差异分析[J]．社会学研究，2016，31（4）：121-144.

② 吴愈晓．中国城乡居民的教育机会不平等及其演变（1978—2008）[J]．中国社会科学，2013（3）：4-21.

③ 冯皓，陆铭．通过买房而择校：教育影响房价的经验证据与政策含义[J]．世界经济，2010，33（12）：89-104.

乡背景来看，儿童情绪稳定性得分没有显著的城乡差异，城市本地儿童、城市随迁子女、农村留守儿童与农村非留守儿童之间也没有显著的差异。从儿童个体特征来看，儿童情绪稳定性得分没有显著的性别、是否独生子女、是否担任班干部的差异。从学段来看，小学高年级与小学低年级之间没有显著的差异，小学低年级和初中之间有显著的差异（$p<0.001$），初中儿童情绪稳定性得分比小学低年级儿童低 7.827 分。从学校特征来看，儿童情绪稳定性没有显著的学校性质差异，学校教育质量、家校合作情况对儿童情绪稳定性没有显著的影响，这表明假设 H3a“结构性家庭因素通过选择不同质量的学校，进而影响儿童情绪稳定性发展”不成立，学校教育质量的中介作用不存在。教师关注度对儿童情绪稳定性有显著的正向影响（$p<0.001$），回归系数为 2.817，教师关注度每增加 1 个单位，儿童情绪稳定性得分增加 2.817 分。

模型 2 在模型 1 的基础上加入结构性家庭环境和过程性家庭环境变量。采用因素分析法将家庭社会经济文化地位和家庭结构两个变量合成结构性家庭环境变量，采用因素分析法将家长教育期望、亲子互动（生活陪伴、文化教育、学习监管）、家庭教养方式、亲子关系合成过程性家庭环境变量。统计结果显示，结构性家庭环境对儿童情绪稳定性有显著影响（$p<0.05$），回归系数为 2.091，结构性家庭环境每增加 1 单位，儿童情绪稳定性得分增加 2.091 分。过程性家庭环境对儿童情绪稳定性有显著正向影响（$p<0.001$），回归系数为 3.937，过程性家庭环境每增加 1 单位，儿童情绪稳定性得分增加 3.937 分。

模型 3 是在模型 1 的基础上加入家庭社会经济文化地位和家庭结构后的结果。统计结果显示，家庭社会经济文化地位对儿童情绪稳定性有正向影响，且在 1% 的水平上显著，家庭社会经济文化地位越高，儿童情绪稳定性得分越高，家庭社会经济文化地位每增加 1 单位，儿童情绪稳定性得分增加 0.849 分。就家庭结构来看，双亲缺席家庭儿童的情绪稳定性得分低于双亲家庭儿童，但在统计上不显著，单亲家庭与双亲家庭儿童情绪稳定性有显著差异（$p<0.05$），单亲家庭儿童情绪稳定性得分比双亲家庭儿童低 2.794 分。

模型 4 是在模型 3 的基础上加入过程性家庭环境相关变量的结果，

模型 4 的拟合优度提高到 0. 165。在加入家庭过程变量后，家庭社会经济文化地位对儿童情绪稳定性的影响效应减小，且不再显著，家庭结构对儿童情绪稳定性影响的效应亦减小，且显著性降低。这说明，结构性家庭环境通过转化为过程性家庭环境对儿童情绪稳定性产生影响。就家长教育期望来看，家长教育期望对儿童情绪稳定性发展有正向作用，但是在统计上不显著，拒绝假设 H2a“家长教育期望越高，儿童情绪稳定性水平越高”。就亲子互动来看，生活陪伴和学习监管对儿童情绪稳定性没有显著影响，文化教育对儿童情绪稳定性有正向影响，且在 1% 的水平上显著，亲子一起参与文化活动越多，儿童情绪稳定性得分越高，文化教育每增加 1 单位，儿童情绪稳定性得分增加 1. 752 分。从家庭教养方式维度来看，家庭教养方式对儿童情绪稳定性有显著的影响，相较于权威型教养方式，溺爱型教养方式下儿童情绪稳定性得分低 3. 354，且在 5% 的水平上显著；专制型教养方式低 2. 131 分，且在 5% 的水平上显著；忽视型教养方式低 6. 513 分，且在 0. 1% 的水平上显著。进一步研究发现，溺爱型和忽视型教养方式对儿童情绪稳定性的影响没有显著差异。总体来看，权威型教养方式更有利于儿童情绪稳定性发展。从亲子关系来看，亲子关系对儿童情绪稳定性有显著的积极影响（$p<0.001$），亲子关系越好，儿童情绪稳定性得分越高，亲子关系每增加 1 单位，儿童情绪稳定性得分增加 5. 305 分。

表 6-7　家庭环境对儿童情绪稳定性的影响

变量	情绪稳定性得分			
	模型 1	模型 2	模型 3	模型 4
城乡背景因素				
农村[a]	0. 739(1. 222)	0. 618(1. 279)	0. 629(1. 270)	0. 561(1. 249)
城市[a]	0. 077(1. 374)	−1. 103(1. 412)	−0. 665(1. 415)	−1. 520(1. 375)
城市本地儿童[b]	2. 135(1. 607)	0. 901(1. 659)	0. 628(1. 672)	0. 876(1. 621)
城市随迁子女[b]	2. 346(1. 812)	2. 876(1. 875)	2. 789(1. 916)	3. 020(1. 872)
农村留守儿童[b]	−1. 275(1. 229)	0. 620(1. 370)	0. 568(1. 426)	0. 109(1. 407)

续表

变量	情绪稳定性得分			
	模型 1	模型 2	模型 3	模型 4
儿童个体因素				
男生	−0.477(0.850)	−0.227(0.878)	−0.392(0.873)	0.247(0.856)
独生子女	1.032(0.865)	0.345(0.895)	0.783(0.890)	0.331(0.872)
小学高年级[c]	−0.359(1.006)	−0.500(1.044)	−0.348(1.043)	−1.170(1.026)
初中[c]	−7.827***(1.122)	−6.541***(1.174)	−7.798***(1.155)	−6.342***(1.160)
担任班干部	1.160(0.873)	0.946(0.907)	0.871(0.908)	0.154(0.890)
学校因素				
公立学校	1.710(1.120)	1.300(1.167)	1.512(1.166)	1.582(1.140)
学校教育质量	−0.296(0.500)	−0.466(0.523)	−0.337(0.524)	−0.636(0.515)
家校合作	0.725(0.477)	−0.910(0.557)	0.560(0.492)	−0.607(0.563)
教师关注度	2.817***(0.442)	2.510***(0.459)	2.889***(0.453)	1.439**(0.462)
结构性家庭环境		2.091*(1.042)		
家庭社会经济文化地位			0.849**(0.264)	0.378(0.266)
双亲缺席[d]			−1.642(1.388)	0.019(1.386)
单亲家庭[d]			−2.794*(1.185)	−2.076+(1.156)
过程性家庭环境		3.937***(0.696)		
家长教育期望				0.105(0.149)
生活陪伴				0.940(0.682)
文化教育				1.752**(0.627)
学习监管				−0.201(0.563)
溺爱型教养方式[e]				−3.354*(1.548)
专制型教养方式[e]				−2.131*(1.085)
忽视型教养方式[e]				−6.513***(1.862)
亲子关系				5.305***(0.573)
常数项	65.17***(2.943)	72.03***(3.249)	60.67***(3.344)	44.19***(5.131)
N	1 643	1 524	1 561	1 524
R^2	0.079	0.108	0.094	0.165

三、家庭环境对儿童情绪稳定性影响的差异：Shapley 值分析

上述回归分析结果表明，结构性家庭环境与过程性家庭环境均对儿童情绪稳定性产生显著影响，但简单的回归难以准确回答哪一个变量对儿童情绪稳定性的发展有更大的影响。为进一步明确静态家庭环境和动态家庭环境的相对重要性，本研究在回归模型的基础上，使用 Shapley 值和 Owen 值分解法，估算本研究所选变量对儿童情绪稳定性影响的解释度。

表 6-8 报告了家庭环境的 Shapley 值和 Owen 值分解结果。结果显示，就结构性家庭环境内部而言，家庭社会经济文化地位对儿童情绪稳定性发展差异的解释度（3.68%）大于家庭结构的解释度（0.44%）。就过程性家庭环境内部而言，亲子关系是对儿童情绪稳定性发展的差异解释度最大的因素，解释度为 48.00%，其次是亲子互动，解释度为 12.57%，家庭教养方式的解释度为 5.09%，家长教育期望的解释度为 1.10%。亲子互动的进一步分解结果显示，亲子互动中的生活陪伴、文化教育、学习监管对儿童情绪稳定性发展的差异解释度依次为 5.56%、5.03%、4.72%，这说明，亲子关系是影响儿童情绪稳定性发展的关键变量，建立良好的亲子关系是推动儿童情绪稳定性发展的关键措施。

Owen 值分解结果显示，家庭环境对儿童情绪稳定性发展差异的贡献率为 71.01%，控制变量对儿童情绪稳定性发展差异的贡献率为 28.99%，家庭环境的贡献率是控制变量的 2.45 倍。由此可见，家庭环境是影响儿童情绪稳定性发展的重要因素。本研究进一步将家庭环境分为结构性维度和过程性维度，结果表明，过程性家庭环境对儿童学习适应性发展差异的解释度（65.89%）远高于结构性家庭环境（5.50%），过程性家庭环境的解释度是结构性家庭环境的 11.98 倍。这表明，过程性家庭环境是影响儿童情绪稳定性的重要变量。

表 6-8　家庭环境的 Shapley 值和 Owen 值分解结果　（%）

变量	Shapley 值分解	Owen 值分解 1 组群	Owen 值分解 2 组群	Owen 值分解 3 组群
结构性家庭环境				
家庭社会经济文化地位	3.68	4.09	5.50	
家庭结构	0.44	0.59		
过程性家庭环境				
家长教育期望	1.10	1.18		
生活陪伴	5.56			71.01
文化教育	5.03	12.57	65.89	
学习监管	4.72			
家庭教养方式	5.09	5.66		
亲子关系	48.00	48.82		
控制变量				
其他变量	26.39	26.98	28.61	28.99

注：其他控制变量包括家庭社会经济文化地位、家庭结构、生活陪伴、文化教育、信息分享、亲子关系、家庭教养方式、城乡、性别、学段、担任班干部、自我效能感、公立学校、家校合作、教师关注度。

四、家庭环境对儿童情绪稳定性的影响机制：路径分析

多元线性回归分析结果显示，家庭环境过程变量在家庭环境结构变量与儿童情绪稳定性之间存在中介的作用。结合研究假设，本研究运用路径分析来检验家庭环境对儿童情绪稳定性影响的中介效应以及各变量对儿童情绪稳定性影响的效应大小，深入探讨家庭环境影响儿童情绪稳定性的内部机制。

由于数据存在部分缺失值，本研究采用了保留缺失值的 MLMV 估计，同时，为解决数据存在的异方差问题，采用 bootstrap 检验，图 6-3 为 1 000 次重抽样的估计结果。结果显示，近似均方根 RMSEA 为 0.014，小于 0.05；比较拟合指数 CFI 为 0.999，非规范拟合指数 TLI 为 0.993，

均接近1；标准化残差均方根SRMR为0.008，小于0.05，路径模型拟合指标均表明模型拟合较好，适合做路径分析。

表6-9　家庭环境影响儿童情绪稳定性的路径系数

影响路径	路径系数
亲子互动—家庭教养方式	0.275*** （12.82）
家庭社会经济文化地位—家庭教养方式	0.099*** （4.03）
家庭结构—家庭教养方式	0.029+ （1.21）
亲子互动—亲子关系	0.157*** （6.19）
家庭社会经济文化地位—亲子关系	0.083*** （3.40）
家庭结构—亲子关系	0.037+ （1.46）
家庭社会经济文化地位—亲子互动	0.245*** （10.37）
家庭结构—亲子互动	0.190*** （7.46）
家庭教养方式—情绪稳定性	0.069*** （2.98）
亲子关系—情绪稳定性	0.269*** （11.09）
亲子互动—情绪稳定性	0.102*** （4.01）

注：报告的系数为标准化系数。

表6-9是家庭环境对儿童情绪稳定性影响的标准化路径系数，其中亲子互动是由生活陪伴、文化教育、学习监管变量计算合成，通过主成分分析法提取一个连续变量，参考边燕杰和李煜关于主成分分析法的计算方法，通过计算形成取值范围为0—100的亲子互动得分，数值越大表示亲子互动频率越高。图6-3为家庭环境影响儿童情绪稳定性的路径图，展示了家庭环境对儿童情绪稳定性的影响路径与机制。在此路径模型中，家庭教养方式、亲子互动、亲子关系为中介变量，家庭社会经济文化地位和家庭结构通过以上中介变量间接影响儿童情绪稳定性。同时，家庭教养方式和亲子关系也是亲子互动影响儿童学习适应性的中介变量。对于家庭环境到中介变量再到儿童情绪稳定性的分析结果，具体说明如下。

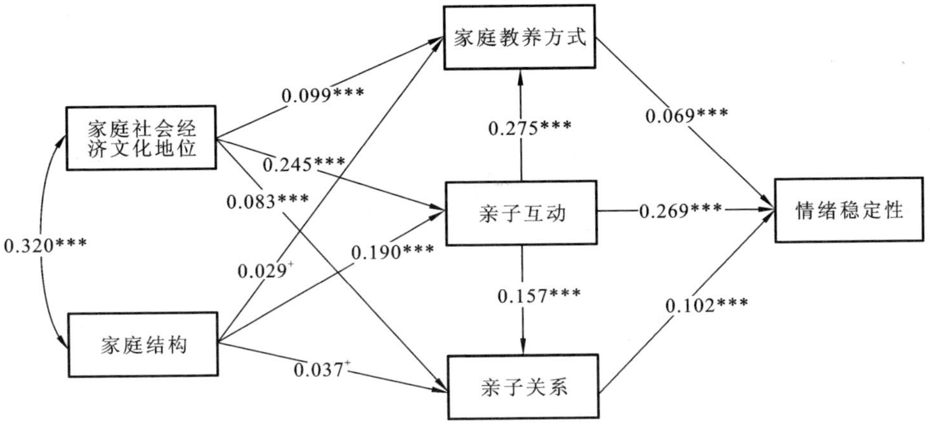

图 6-3　家庭环境影响儿童情绪稳定性的路径图

1. 过程性家庭环境在结构性家庭环境与儿童情绪稳定性之间起着中介作用

虽然中国家长普遍对其子女抱有较高期望，可由于自身资源和能力约束，不同社会经济文化地位和结构的家庭在教养实践上却存在较大差异。表 6-9 和图 6-3 显示，家庭社会经济文化地位对家庭教养方式、亲子关系、亲子互动影响的标准化系数分别为 0. 099、0. 083、0. 245，家庭社会经济文化地位越高，家庭教养方式越科学、亲子关系越亲密、亲子互动越频繁。家庭结构对家庭教养方式、亲子关系、亲子互动影响的标准化系数分别为 0. 029、0. 037、0. 190，家庭结构对家庭教养方式、亲子关系、亲子互动有显著的影响。家庭教养方式、亲子关系、亲子互动对儿童情绪稳定性影响的标准化系数分别为 0. 069、0. 269、0. 102，且在 0. 1% 的水平上显著，表明亲子互动、亲子关系、家庭教养方式均对儿童情绪稳定性有显著的积极影响。家庭社会经济文化地位和家庭结构通过改变亲子互动、亲子关系、家庭教养方式，进而对儿童情绪稳定性产生影响。换言之，过程性家庭环境在结构性家庭环境与儿童情绪稳定性之间起着中介作用。

2. 家庭教养方式、亲子关系在亲子互动与儿童情绪稳定性之间起着中介作用

表 6-9 显示，亲子互动对家庭教养方式、亲子关系影响的标准化系

数分别为0.275、0.157，且在0.1%的水平上显著，这表明，亲子互动对家庭教养方式和亲子关系有显著的正向影响，亲子互动越频繁，家长越会采取有利于儿童发展的家庭教养方式，家长和子女之间的关系越亲密。如前所述，家庭教养方式和亲子关系对儿童情绪稳定性有显著的正向影响。因此，亲子互动不仅直接对儿童情绪稳定性产生影响，家庭教养方式、亲子关系也是亲子互动对儿童情绪稳定性影响的路径之一。换言之，家庭教养方式、亲子关系在亲子互动与儿童情绪稳定性之间起着中介作用。

3. 过程性家庭环境对儿童情绪稳定性产生直接影响，结构性家庭环境主要对儿童情绪稳定性产生间接影响

表6-10利用标准化系数报告了家庭环境对儿童情绪稳定性影响的直接效应、间接效应和总效应。由于使用的是标准化系数，使得各变量对儿童情绪稳定性影响的效应大小具有可比性。具体来看，亲子互动对儿童情绪稳定性影响的总效应为0.163，直接效应为0.102，间接效应为0.061；亲子关系对儿童情绪稳定性影响的总效应为0.269，家庭教养方式对儿童情绪稳定性影响的总效应为0.269，均直接对儿童情绪稳定性产生影响。家庭社会经济文化地位对儿童情绪稳定性影响的总效应为0.069，间接效应为0.069，家庭结构对儿童情绪稳定性影响的总效应为0.043，间接效应为0.043，均通过过程性家庭环境对儿童情绪稳定性产生间接影响。

表6-10 家庭环境对儿童情绪稳定性影响的效应

影响路径	直接效应	间接效应	总效应
家庭社会经济文化地位—情绪稳定性		0.069***	0.069***
家庭结构—情绪稳定性		0.043***	0.043***
亲子互动—情绪稳定性	0.102**	0.061***	0.163***
亲子关系—情绪稳定性	0.269***		0.269***
家庭教养方式—情绪稳定性	0.069***		0.069***

注：报告的系数为标准化系数。

五、家庭环境对儿童情绪稳定性的影响机制：调节效应

家长教育能力的相关研究显示，家长教育能力可以从为孩子提供更丰富的经验、情感和技能三个方面来改变教养实践：一是为孩子解决问题提供多种方案与建议；二是采用更尊重孩子兴趣发展与技能培养的教养方式；三是创造更多的亲子互动来表达更温暖的情感①。由此我们需要进一步考虑的问题是，家长教育素养对于家庭环境对儿童情绪稳定性的影响是否存在调节作用，以及改变家长的教育素养是否能改变家庭环境对儿童情绪稳定性的影响。表 6-11 呈现了家长教育素养中的家庭教育观念对生活陪伴、家庭教育指导对学习监管的调节效应。

表 6-11　家庭环境对儿童情绪稳定性影响的交互作用

变量	情绪稳定性	
	模型 1	模型 2
生活陪伴	0.089（0.709）	
家庭教育观念	2.716***（0.796）	
生活陪伴×家庭教育观念	−1.578*（0.704）	
家庭教育指导		−0.126（0.890）
学习监管		−0.095（0.617）
学习监管×家庭教育指导		1.629*（0.910）
N	1 535	1 535
R^2	0.199	0.189

1. 家庭教育观念对生活陪伴与儿童情绪稳定性的调节作用

在回归模型 1 中，在控制其他变量后，生活陪伴对儿童情绪稳定性的正向影响没有统计性显著意义，家长的家庭教育观念对儿童情绪稳定性有显著的正向作用。家庭教育观念与生活陪伴的交互项的回归系数为

① MONDELL S，TYLER F B. Parental Competence and Styles of Problem Solving/ Play Behavior with Children［J］. Developmental Psychology，1981，17（1）：73-78.

-1.578（$p<0.05$），表明家庭教育观念调节了生活陪伴对儿童情绪稳定性的影响。具体来看，对于家庭教育观念水平较低的儿童而言，生活陪伴的频率越高，儿童情绪稳定性得分越高。对于家长教育观念水平中等的儿童而言，生活陪伴对儿童情绪稳定性没有影响。对于家庭教育观念水平较高的儿童而言，生活陪伴的频率越高，儿童情绪稳定性得分越低。总体来看，家长的家庭教育观念水平越高，儿童情绪稳定性得分越高，且生活陪伴对儿童情绪稳定性的影响取决于家庭教育观念水平，生活陪伴可以有效弥补家庭低水平教育观念给儿童情绪稳定性带来的不利影响，详见图 6-4。

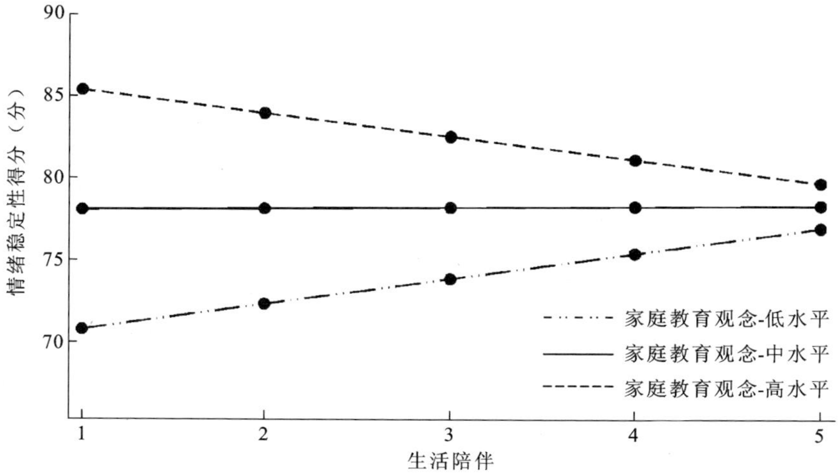

图 6-4　家庭教育观念对生活陪伴的调节作用

2. 家庭教育指导对学习监管与儿童情绪稳定性的调节作用

在回归模型 2 中，在控制其他变量后，家庭教育指导和学习监管对儿童的情绪稳定性均没有显著影响，家庭教育指导和学习监管的交互项的回归系数为 1.629，且在 5% 的水平上显著。这表明，家庭教育指导对学习监管与儿童情绪稳定性的关系有显著的调节作用。从图 6-5 可知，对于家长接受过家庭教育指导的儿童而言，儿童情绪稳定性得分随着学习监管频率的增加而增加；对于家长未接受家庭教育指导的儿童而言，儿童情绪稳定性得分随着学习监管频率的增加而降低。这意味着，学习监管对儿童情绪稳定性的影响取决于家长是否接受家庭教育指导，接受家庭教育指导可以调节学习监管对儿童情绪稳定性的影响作用。

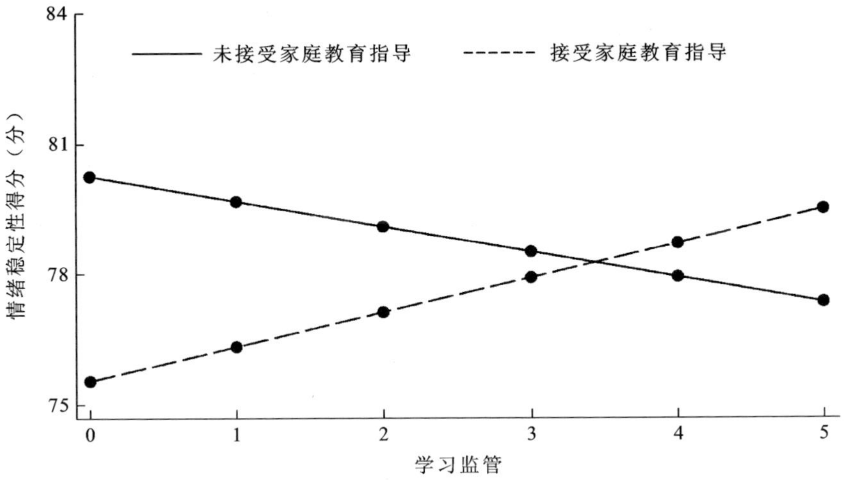

图 6-5　家庭教育指导对学习监管的调节作用

第三节　家庭环境对儿童情绪稳定性影响的异质性研究

从全样本回归结果和路径分析结果可以看到，结构性家庭环境和过程性家庭环境均对儿童情绪稳定性具有显著的影响作用，并且相较而言，过程性家庭环境对儿童情绪稳定性的影响作用更大。以上分析是将义务教育阶段儿童作为一个整体进行分析，与此同时，我们不能忽略因不同个体特征形成的差异性，研究不同群体的家庭环境对儿童情绪稳定性影响的差异性有助于研究的深化。从现实角度来看，在城镇化进程中，城乡教育发展形成了截然不同的教育生态，农村留守儿童和城市随迁子女家庭教育面临挑战，这些均对儿童情绪稳定性发展形成挑战。

持续规模化的人口流动是当代中国城镇化的伴生现象和重要推动力，在此过程中形成了“农民、农民工、市民”三元社会结构，尤其是流动于城乡之间的农民工，他们表现出非城非乡或亦城亦乡的特点。他们的子女要么留守农村，要么随迁至务工城市，形成农村留守儿童和城市随迁子女。这部分儿童要么面临亲子分离、父母缺席的问题，要么面临城市教育融入问题，他们更容易出现焦虑、沮丧、愤怒、过度担心等消极情绪。尤其是留守儿童由于长期缺乏父母的陪伴和疏导，更容易出现抑郁、焦虑、自卑等消极心理。对于农村留守儿童和城市随迁子女而言，独特的家庭结构、家庭环境、家庭教育方式对儿童情绪稳定性的影响是否存在差异？如有差异，差异主要体现在哪些方面？为进一步探讨这些问题，本节根据儿童流动状态将样本分为农村非留守儿童、农村留守儿童、城市随迁子女、城市本地儿童四类样本进行分组回归。

一、基于儿童流动状态的异质性分析

总体来看，本研究所选取的自变量解释了城市本地儿童情绪稳定性的21.8%，解释了城市随迁子女情绪稳定性的20.2%，解释了农村非留守儿童情绪稳定性的18.5%，解释了农村留守儿童情绪稳定性的16.7%，详见表6-12。就结构性家庭环境而言，家庭社会经济文化地位对城市本地儿童、城市随迁子女、农村非留守儿童、农村留守儿童的情绪稳定性均没有显著影响。家庭结构对城市本地儿童、城市随迁子女、农村非留守儿童、农村留守儿童的情绪稳定性亦没有显著影响。

就过程性家庭环境而言，家长教育期望对城市本地儿童、城市随迁子女、农村留守儿童没有显著的影响，对农村非留守儿童有显著的正向作用（$p<0.05$），家长期望孩子受教育水平每增加1年，农村非留守儿童情绪稳定性得分增加0.486分。生活陪伴对城市本地儿童情绪稳定性有显著的正向影响，生活陪伴每增加1单位，城市本地儿童情绪稳定性得分提高2.700分，生活陪伴对城市随迁子女、农村非留守儿童、农村留守儿童的情绪稳定性均没有显著影响。文化教育对城市本地儿童、城市随迁子女均有显著正向影响，文化教育每增加1单位，城市本地儿童、城市随迁子女的情绪稳定性得分分别提高2.078分、3.491分，文化教育对农村非留守儿童、农村留守儿童的情绪稳定性均没有显著影响。家庭教养方式对城市随迁子女的情绪稳定性没有显著影响，对城市本地儿童、农村非留守儿童、农村留守儿童的情绪稳定性均有显著影响。相较权威型教养方式，专制型教养方式下的城市本地儿童情绪稳定性得分要低4.222分（$p<0.05$），溺爱型教养方式下的农村非留守儿童情绪稳定性得

分低 4.855 分（$p<0.1$），专制型教养方式下的农村留守儿童情绪稳定性得分要低 3.884 分（$p<0.1$），忽视型教养方式下的农村留守儿童情绪稳定性得分要低 8.825 分（$p<0.05$）。亲子关系对城市本地儿童、城市随迁子女、农村非留守儿童、农村留守儿童的情绪稳定性均有显著的正向作用，亲子关系每增加 1 单位，城市本地儿童、城市随迁子女、农村非留守儿童、农村留守儿童的情绪稳定性得分分别提高 7.293 分、6.811 分、3.839 分、3.649 分。相较而言，亲子关系对城市本地儿童情绪稳定性的影响效应最大，城市随迁子女次之，紧接着是农村非留守儿童，亲子关系对农村留守儿童情绪稳定性的影响效应最小。

表 6-12　家庭环境对儿童情绪稳定性影响分儿童流动状态样本回归

变量	情绪稳定性得分			
	城市本地儿童	城市随迁子女	农村非留守儿童	农村留守儿童
家庭社会经济文化地位	0.104(0.449)	1.151(0.705)	0.620(0.506)	0.216(0.621)
双亲缺席[d]	−5.592(3.421)	−0.606(3.478)	0.937(2.244)	−1.288(4.270)
单亲家庭[d]	−1.228(2.203)	−3.610(2.727)	−1.006(1.988)	−2.418(4.150)
家长教育期望	−0.164(0.271)	0.469(0.440)	0.486^{+}(0.264)	−0.243(0.315)
生活陪伴	2.700^{+}(1.483)	0.866(1.834)	0.435(1.257)	−0.039(1.235)
文化教育	2.078^{+}(1.146)	3.491^{+}(1.959)	1.141(1.087)	1.560(1.353)
学习监管	0.811(1.051)	−0.487(1.583)	−0.691(1.046)	−1.008(1.094)
溺爱型教养方式[e]	−4.178(2.786)	4.417(5.265)	-4.855^{+}(2.652)	−2.628(3.141)
专制型教养方式[e]	-4.222^{*}(1.974)	3.578(2.979)	−1.072(1.923)	-3.884^{+}(2.261)
忽视型教养方式[e]	−5.086(3.930)	−7.946(5.047)	−4.373(3.215)	-8.825^{*}(3.761)
亲子关系	7.293^{***}(1.037)	6.811^{***}(1.701)	3.839^{***}(1.027)	3.649^{**}(1.162)
常数项	44.55^{***}(10.26)	24.06^{+}(14.39)	35.32^{***}(9.099)	65.75^{***}(10.96)
其他变量	控制	控制	控制	控制
N	582	224	417	301
R^2	0.218	0.202	0.185	0.167

注：其他控制变量包括城乡、性别、独生子女、学段、担任班干部、公立学校、学校排名、家校合作、教师关注度。

二、影响机制的异质性分析

分组回归结果显示，家庭环境对儿童情绪稳定性的影响效应在城市本地儿童、城市随迁子女、农村非留守儿童、农村留守儿童之间存在差异。本部分在分组回归模型的基础上，使用 Shapley 值和 Owen 值分解法，估算相关变量对不同流动状态下儿童情绪稳定性影响的贡献度，详见表 6-13。

表 6-13　家庭环境分儿童流动状态样本的 Shapley 值和 Owen 值分解结果　（%）

变量	城市本地儿童		城市随迁子女		农村非留守儿童		农村留守儿童	
	Shapley 值分解	Owen 值分解	Shapley 值分解	Owen 值分解	Shapley 值分解	Owen 值分解	Shapley 值分解	Owen 值分解
家庭社会经济文化地位	1. 28	4. 44	14. 03	16. 26	6. 38	7. 64	0. 53	3. 09
家庭结构	2. 38		0. 59		0. 18		2. 63	
家长教育期望	0. 13	72. 01	2. 37	74. 73	10. 76	59. 23	1. 06	52. 35
生活陪伴	8. 26		6. 08		3. 38		5. 66	
文化教育	3. 40		5. 66		5. 12		3. 81	
学习监管	6. 82		4. 21		4. 04		2. 00	
家庭教养方式	9. 00		4. 44		4. 74		4. 75	
亲子关系	47. 85		55. 09		34. 79		37. 37	
其他变量	20. 88	23. 55	7. 53	9. 00	30. 61	33. 13	42. 18	44. 56

注：其他控制变量包括城乡、性别、独生子女、学段、担任班干部、公立学校、学校排名、家校合作、教师关注度。

就城市本地儿童来看，过程性家庭环境对儿童情绪稳定性发展差异的贡献度（72. 01%）大于结构性家庭环境（4. 44%），过程性家庭环境的贡献度是结构性家庭环境的 16. 22 倍。就过程性家庭环境内部来看，亲子关系是对城市本地儿童情绪稳定性发展差异贡献度最大的因素，贡献度为 47. 85%，家庭教养方式对城市本地儿童情绪稳定性发展差异贡献度为 9. 00%。

就城市随迁子女来看，家庭环境是影响随迁子女情绪稳定性发展的主要因素，学校特征、个人特征等控制变量对城市随迁子女情绪稳定性发展差异贡献度仅为 9.00%。结构性家庭环境对城市随迁子女情绪稳定性发展差异贡献度为 16.26%，其中家庭社会经济文化地位的贡献度为 14.03%。过程性家庭环境对城市随迁子女情绪稳定性发展差异贡献度为 74.73%，其中亲子关系的贡献度最大（55.09%）。过程性家庭环境的贡献度是结构性家庭环境的 4.60 倍。

就农村非留守儿童来看，过程性家庭环境对儿童情绪稳定性发展差异的贡献度（59.23%）大于结构性家庭环境（7.64%），过程性家庭环境的贡献度是结构性家庭环境的 7.75 倍。就过程性家庭环境内来看，亲子关系仍是影响儿童情绪稳定性的最主要变量（34.79%），其次是家长教育期望（10.76%），这说明家长教育期望对农村非留守儿童情绪稳定性发展具有重要作用。

就农村留守儿童来看，家庭环境是影响农村留守儿童情绪稳定性发展的主要因素（55.44%），学校特征、个人特征等控制变量对农村留守儿童情绪稳定性发展差异贡献度为 44.56%，这表明虽然其他变量对农村留守儿童情绪稳定性有一定影响作用，但家庭环境仍是最重要的影响因素。结构性家庭环境对农村留守儿童情绪稳定性发展差异贡献度为 3.09%，其中家庭社会经济文化地位的贡献度仅为 0.53%。过程性家庭环境对农村留守儿童情绪稳定性发展差异贡献度为 52.35%，是结构性家庭环境的 16.94 倍。

总体来看，亲子关系对所有儿童情绪稳定性的影响效应均最大，对于城市随迁子女情绪稳定性影响超过百分之五十。在孩子的感情中，父母的重要性不仅是为孩子带来相应的社会地位，更是通过家庭成员相互依赖，共同构建家庭的情感纽带和价值判断。特别是对于城市随迁子女来说，他们跟随父母从农村来到城市，家庭外部环境发生了显著变化，父母成为他们最重要的交流对象和熟悉的人。然而大多数农民工身处社会底层，工作时间较长，生活环境不佳，繁重的生活压力使得他们与子女相处时间不长，相处质量不高，亲子关系不佳。

一名班主任给我们讲述了这样一个城市随迁子女的案例："我记得我们班有个随迁子女，有段时间我发现他每天上学没精神，垂头丧气，我就联系他的家长想问明情况，原来他爸妈是做宵夜的，晚上都是他一个人在家，父母就给他个手机，他放学回家之后都靠玩手机打发时间。他和父母每天几乎见不到面，他出门上学的时候爸妈还没起床，他放学回家的时候爸妈出摊了，他和爸妈之间几乎没有交流，偶尔有的交流也是大雨天爸妈不能外出做生意，这时候家长的心情一般都不好，他们几乎没法交流，所以他们一家人的关系不太好，这个孩子经常情绪低落。"这位老师的话语反映出部分城市随迁子女家长对家庭教育认识的误区，他们认为将孩子从老家转到城市就"万事大吉"，甚至认为挣足够的钱给孩子花就是对孩子好，往往忽略家长本身在子女教育中的重要作用，忽略了时间投入和情感投入对孩子情绪情感和心理发展的影响。作为城市随迁子女教育的第一责任人，家长对子女的教育负有义不容辞的责任。对于城市随迁子女家长而言，亟须转变教育理念，要认识到为子女提供城市学校就读的机会并非获得教育成就的"保险箱"，学校也无法承担无限责任，城市随迁子女在城市学校的适应和成长需要家长的积极配合和有效参与，家长应与孩子建立良好关系，关注孩子的心理、情绪发展。

第四节　结果与讨论

在本章中，我们分别构建了儿童情绪稳定性发展的回归模型、路径模型、交互模型、分组回归模型，在控制其他变量后，重点解释了家庭环境对儿童情绪稳定性的影响作用。研究发现，家庭环境对儿童情绪稳定性发展差异的贡献率为 71.01%，是控制变量的 2.45 倍。由此可见，家庭环境是影响儿童情绪稳定性发展的重要因素。具体研究结果如下：

1. 过程性家庭环境对儿童情绪稳定性有直接的积极作用

从全样本的分析来看，家长与孩子文化娱乐方面的互动对儿童情绪稳定性有正向影响，亲子互动文化活动越多，儿童情绪稳定性得分越高，这在已有研究的基础上将亲子互动进行了细化，并对已有结论进行了验证。家长与孩子之间的互动被科尔曼等人认为是家庭社会资本①，当亲子互动的频率越高时，社会网络的封闭性越高，家庭的社会资本越丰富，父母与子女的信息、情感、想法交流越多，越有助于儿童情绪稳定性发展，避免心理问题的出现。田野调研中一位四年级学生的父亲在谈到孩子教育时说："我们家的教育挺失败的，我们对孩子的陪伴真的很少，为了养家糊口，我经常要在外面工作一天，回来态度也不好，刚开始没意识到这个问题，后来才明白孩子缺少了陪伴，让她缺乏安全感，形成了很强的自我保护，就进一步导致她性格不开朗，经常情绪不高，闷闷不乐。"

从家庭教养方式维度来看，家庭教养方式对儿童情绪稳定性有显著的影响。总体来看，权威型教养方式更有利于儿童情绪稳定性发展。如果家长对孩子的行为和生活有明确的规则和约束，尊重理解孩子，给予孩子较多的情感支持与关怀，孩子不容易出现生气和抑郁等情绪。反之，如果父母较少给予子女支持和鼓励，或过于严格要求子女的行为，孩子犯错误时就给予严厉的处罚，或过度保护、过分偏爱以及无原则，子女容易兴奋、生气和抑郁，容易产生消极情绪②。换言之，专制式控制的父母教养行为对于子女来说，缺乏自主选择权，即使自己不喜欢也不敢违背父母的意愿。这种教养方式下的儿童往往缺乏自信、多疑，常常因为要违背自己的意愿而感到沮丧、焦虑③。溺爱型教养方式易使子女产生任性、以自我为中心、依赖性等不良的心理特点，可能不利于儿童在其年龄阶段做出正确的判断。而忽视型教养方式下的儿童，往往缺乏家庭的关爱和约束，容易沮丧、对生活不满。访谈中一位班主任分享了一个案例："我们班有个不爱讲话、每天闷闷不乐的孩子，他没有什么朋

---

① 杨磊，戴优升．家庭社会资本、学校环境会影响青少年情绪稳定性吗?：基于 CEPS 数据的实证分析[J]．中国青年研究，2019（1）：47-56.

② HEAVEN P C，CIARROCHI J. Perceptions of Parental Styles and Eysenckian Psychoticism in Youth：A Prospective Analysis [J]. Personality and Individual Differences，2006，41（1）：61-70.

③ KAUFMANN D，GESTEN E，SANTA L R C，et al. The Relationship Between Parenting Style and Children's Adjustment：The Parents' Perspective [J]. Journal of Child and Family Studies，2000，9（2）：231-245.

友，成绩也不好，我就想把孩子的父母请到学校了解一下情况。可是我刚跟父亲说完情况，他就以为我是因为孩子的成绩不佳叫他来学校的，当着整个办公室老师的面，把孩子骂了一顿，我劝也劝不住，我跟他说要采取沟通的方式，不能简单粗暴地打骂，可是他却说：‘老师，您说的那些民主、沟通我也懂，我都试过了，但是我发现还是打一顿最管用。’我瞬间竟无言以对，我也知道为什么孩子每天那么不开心了，估计还是父母管得太严了。”

从亲子关系来看，亲子关系对儿童情绪稳定性有显著的积极影响，亲子关系越好，儿童情绪稳定性得分越高。这一结论在全样本和分组样本中均得到数据支撑，说明亲子关系对儿童情绪稳定性的积极效应具有稳定性。Bevevino 的研究发现，从出生到 18 岁，平均每个孩子在家庭环境的影响下度过其醒来时间的 87%，而只有 13% 的时间受学校监督，孩子发展很大程度上取决于父母所创造的环境①。父母是儿童发展过程中的重要他人，父母与儿童的关系对儿童的发展产生较为直接的影响，亲子关系是影响个体情绪稳定性状况的重要因素。如果父母与子女之间有较为亲密的关系，儿童能较好地感受到父母的爱和关怀，能更好地理解父母的想法，也能更好地接受父母的教育，从而有助于儿童的情绪稳定性发展。

2. 过程性家庭环境在结构性家庭环境与儿童情绪稳定性之间起着中介作用

回归分析结果显示，在加入过程性家庭环境变量后，家庭社会经济文化地位对儿童情绪稳定性的影响效应减小，且不再显著，家庭结构对儿童情绪稳定性影响的效应亦减小，且显著性降低。这说明，结构性家庭环境通过转化为过程性家庭环境对儿童情绪稳定性产生影响。路径分析结果显示，家庭社会经济文化地位和家庭结构通过改变亲子互动、亲子关系、家庭教养方式，进而对儿童情绪稳定性产生影响。这说明，结构性家庭环境对儿童情绪稳定性影响有三条链式路径：一是“结构性家庭环境—亲子互动—情绪稳定性”，二是“结构性家庭环境—亲子关系—情绪稳定性”，三是“结构性家庭环境—家庭教养方式—情绪稳定

① BEVEVINO M. The 87 Percent Factor [J]. The Delta Kappa Gamma Bulletin, 1988 (54): 9-16.

性”。换言之，过程性家庭环境是结构性家庭环境与儿童情绪稳定性的中介变量。家庭社会经济文化地位往往通过文化资本和社会资本影响儿童的心理发展，因为家庭社会经济文化地位越高，家庭成员的人际关系网络越丰富，更有利于儿童情绪稳定性的发展。

3. 家庭教养方式、亲子关系是亲子互动影响儿童情绪稳定性的重要机制

数据显示，亲子互动对家庭教养方式和亲子关系有显著的正向影响，亲子互动越频繁，家长越会采取有利于儿童发展的家庭教养方式，家长和子女之间的关系越亲密。家庭教养方式和亲子关系对儿童情绪稳定性有显著的正向影响。因此，亲子互动不仅直接对儿童情绪稳定性产生影响，家庭教养方式、亲子关系也是亲子互动对儿童情绪稳定性影响的路径之一。亲子互动对儿童情绪稳定性的影响有三条路径：一是亲子互动直接影响儿童情绪稳定性，即“亲子互动—情绪稳定性”；二是亲子互动通过影响家庭教养方式改变儿童的情绪稳定性发展，即“亲子互动—家庭教养方式—情绪稳定性”；三是亲子互动通过影响亲子关系进而影响儿童情绪稳定性，即“亲子互动—亲子关系—情绪稳定性”。家庭互动理论指出，家庭成员之间通过互动形成一定的情感氛围，从而对子女成长产生影响。家长在与子女互动的过程中，更可能形成健康亲密的亲子关系，良好的亲子关系作为中介变量会在父母与儿童互动过程中对儿童情绪产生直接影响①。

4. 相较于结构性家庭环境变量，过程性家庭环境变量对儿童情绪稳定性的边际影响更大

Shapley 值和 Owen 值分解结果显示，家庭环境是影响儿童情绪稳定性发展的重要因素。过程性家庭环境对儿童学习适应性发展差异的贡献度（65.89%）远高于结构性家庭环境（5.50%），过程性家庭环境的贡献率是结构性家庭环境的 11.98 倍。已有研究表明，父母如何养育子女可能比父母的职业、收入或教育水平更为重要，动态的学习环境对儿童

① 商冲晨，莫书亮．家庭微系统对幼儿心理理论的影响：因素、过程和机制[J]．心理科学进展，2010，18（6）：914-923.

的影响至少是家庭社会经济文化地位影响的两倍①。虽然中等收入父母比低收入父母更成功地鼓励识字，但父母的收入并不是早期识字的唯一决定因素，父母教育子女、监管子女需要大量的时间、精力、能力，而不是金钱。换言之，家庭经济条件和家庭结构的改善对儿童的情绪稳定性发展有积极影响，但是这种静态的作用显著小于动态性的、过程性的家庭互动。

在田野调查中，某初二农村留守儿童说："家庭教育的话我觉得孩子生下来不是用金钱堆起来的，而是需要用爱来包裹着成长的。钱有时候是可以解决很多问题，但它不是万能。有时候看到别人都有父母陪，而你没有父母在身边，当时你的心肯定是酸的。像我妹妹，她其实是非常渴望妈妈的爱的，要是寒暑假妈妈回来给她买了个娃娃或蛋糕，当时都是特别的开心。可是我爸妈好像觉得给我们钱就是最好的。"该农村留守儿童的心声说明从儿童的角度来看，对他们的发展而言，更重要的是家长的陪伴与关怀，经济并不是他们发展最重要的条件，尤其是对父母外出打工而导致的亲子分离的农村留守儿童而言，外出的父母经常通过现代化通信方式与孩子交流互动有助于留守儿童形成健康积极的心理状态。

5. 家庭环境对儿童情绪稳定性的影响路径和机制在不同类型儿童之间存在差异性

对儿童情绪稳定性的研究，必须放置在社会转型、经济转型、城镇化、教育体制改革等社会变迁的大背景下进行。城镇化的快速发展，不仅伴随着城乡发展的差异，也伴随着社会经济发展水平、价值观念、生活方式的改变，不同地区的家庭在城镇化背景下形成不同的迁移决策，也在此背景下形成不同的家庭结构，由此形成差异化的家庭环境以及儿童的情绪控制水平，家庭环境对儿童情绪稳定性的影响路径和机制因儿童流动状态的差异而不同。

总体来看，结构性家庭环境和过程性家庭环境均对城市随迁子女情

---

① SNOW C E, BARNES W S, CHANDLER J, et al. Unfulfilled Expectation: Home and School Influence on Literacy [M]. Cambridge, MA: Harvard University Press, 1991.

绪稳定性的解释度最大。其中，家庭社会经济文化地位对城市随迁子女情绪稳定性的积极效应最大，Shapley 值分解结果显示其贡献度达到 14.03%。家长教育期望仅对农村非留守儿童情绪稳定性有积极作用。调研中发现，诸多农村家长存在“读书无用论”的观点，常把“你迟早要出去打工”这句话挂在嘴边，认为“不上学，不仅可以省钱，还可以打工挣钱”，但如果家长对子女持有较高的教育期望的话，孩子出现焦虑、沮丧、愤怒、过度担心等消极情绪的可能性会降低。生活陪伴仅对城市本地儿童情绪稳定性有积极作用，文化教育对城市本地儿童和城市随迁子女有积极影响。就家庭教养方式来看，专制型教养方式最不利于城市本地儿童情绪稳定性发展，溺爱型教养方式最不利于农村非留守儿童情绪稳定性发展，专制型和忽视型教养方式均不利于农村留守儿童情绪稳定性发展。有一名教师这样说道：“我觉得留守儿童中溺爱型的还是蛮多的，因为爸妈不在家，爷爷奶奶带着格外溺爱，无论孩子作业完成得如何、考试如何、在学校表现如何他们都是不闻不问，甚至教师找他们谈话，他们也是以没空为由，拒绝与教师沟通，他们认为孩子在学校就是学校和老师的事情。”亲子关系对城市本地儿童情绪稳定性的影响效应最大，城市随迁子女次之，紧接着是农村非留守儿童，对农村留守儿童的影响效应最小。

6. 提升家长的教育能力是调节家庭环境对儿童情绪稳定性影响的重要途径

家庭环境对儿童情绪稳定性的影响效应受到家长家庭教育观念和是否接受家庭教育指导的调节。具体来看，家长的家庭教育观念水平越高，儿童情绪稳定性得分越高，且接受家庭教育指导可以增强学习监管对儿童情绪稳定性的影响作用。已有研究表明，家庭教育能力更强的家长在教育孩子上会采取更加适合儿童发展的教养方式，可以有效引导孩子控制情绪，增加积极稳定的情绪体验，更有利于孩子的长远发展[①]。相反，家庭教育能力较弱的家长对孩子解决问题的能力缺乏信心或兴趣，能为

---

① CUNHA F, HECKMAN J J, LOCHNER L, et al. Interpreting the Evidence on Life Cycle Skill Formation [J]. National Bureau of Economic Research, 2005 (1): 697-812.

孩子提供的解决问题的方案较少，这容易挫败孩子的自我效能感，从而影响儿童的发展。

田野调查中，英县某村支书说："现在村里家庭教育的实情是，很多家长不知道应该怎么样去教育孩子，因为农村年轻人结婚的年龄越来越小，很多人做父母时自己都还是孩子，甚至连自己都养不活，他们只养不教。即使有些家长愿意学习，从网络上、书本上看到一些理论上的指导，但却无实际操作的指导，且每个家庭不一样，也不一定可以迁移知识和经验，最重要的还是家长本身的教育素养。"因此，家庭教育的关键是家长教育能力的建设。家庭教育指导是提升家庭教育能力的重要途径，事实证明，接受过家庭教育指导的家长会与孩子形成更多的互动，会改变教育孩子的方式方法，进而对儿童的发展产生影响①。通过家庭教育指导提升家长的教育能力，是调节家庭环境对儿童情绪稳定性影响的重要途径，也是改变家庭环境对儿童情绪稳定性不利影响、增强家庭环境对儿童情绪稳定性积极影响的重要措施。

① NIKLAS F，COHRSSEN C，TAYLER C. Making a Difference to Children's Reasoning Skills Before School-entry：The Contribution of the Home Learning Environment ［J］. Contemporary Educational Psychology，2018（54）：79-88.

第七章 研究结论与对策建议

我国正经历着急剧的社会转型，城镇化发展和人口流动改变了家庭结构、家庭环境以及社会对儿童发展的要求。从教育生产的角度探讨什么样的家庭环境更有利于儿童非认知能力发展，最直接的目的是尝试打开家庭环境影响儿童非认知能力发展的“黑箱”，同时为如何创设良好的家庭环境、提升家长教育素养提供参考和依据。本部分内容将在对研究结果进行总结和讨论的基础上归纳研究结论，并提出对策建议。

第一节 研究结论

本研究基于湖北省 8 市 18 县（市、区）1 850 个家庭的实证调查，采用多元线性回归分析、Shapley 值分解法、路径模型、交互模型、分组回归等方法，围绕儿童学习适应性、意志力、情绪稳定性三个非认知能力指标分别构建了教育生产函数模型，探讨了家庭环境对儿童非认知能力发展的影响机制。同时思考，对于城镇化和人口流动形成的四类儿童（城市本地儿童、城市随迁子女、农村非留守儿童、农村留守儿童）而言，家庭环境对其非认知能力发展的影响是否相同。本研究依据生态系统理论中关于家庭环境的探讨，将家庭环境划分为结构性家庭环境（家庭社会经济文化地位、家庭结构）、过程性家庭环境（家长教育期望、亲子互动、家庭教养方式、亲子关系）两方面，考察了家庭环境对儿童非认知能力发展影响的过程机制，发现家庭环境是影响儿童非认知能力发展的关键因素。具体来看，家庭环境对学习适应性、意志力和情绪稳定性发展差异的解释度依次为55.91%、52.34%、71.01%。这意味着，家庭环境是影响儿童非认知能力发展的重要因素。家庭环境各变量对非认知能力发展的影响结果如表7-1所示。

表7-1 家庭环境对儿童非认知能力发展的影响结果

自变量：家庭环境	因变量：非认知能力		
	学习适应性	意志力	情绪稳定性
结构性家庭环境			
家庭社会经济文化地位	+	N	N
家庭结构（以双亲家庭为参照）			
双亲缺席	N	–	N
单亲家庭	N	–	–
过程性家庭环境			
家长教育期望	+	+	N
亲子互动			
生活陪伴	N	N	N
文化教育	+	N	+
学习监管	–	N	N
家长教养方式（以权威型教养方式为参照）			
溺爱型教养方式	N	N	–
专制型教养方式	–	–	–
忽视型教养方式	N	N	–

注：+表示自变量对因变量有显著正向影响，–表示自变量对因变量有显著负向影响，N表示自变量对因变量没有显著影响。

一、儿童非认知能力发展城乡差异明显，农村留守儿童发展水平最低

培养什么人，是教育的首要问题。从人的全面发展和我国国情来看，

培养德智体美劳全面发展的社会主义建设者和接班人是教育的根本任务。儿童既要掌握关键的知识、技能，也要形成适应能力、坚持不懈和自我控制的能力，以应对来自生活、学习、工作的挑战。尤其在城镇化快速推进的背景下，学习适应性、意志力和情绪稳定性等非认知能力对流动儿童实现“市民化”具有重要推动作用。过去，我们往往用学业成绩或分数来评价儿童的发展，将儿童的学业成绩作为教育质量的唯一衡量指标，并以此为基础制定教育政策，配置教育资源。事实上，非认知能力不仅对儿童长远发展有重要影响，它本身也具有一定的政策意涵，能够引起社会各界对儿童全面发展的关注。本研究的结果表明，城乡教育质量差异不仅仅表现为学业成绩差异，同时也反映在儿童的非认知能力发展方面。

首先，城乡儿童的非认知能力发展存在明显差异，儿童的学习适应性、意志力、情绪稳定性发展水平从城市到县镇再到乡村梯次递减，城市儿童的学习适应性、意志力、情绪稳定性发展水平最高，其次为县镇儿童，乡村儿童的学习适应性、意志力、情绪稳定性发展水平最低，这与既有研究的结论基本一致①。生态系统理论认为个体的发展会直接或间接受到环境系统的交互影响，城市、县镇、乡村儿童非认知能力发展差异受到其所处生态系统中的学校、家庭、社区、政府等环境的影响。一是地方政府教育投入的差异带来儿童非认知能力发展的差距。中国教育经费统计年鉴数据显示，在 2017 年，我国农村小学和城镇小学的生均预算内教育事业费支出分别为 9 768.57 元和 10 362.40 元，农村小学学校教育经费有了较为稳定的保障，但是与城市学校相比仍存在较大差距。政府教育投入会带来硬件投入、硬件资源配置的不同，由此形成的不同学习环境会带来儿童的差异化发展。二是城市、县镇、乡村学校发展的差异形成差异化的儿童非认知能力发展。已有研究显示，城市学校的师资、学校治理水平、教师专业发展活动类型及数量均显著优于农村学

① 郑磊，祁翔，侯玉娜．家庭对子女教育的代际影响效应：理论、方法与证据[J]．社会发展研究，2018，5（3）：177-202.

校[①]，且相比于农村教师，城市教师更年轻、受教育程度更高、经验更丰富，因此师资差异是影响城乡学生学业成就差距的重要因素。三是城市学生比乡村学生甚至县镇学生拥有更高的家庭社会经济文化地位、家长受教育水平、家庭文化资本，这些均更有利于直接或间接推动儿童非认知能力发展。相较而言，父母外出务工、家庭相对贫困、父母离异、隔代抚养等现象更容易发生在乡村，导致乡村学生处于不利的生活和学习环境中，不利于其非认知能力发展。

其次，城市本地儿童、城市随迁子女、农村非留守儿童、农村留守儿童之间非认知能力发展水平有明显的差异，农村留守儿童的学习适应性、意志力、情绪稳定性发展水平均最低。持续规模化的人口流动是当代中国城镇化的伴生现象和重要推动力，在此过程中形成了"拆分型劳动力再生产模式"[②]，即部分家庭成员进入城镇实现个人劳动力的再生产，部分家庭成员被留在农村老家，由此形成了大量农村留守儿童。部分农村留守儿童双亲外出务工，形成完全留守与隔代教养的生活方式，祖辈较低的文化水平无法给予留守儿童学习和生活上更好的照料与监管[③]。即使父母仅一方外出，留下的一方不仅缺少照料孩子的时间和精力，也难以完全代替另一方在家庭中扮演的角色[④]。农村留守儿童面临着家庭结构残缺化、监护不力、教育不足、亲情缺失等问题，容易产生社会化水平低、消极情绪频发等发展问题。正如《中国留守儿童心灵状况白皮书（2015）》指出，农村留守儿童经常感到烦躁、孤独、闷闷不乐、无缘无故发脾气的比例高于非留守儿童。此外，很多外出父母受自身文化程度的限制，他们把对孩子的爱等同于给零花钱、买新玩具、买好东西吃，把孩子的发展局限于考试成绩，用单一的高分数要求子女，

---

① 滕媛，张建．学生学业成就的城乡差距及其影响因素：基于 PISA2015 数据的分析[J]．教育与经济，2021，37（2）：58-67.

② 谭深．中国农村留守儿童研究述评[J]．中国社会科学，2011（1）：138-150.

③ CHEN Y，FENG S. Access to Public Schools and the Education of Migrant Children in China [J]. China Economic Review，2013（26）：75-88.

④ 范先佐，郭清扬．农村留守儿童教育问题的回顾与反思[J]．中国农业大学学报（社会科学版），2015，32（1）：55-64.

对于孩子的健全人格和关键品质关注不够，进一步导致农村留守儿童非认知能力的低水平发展。

城市随迁子女的学习适应性、意志力、情绪稳定性发展水平高于农村非留守儿童和农村留守儿童。这在一定程度上验证了于爱华等人提出的随迁对农民工子女的情绪稳定性、严谨性、开放性有显著正向影响的结论①。这说明，父母双系抚育优于亲子分离策略，当父母与子女有日常互动时，父母关于外部世界的认识能有效地传递给子女，子女也更有可能建立有效应对陌生环境的“库存知识”。随父母长期生活在城市的随迁子女，则可获益于父母长期积累的城市社会资本，这不仅能增加他们对城市生活的认同与适应，也有助于他们在城市建立自己的社会网络。这说明，虽然随迁子女在跟随父母进城后面临着教育融入、新环境适应的问题，但对于部分在城市有稳定职业、收入来源和稳定居所的农民工家庭而言，“举家迁移”是农民工务工挣钱与子女监管“两不误”的最佳选择，跟随父母进城不仅可以获得父母的关心和管教，还能进入城市学校接受教育，这是促进流动人口子女非认知能力发展的重要途径。

二、结构性家庭环境对儿童非认知能力发展有显著影响

本研究将结构性家庭环境操作化为家庭社会经济文化地位和家庭结构等易于观测的、静态的家庭背景变量，这些变量反映的是“家庭是什么”以及家庭在社会大环境中所处的相对位置。研究结果表明，结构性家庭环境对儿童非认知能力发展有显著影响。结构性家庭环境对儿童非认知能力发展的具体影响机制如下。

1. 结构性家庭环境对儿童学习适应性和意志力发展有显著的直接影响

从家庭社会经济文化地位来看，家庭社会经济文化地位对儿童的学习适应性有显著的正向影响。社会经济文化地位较高的父母代际传递给子代丰富的物质财富、广博的知识以及父代自身取得成功的“软实力”，

① 于爱华，王琳，刘华．随迁对农民工子女非认知能力的影响：基于家校教育过程的中介效应分析[J]．中国农村观察，2020（6）：122-141.

比如自信、意志力、适应能力等非认知能力①。他们也会意识到非认知能力发展的重要性，并在实际教养过程中注重培养孩子的非认知能力，从而帮助子女获得较高学业成就并在激烈的市场竞争中继续保持相对优势。此外，家庭经济状况影响儿童的情绪情感发展，在贫困家庭中成长的孩子，容易陷入烦恼与忧虑当中。“低人一等”“没人愿意和我们交朋友”是他们经常提到的话语。

从家庭结构来看，单亲家庭儿童情绪稳定性得分比双亲家庭儿童低，双亲缺席家庭和单亲家庭儿童意志力得分均比双亲儿童意志力得分低。这说明单亲或者双亲不在场不利于儿童非认知能力发展。造成这一现象的原因在于三方面：一是结构完整的家庭收入普遍高于单亲家庭，双亲家庭能为孩子提供更优质丰富的家庭教育资源，帮助孩子更好地积累人力资本并获得经济上的成功；二是结构完整的家庭有更丰富的时间资源，家长与孩子之间的互动更丰富，亲子之间有更好的信任与关系，能形成更充足的社会资本以促进儿童非认知能力的发展；三是双亲抚育体系更有利于儿童非认知能力发展，母亲主要承担生理性抚育任务，而父亲则更多承担社会性抚育，在父亲和母亲双方相互合作与补充的情况下，最有利于儿童的发展②。正如日本学者望月嵩原所言：“在孩子成长过程中，母亲的‘慈祥教育’和父亲的‘锻炼训导’缺一不可，前者是使孩子和父母一体化的‘母性原理’，后者是教导孩子能够与父母分离而自立发展的‘父性原理’。这两种原理分别由母亲和父亲实施，就像车之两轮协调运行，孩子的社会化过程才能够顺利进行下去。”③

2. 学校教育质量是家庭社会经济文化地位影响儿童学习适应性和意志力发展的重要机制

家庭社会经济文化地位通过选择儿童就读学校的质量对儿童的学习适应性和意志力产生间接影响。家庭利用社会、经济资源为其子女争取

---

① NYHUS E K, PONS E. The Effects of Personality on Earnings [J]. Journal of Economic Psychology, 2005, 26 (3): 363-384.

② 费孝通. 乡土中国 生育制度[M]. 北京：北京大学出版社，1998：116-170.

③ 望月嵩原. 家庭社会学入门：家庭关系学[M]. 牛黎涛，译. 北京：中国大百科全书出版社，2002：35-41.

优质的教育机会，进入优质的学校，进而影响儿童的学习适应性和意志力发展。有研究表明，家庭社会经济地位越高，儿童就读学校的排名等级也越高，学校教育质量也越好①。家庭社会经济文化地位的高低会影响家庭对儿童的投资，高收入家庭有更多机会把孩子送到质量更好的学校或者居住在更加富裕的社区，所有这些投入都将改变孩子接受优质教育的机会。根据已有文献和田野调查，高教育质量学校对儿童非认知能力发展的影响主要体现在三方面：第一，学校教育质量越高，教师整体素质更高，经验丰富和科班出身的教师更有利于促进儿童非认知能力发展；第二，学校越好，教学资源越丰富，师生比例越合理，这都将有利于儿童更好地适应学习方法、学习环境的变化；第三，教育质量越好的学校越重视儿童的全面发展，高教育质量学校在提升学生学业成绩的同时，也会通过课程设计、活动开设提升学生非认知能力发展。

3. 过程性家庭环境在结构性家庭环境与儿童非认知能力发展之间起着中介作用

家庭社会经济文化地位和家庭结构作为一种静态的环境结构，通常情况下通过转化为动态的、过程性的目标、行动和氛围对儿童非认知能力发展产生影响，这与已有研究结论一致②。相比较而言，“家庭社会经济文化地位—学校教育质量—非认知能力发展”这条影响路径更加外显化，受到教育公平研究的持续关注。而“家庭社会经济文化地位—过程性家庭环境—非认知能力发展”则更加隐蔽化，但却是揭示结构性家庭环境影响儿童非认知能力发展这一“黑箱”的关键。路径分析结果表明，结构性家庭环境对儿童非认知能力发展的影响有四条链式路径：一是“结构性家庭环境—家长教育期望—非认知能力发展”，这一路径主要体现在学习适应性和意志力；二是“结构性家庭环境—亲子互动—非认知能力发展”，这一路径主要体现在学习适应性和情绪稳定性；三是“结构性家庭环境—亲子关系—非认知能力发展”，这一路径在学习适应

① 吴愈晓．中国城乡居民的教育机会不平等及其演变（1978—2008）［J］．中国社会科学，2013（3）：4-21.

② 雷万鹏，向蓉．留守儿童学习适应性与家庭教育决策合理性［J］．华中师范大学学报（人文社会科学版），2018，57（6）：174-182.

性、意志力和情绪稳定性上均有体现；四是“结构性家庭环境—家庭教养方式—非认知能力发展”，这一路径在学习适应性、意志力和情绪稳定性上均有体现。以上影响路径告诉我们，结构性家庭环境对儿童非认知能力发展的这种间接影响可能更隐蔽、持久，而这对于我们理解家庭环境影响儿童非认知能力发展的内在机制和过程，乃至揭示教育公平和社会代际流动的内涵具有一定启示。

三、过程性家庭环境可以有效促进儿童非认知能力发展

与结构性家庭环境的静态、不可逆的特征不同，过程性家庭环境是动态的、过程性的、可改变的，这对于探寻提升儿童非认知能力发展的干预措施具有重要的现实价值。过程性家庭环境对儿童非认知能力发展的影响主要表现在如下几点。

1. 过程性家庭环境对儿童非认知能力发展有显著的直接影响

第一，家长教育期望对儿童的学习适应性、意志力发展有显著的直接影响，且对农村儿童的积极作用大于其他儿童。这在一定程度上说明，“望子成龙，望女成凤”仍然是中国社会较为普遍的现象。当农村家长打破“读书无用论”“寒门难出贵子”等消极思想的束缚，对子女教育水平持有较高期望时，这会影响儿童非认知能力发展。具体来看，教育期望较高的家长，会增加家庭教育投入，也会给子女创造更多的支持条件，并投入更多的养育时间与精力在孩子的学习和生活中。根据价值观代际传递理论，家长教育期望作为一种外驱力，通过影响子女的自我教育期望这一内驱力间接发挥重要作用①。当子女习得了父辈的高教育期望水平，从而形成一种激励性的心理能量，在学习动机、自我效能感、学习行为和态度等方面产生改变，逐渐朝着家长期望的方向发展。美国在《提升意志力：21 世纪成功的核心要素》报告中指出，教师、家长应对学生持有较高期望，并将这些期望潜移默化地传递给学生，学生将更愿意为长远目标坚持不懈。

---

① YAMAMOTO Y，HOLLOWAY S D. Parental Expectations and Children's Academic Performance in Sociocultural Context [J]. Educational Psychology Review，2010，22 (3)：189-214.

第二，亲子互动对儿童的情绪稳定性、学习适应性有显著影响。具体来看，文化教育有利于儿童情绪稳定性、学习适应性的发展。家长在与孩子一起参观博物馆等场所、与孩子一起外出看电影等互动的过程中，亲子之间的信息、情感、想法交流增多，有助于儿童形成积极的情绪，避免心理问题的出现。学习监管不利于儿童学习适应性的发展，这种负面影响主要表现在农村儿童特别是农村留守儿童群体中，这与朱安新和曹蕊提出的农村家庭采用的亲子互动模式不利于儿童发展的结论基本一致①。结合已有研究和田野调查，本研究尝试从四方面予以解释。其一，农村家长普遍文化程度较低，他们没有足够的知识和能力为孩子提供正确的学业指导，在指导过程中往往采用吼骂方式责怪孩子，容易损害孩子的自尊和积极的学习态度。其二，部分家长在学业指导的过程中缺乏耐心，简单地给出正确的答案或直接帮孩子完成作业，这容易让孩子形成对家长的强烈依赖，而不是自己去寻求解决问题的方法，不利于儿童主动适应社会变化。其三，有些家长在没有孩子要求的情况下主动参与家庭作业，或被孩子视为干涉或控制，反而引起孩子的反感与叛逆。其四，农村家长在教育孩子的过程中容易激动、疲劳、挫折和失望，特别是当孩子成绩较差的时候，亲子关系可能会变紧张，这将不利于儿童非认知能力发展。这也进一步说明了对农村家长进行家庭教育指导的重要性。

第三，亲子关系对儿童学习适应性、意志力、情绪稳定性均有显著正向影响，且这种影响效应不因群体的变化而改变。亲子关系作为家庭系统中对子女最为直接的互动关系，会对其非认知能力的形成产生影响。良好的亲子关系可以有效避免儿童行为问题的产生，有利于提高儿童的自我控制能力，同时高质量的亲子关系能使孩子拥有更高的自尊和更低的抑郁情绪。亲子关系对儿童非认知能力的影响机制主要体现在两方面：一方面，良好的亲子关系能有效实现家庭功能，家庭功能的高质量发挥有利于儿童的全面发展；另一方面，生活在温暖亲子关系下的儿童更容

① 朱安新，曹蕊．当前中国家庭的亲子关系：城乡和阶层差异模式[J]．贵州社会科学，2019（7）：75-86.

易同他人接近并建立友好关系，也更愿意认识和探索新鲜事物；反之，低质量的亲子关系则对儿童的不良适应行为、情绪障碍、人际冲突均有预测作用。

第四，家庭教养方式对儿童非认知能力发展有显著影响，权威型教养方式更有利于儿童非认知能力发展，专制型教养方式下儿童非认知能力发展水平最低。如果父母的教养方式是温暖而有秩序的，儿童则不容易出现情绪消沉、生活无趣、悲伤等消极情绪。相反，在过度严厉和控制的教养方式下成长的儿童，出现学习不适应、意志力不坚定的概率更高，这与以往研究结论一致①。这一结论可以从三个方面予以解释。首先，权威型父母在教养孩子的过程中"恩威并施"，在给予儿童自由和对儿童的控制之间建立了一种适宜的平衡，既给予孩子充分的支持和关爱，又坚持以既定的规则、纪律来管教孩子。其次，权威型的父母更倾向于与孩子进行言语上的交流，允许孩子表达自己的观点，持续性的家庭讨论有助于孩子理解社会规则。再次，权威型父母也会积极参与儿童的生活，为儿童提供温暖和支持的环境，儿童则更容易接受父母所传递的价值观和规则并且内化到自己的日常行为中，形成友好积极的行为。

2. 家庭教养方式、亲子关系是亲子互动影响儿童非认知能力发展的重要机制

亲子互动不仅直接影响儿童非认知能力发展，也通过形成亲密的亲子关系和良好的教养方式对其产生间接影响，这种效应主要体现在情绪稳定性和学习适应性两方面。亲子互动对儿童非认知能力发展的影响机制包括两个：一是亲子互动通过影响家庭教养方式促进儿童非认知能力发展，形成"亲子互动—家庭教养方式—非认知能力发展"的影响路径，即亲子互动频率越高，家庭教养方式越温暖，儿童非认知能力发展越好；二是亲子互动通过影响亲子关系进而影响儿童非认知能力发展，即形成"亲子互动—亲子关系—非认知能力发展"的影响路径。家长在

---

① KAWABATA Y, ALINK L R, TSENG W L, et al. Maternal and Paternal Parenting Styles Associated with Relational Aggression in Children and Adolescents: A Conceptual Analysis and Meta-analytic Review [J]. Developmental Review, 2011, 31 (4): 240-278.

与子女互动的过程中，更可能形成亲密的亲子关系，良好的亲子关系作为中介变量会在父母与儿童互动过程中对儿童非认知能力发展产生直接影响。换言之，只有形成亲密亲子关系、“高回应”教养方式的亲子互动才是有效互动，才能促进儿童非认知能力发展。

3. 相较于结构性家庭环境，过程性家庭环境的影响效应更大

Shapley 值分解结果和路径分析结果显示，过程性家庭环境对儿童学习适应性、意志力、情绪稳定性发展差异的贡献度分别为 41.78%、48.54%、65.89%，分别是结构性家庭环境贡献度的 2.56 倍、9.69 倍和 11.98 倍。这意味着，在孩子成长过程中，家庭的经济状况与所处的阶层仍是影响儿童发展的重要因素，但父母的陪伴、宽松有爱的成长氛围、更多的交流和沟通，能起到事半功倍的效果。正如已有研究发现，父母如何养育子女可能比父母的职业、收入或教育水平更为重要，家庭如何利用已有资源促进儿童发展才是关键。换言之，家庭经济条件和家庭结构的改善对儿童的非认知能力发展有直接影响，正是在这个意义上，如何在公共政策层面提升家庭社会经济文化地位依然是需要努力的方向之一。但由于这种静态的作用显著小于动态性的、过程性的家庭环境的影响，关注点应该从家庭社会经济文化地位转向可改变的家长教育期望、家庭教养方式、亲子互动、亲子关系等方面，通过改变过程性家庭环境进而促进儿童非认知能力发展。

4. 过程性家庭环境可以弥补弱势家庭背景对儿童非认知能力发展的不利影响

过程性家庭环境在家庭社会经济文化地位与儿童非认知能力发展之间起着调节作用，这种作用主要体现在两方面：一是家长教育期望可以削弱家庭社会经济文化地位对儿童学习适应性的影响，较高的家长教育期望可以弥补低社会经济文化地位对儿童学习适应性发展的不利影响，对于经济条件较差的家庭而言，改变过去“读书无用论”的教育认知，对子女寄予较高的教育期望，是提升儿童学习适应性的重要途径。二是文化教育活动可以削弱家庭社会经济文化地位对儿童意志力的影响，较高的文化教育可以弥补低家庭社会经济文化地位对儿童意志力发展的不

利影响。以上结论说明，过程性家庭环境对儿童非认知能力发展的影响在家庭社会经济文化地位较低的家庭中显得更加明显。造成这一现象的原因在于，对于家庭背景处于弱势的儿童来说，短时间内难以改变家庭背景实现阶层跨越，此种情况下一旦为他们树立较高的教育期望、提供学习机会，他们会更加珍视这些机会从而不断提升自我能力。

四、家庭环境对儿童非认知能力发展的影响存在群体异质性

家庭环境具有复杂性和多样性，在探讨家庭环境对儿童非认知能力发展的总体影响基础上，需深入分析家庭环境对不同儿童非认知能力发展影响机制的差异性。城镇化的快速发展，不仅形成了城乡截然不同的生态环境系统，也因为每个家庭社会经济发展水平、价值观念的差异，不同家庭形成不同的迁移决策，形成不同的家庭结构。由此形成多样化的家庭环境以及差异化的儿童非认知能力发展水平，家庭环境对儿童非认知能力发展的影响路径和机制也存在异质性。本研究根据儿童流动状态对样本进行了分组子样本回归，数据结果显示，家庭环境对儿童非认知能力发展的影响在城市本地儿童、城市随迁子女、农村非留守儿童、农村留守儿童之间存在异质性。总体来看，家庭环境对人口流动形成的城市随迁子女和农村留守儿童的影响更大，这也进一步反映了城镇化进程中家庭环境对儿童非认知能力发展的重要作用。

一是家庭社会经济文化地位对城市随迁子女非认知能力发展的积极效应最大，对其学习适应性、意志力、情绪稳定性发展差异的贡献度分别为 16. 55% 、15. 76% 、14. 03% 。家庭社会经济文化地位的差异使随迁子女家庭内部产生社会分化，这种分化导致了家庭教育决策、教育投资、竞争能力、择校偏好的差异。其一，高社会经济文化地位的家庭经济资本更为丰富，家长愿意为孩子进行更多家庭教育投资；其二，高社会经济文化地位的家庭社会资本更为丰富，他们能通过广阔的人脉关系，找到能与学校“牵线搭桥”的关系人，进而与学校建立良好的关系；其三，高社会经济文化地位的家庭因拥有与本地人相近的教育资源能更快融入流入地，建立自己的生活圈和交流圈，这都将使得孩子在非认知能

力方面表现较好；其四，受教育水平较高的父母适应能力较强，能将自身拥有的勤劳、吃苦耐劳、艰苦奋斗等“软实力”潜移默化地传递给子女。相反，低社会经济文化地位的家庭出现弱势地位的代际传递与累积，进而表现为非认知能力“赤字”的代际传递。

二是文化教育对城市随迁子女学习适应性、意志力和情绪稳定性发展的影响效应大于其他儿童。数据显示，对于城市随迁子女而言，家长与孩子一起参观博物馆等场所、与孩子一起参观爱国主义教育基地、与孩子一起外出看演出等文化互动活动的频率越高，城市随迁子女的情绪稳定性、学习适应性水平越高。城市随迁子女在与父母一起参与文化活动的过程中，不仅能够得到父母的关爱、陪伴和照顾，也能进一步接触、了解流入地文化，因此较少产生抑郁、悲观等消极情绪，并能快速适应新环境。一位武市初二的随迁子女在谈到“跟随父母到城市之后的变化”时说道：“以前在老家，每天放学回家就是看电视，或者到隔壁哥哥家去看他打游戏，爷爷奶奶也不管我。自从到武市来了之后，放学回家要写各种作业，要爸妈签字，所以爸妈也比较重视我的学习。周末的时候我也会跟好朋友约着出去玩，去湖边骑车啊，去森林公园烧烤啊，有时候去图书馆看书，总之活动挺多的，我爸妈有时候也会跟着一起去。我觉得来武市之后生活学习变化挺大的。”从这位城市随迁子女的言语中可以看出，从留守到随迁的变化，带来的不仅是生活、学习、环境的改变，更是孩子生活态度、人际关系的改变，这些改变有利于城市随迁子女的全面发展。

三是家庭教养方式对城市随迁子女和农村留守儿童非认知能力发展的影响更大。具体来看，“要求严格、支持频繁”的权威型教养方式更有利于城市随迁子女和农村留守儿童非认知能力发展，“要求严格、支持低频”的专制型教育方式则不利于其非认知能力发展。相较而言，城市随迁子女和农村留守儿童的父母受教育程度较低、家庭经济状况较差，他们对子女的教育投资相对较少，但如果家长能够在教养孩子的过程中给予孩子充分的支持和关爱，注重为子女创造相对理性的家庭成长环境，这将在一定程度上弥补父母流动带来的不利影响。相反，如果家长对其过多施加权威、责罚与控制，而不是为其提供温暖与支持，则更容易使孩子出现焦虑、沮丧、愤怒、过度担心等消极情绪，因此家长应该给予留守儿童充足的爱、支持、鼓励和肯定，以促进其非认知能力发展。

四是亲子关系对城市随迁子女的学习适应性、意志力和情绪稳定性发展的影响效应大于其他儿童。数据显示，亲子关系对城市随迁子女学习适应性、意志力、情绪稳定性发展差异的贡献度依次为 35.56%、26.62%、55.09%。随迁子女跟随父母从农村来到城市，尽管家庭外部环境发生了显著变化，但家庭内部的人员结构相对稳定，父母仍然是流动儿童应对各种压力事件的重要保护资源。一方面，亲子关系好的儿童更愿意与父母分享生活、学习情况，不仅有利于儿童从父母那里得到应对压力事件的有效帮助，也有利于父母对子女进行有效的监管。另一方面，随迁子女面临更多人际、学习压力，他们的孤独和焦虑倾向更明显，来自家庭的支持性亲子关系能够显著缓解外部不利环境对学习适应的消极作用。

五、家长教育素养可以有效调节家庭环境对儿童非认知能力发展的影响

1. 家长教育素养在亲子互动与儿童非认知能力发展之间起着调节作用

以家庭教育观念、家庭教育知识、家庭教育能力为表征的家长教育素养提升能增强亲子互动对儿童学习适应性、意志力和情绪稳定性发展的积极影响。家长教育素养在家庭环境与儿童非认知能力发展之间起着调节作用主要体现在四个方面：一是改变教养行为和增加亲子互动，二是创造良好的家庭氛围，三是为孩子成长提供有效帮助，四是在教养过程中投入更多时间与精力。正如田野调查中在探讨“家长需要具备哪些能力来教育好一个孩子”的问题时，有家长提道：“真正要把一个孩子教育好，说实在的，家长在教育方面需要投入很大精力，但更重要的一点是教育理念，要有比较先进的理念，要有较好的教育能力，要能够通过言传身教影响孩子，要能够有指导性地告诉孩子如何进行课外学习，

要及时地给孩子辅导、解惑，要及时了解孩子的心理需求、动态。”因此，随着家长的家庭教育观念的科学化、家庭教育知识的增加、家庭教育能力的提升，家长在与孩子互动的过程中不仅可以有效引导孩子帮助他们形成较高水平的非认知能力，也可以将自身的情绪控制能力、适应能力、意志力等取得成功的非认知能力传递给子女。

2. 接受家庭教育指导可以调节家庭环境对儿童非认知能力发展的影响

数据显示，接受家庭教育指导在家庭环境与儿童非认知能力发展之间起着调节作用，具体表现在以下三方面：一是接受家庭教育指导能增强生活陪伴对儿童学习适应性的影响，二是接受家庭教育指导可以改变学习监管对儿童意志力的负向作用，三是接受家庭教育指导可以调节学习监管对儿童情绪稳定性的负面影响。阿马蒂亚·森提出要对个体及其家庭的“可行能力”进行社会投资，要有效促进家庭监护能力与教育能力的提升[①]。Heckman构建的“能力形成的动态模型”指出，外部投资和社会干预是提升个体能力的重要途径之一[②]。访谈中发现，“缺乏有效的家庭教育方法”“辅导孩子力不从心”“遇到家庭教育问题不知道向谁求助”等是家长在家庭教育中面临的问题。在家庭教育中遇到问题时，家长大多自己摸索或者和亲戚朋友交流，缺乏专业指导。另外，农村家长在家庭教育方面遇到的问题更为突出，对家庭教育指导服务的需求也更为强烈，而城市家长较高的受教育水平在一定程度上能够保证学习监管的“质量”可能会好于农村家长，这与已有研究提出的家长教育素养和教养行为存在明显城乡差距的结论基本一致[③]。这也充分说明，提升家长教育素养可以有效改善教育公平，进一步支持了构建覆盖城乡的家庭教育指导服务体系的重要性。

---

① 胡湛，彭希哲．家庭变迁背景下的中国家庭政策[J]．人口研究，2012（2）：3-10.

② HECKMAN J J. The Economics，Technology，and Neuroscience of Human Capability Formation [J]．Proceedings of the National Academy of Sciences，2007，104（33）：13250-13255.

③ 李英，贾米琪，郑文廷，等．中国农村贫困地区儿童早期认知发展现状及影响因素研究[J]．华东师范大学学报（教育科学版），2019，37（3）：17-32.

第二节　对 策 建 议

从儿童非认知能力发展的视角探究家庭环境的根本目的在于回答两个问题，一是什么样的家庭环境有利于促进儿童非认知能力发展，二是我们如何创建有利于提升儿童非认知能力发展的家庭环境。本研究发现结构性家庭环境和过程性家庭环境对不同类型儿童的学习适应性、意志力、情绪稳定性发展均有不同程度的影响，这为我们创设家庭环境、完善家庭政策与构建覆盖城乡的家庭教育指导服务体系提供了依据和参考。

一、树立科学的教育质量观，多维度评价儿童发展

改革开放40年来，中国教育已从“有学上”转向“上好学”，从“学有所教”转向“学有优教”，从“数量追赶”转向“质量提升”，从教育大国迈向教育强国。进入新时代，教育领域的主要矛盾已转化为人民日益增长的优质教育需求和不平衡不充分的教育发展之间的矛盾，教育发展从外延扩张、高速度增长阶段转向内涵提升、高质量发展阶段，处在转变发展方式、优化教育结构、提升质量效益的攻关期。2019年6月，中共中央、国务院在《关于深化教育教学改革全面提高义务教育质量的意见》中提出，树立科学的教育质量观，深化改革，构建德智体美劳全面培养的教育体系。因此，如何推动新时代中国义务教育高质量发展成为教育领域的重大政策议程和研究课题。

1. 坚持以人为本，提升儿童的“可行能力”

树立科学的教育质量观，关键在于解决好“培养什么人”“怎样培养人”“为谁培养人”这个根本问题。事实上，教育作为培养人的社会活动，其终极目的是实现人的发展。正如阿马蒂亚·森所说，发展的目的是拓展人的“可行能力”，以享受他们所珍视而且有理由珍视生活的实质之自由①。长久以来，在应试教育的惯性思维模式下，标准化测试结果成为衡量教育质量的主要指标，标准化测试并没有将学生未来社会

① 森．以自由看待发展[M]．任赜，于真，译．北京：中国人民大学出版社，2013：62-63.

生活需要的非认知能力，例如环境适应能力、自律、成就动机等纳入测量范围。以考试分数作为唯一标准来一刀切式地评价每一个学生，以损害学生身心健康、学习能力为代价的过度频繁的机械强化和无意义学习，显然有悖于全面发展的教育要求。因此，科学的教育质量观是以学生发展为本的质量标准，通过提升儿童的“可行能力”，以态度、价值观、生活习惯和行为方式转变为途径，实现人的素质提升。

2. 坚持“五育”并举，促进儿童的全面发展

习近平总书记在全国教育大会上指出，要努力构建德智体美劳全面培养的教育体系，形成更高水平的人才培养体系，要把立德树人融入思想道德教育、文化知识教育、社会实践教育各环节。党的十九届五中全会审议通过的《中共中央关于制定国民经济和社会发展第十四个五年规划和二〇三五年远景目标的建议》，提出“促进人的全面发展”。从马克思主义哲学视角看，人的发展是指人自身的优质、全面和自由的整体性发展。这就是说，儿童高质量发展是指儿童更优质、更全面、更自由的发展，包括在德智体美劳五个方面的高质量发展。当前的教育重智育，德育、美育、体育、劳动教育被边缘化、淡化的现象仍然严重存在。“五育”并举是立德树人的重要支撑，任一环节的缺失，都将阻碍学生发展成为一个健全的人。因此，应该落实立德树人根本任务，遵循教育规律，坚持“五育”并举，突出德育实效、提升智育水平、强化体育锻炼、增强美育熏陶、加强劳动教育，着眼于学生综合素质、持续发展。同时，“五育”并举不等于德智体美劳“齐头并进”“齐步走”，而是在学生全面发展基础上的个性发展，应坚持全面发展与个性发展相统一，因材施教。

3. 健全人才培养质量监测体系，多维度评价学生发展

树立科学的教育质量观，还要构建教育质量评估监测机制，健全人才培养质量监测体系，坚决克服“唯分数”“唯升学率”的顽疾。当前，人才培养质量监测体系主要体现在对学生的读写算能力、问题解决能力、操作性技能、考试分数等认知能力上，对于学生的价值观念和社会表现、情绪管理能力、社会适应能力等难以直接测量的非认知能力关注不够。

这一方面是因为在过去的研究和实践中往往把能力等同于认知能力，一方面是目前针对非认知能力的评价指标体系还未达成共识，哪些指标应该纳入非认知能力的范畴还有待进一步探讨。因此，需要改革对学生的评价体系，建立覆盖认知能力与非认知能力发展的多维度、多元化的学生评价体系，真正实现学生德智体美劳全面发展，提高教育质量。

二、关注流动人口子女非认知能力发展，为流动家庭提供弱势补偿

伴随工业化、城镇化和现代化的浪潮，家庭作为最基本的社会组织，面临着社会体制、经济结构、文化观念等方面变迁带来的冲击，流动家庭首当其冲受到影响。农村留守儿童与城市随迁子女不仅缺乏物质经济支持，还缺乏来自父母的关爱、监管和教育。这种弱势家庭环境对儿童的情绪稳定性、学习适应性以及意志力发展产生了负面影响，使得流动人口子女特别是农村留守儿童非认知能力发展处于较低水平。因此，必须关注流动人口子女非认知能力发展，以回应城镇化对儿童发展的新要求。对于流动家庭，需要给予“优先扶持”与“弱势补偿”，弥补因城镇化而导致的弱势群体成长环境不佳，为这部分弱势群体提供“兜底式”保障。这在一定程度上属于为改变流动家庭的结构性家庭环境而做出的努力。

1. 为农村留守儿童家庭提供支持性服务，为农村留守儿童提供良好的家庭环境

本研究发现农村留守儿童的非认知能力发展水平最低，与家庭社会经济文化地位较低、亲子分离、父母缺席有关，也映射出城镇化和人口流动过程中家庭功能和家庭发展能力的弱化。因此，应创设条件给予农村留守儿童家庭政策支持，动员社会各方面的力量齐抓共管，形成“政府—社会—学校—家庭”的多中心留守儿童支持体系，为农村留守儿童提供良好的家庭环境，从源头上逐步减少儿童留守现象。

第一，政府承担起为农村留守儿童创造良好成长环境的责任，加大政府补偿性投入。一是政府以农村留守家庭为对象提供财政支持，通过工作补贴、发放津贴以及购买社会服务等方式对农村留守家庭提供帮助，

在经济上减轻农村留守家庭的压力，并支持农村留守家庭完善其基本功能。二是以政府购买小时工服务的方式，聘请社会工作者或者在农村当地选择照料者每天到留守儿童家中提供数小时的生活照料、学业辅导、精神关爱等服务，以一种“类家庭成员”的方式修复留守儿童家庭的功能。三是加大对农村教育经费投入，高度关注农村学校发展，在财政投入、硬件设施、师资配合等方面给予倾斜性政策，有效回应留守儿童的教育诉求。

第二，强化社会关爱，强化企业的社会责任。采用政府财政、用工单位和农民工个人合作共担的方式，帮助农民工平衡好工作与家庭的责任。一方面，国家立法机关应修订完善《中华人民共和国劳动法》，落实农民工带薪休假等制度，保证农民工有弹性时间回家探访留守子女，增加父母与子女在一起的时间；另一方面，企业可以为农民工提供临时的探亲住房，鼓励员工在寒暑假将子女接到上班地区，实现暂时性的原生家庭结构“恢复”。

第三，学校应承担在校期间农村留守儿童的教育与管理责任。教师作为农村留守儿童成长的重要他人，事实上是兼职代理家长，应承担部分监管学习、照顾生活、沟通心理、交流思想、深化情感的责任。在教学上，教师要培养学生的探究精神、学习兴趣及勤奋刻苦的学习品质，促使农村留守儿童产生较高的学业成就与自信。在生活上，教师要了解农村留守儿童的生活背景，走进他们的意义世界，努力成为他们价值观的引领者、情感的分享者、关爱的给予者，帮助农村留守儿童养成积极的心理品质、树立生活信念并成为正能量的实践者。

第四，家长应重视对农村留守儿童成长过程的监管与陪伴。家长应提升农村留守儿童家庭教育决策的科学性与合理性，尽量选择就近务工或者父母一方留守陪伴孩子，即使迫于经济条件的约束，父母双方均外出务工，也应该选择有监护能力的家人或亲戚朋友作为留守儿童的监护人。此外，家长在外务工，要经常保持与留守子女的沟通和联系，不仅要关注孩子的学习，更要关注孩子的生活和情感需求，同时还要注意和学校、教师保持沟通，及时了解孩子的情况。

2. 推动就近城镇化和就地城镇化，为“父母返乡”创设条件

快速城镇化与大规模人口流动催生了乡土中国向城乡中国的转变，中国城镇化不应是城市与乡村的两极分割，而应是涵盖乡村、县镇、城市的多样形态，是梯度发展的空间连续体与内在关联的社会有机体。县镇处于城市与乡村之间，是农民进城就业安家、城乡要素跨界配置和产业协同发展的天然载体，更是城乡一体化发展、城乡融合发展的重要纽带，应为乡村振兴和农业农村现代化提供不可或缺的支撑。2020 年 6 月，国家发改委印发《关于加快开展县城城镇化补短板强弱项工作的通知》指出，县城综合承载能力和治理能力仍然较弱，与满足人民美好生活需要还有较大差距，各地区要重点投向县城新型城镇化建设。县镇在城镇化过程中起着过渡作用和蓄水池作用，不仅有助于解决“异地城镇化”带来的“留守现象”和“随迁现象”，也有助于带动农业和乡村可持续发展。一方面，应加快发展地方优势特色产业，不断扩大就业容量，制定和落实财政、金融等优惠扶持政策，落实定向减税和普遍性降费政策，为农民工返乡创业就业提供便利条件，实现就近城镇化和就地城镇化，使企业“引得进”、劳动力“留得住”、家长“想留下”。另一方面，应建设“强县教育”“强镇教育”，保障儿童“有学上”“上好学”。

3. 降低城市教育门槛，为城市随迁子女提供高质量教育

田野调查发现，子女虽然跟随父母进城可以获得父母的关心和管教，在一定程度上有助于农村儿童非认知能力发展，但仍有大量城市随迁子女在城市学校的入学手续繁多且难办，存在“上学难”“上学贵”的问题。这说明如何降低城市教育门槛，为随迁子女提供优质教育，仍是城镇化进程中教育亟须解决的难题。随着我国以人为本新型城镇化建设和户籍制度改革的不断推进，对随迁子女教育的关注应从机会公平向质量公平、从结构公平向过程公平转变，打破城市内部的二元教育结构，让随迁子女同本地户籍学生一样，在城市接受平等而有质量、完整且贯通的学校教育，实现随迁子女教育的市民化。

第一，降低城市教育门槛，保障随迁子女在城市的受教育权利。对

于农民工家庭而言，子女在城市享受平等教育是衡量农民工是否真正融入城市、是否能在城市“安居”和“生根”的关键要素[①]。政府应加快户籍制度改革，逐步取消与户籍制度相联系的就业、医疗、教育等歧视性政策，促进农民工及其子女的“市民化”，尤其要落实好“两为主”“两纳入”“两统一”“同城化”政策，承担起随迁子女的教育责任，保障农民工子女在城市公平接受教育，为农民工创设务工挣钱与子女监管“两不误”的条件。

第二，加大政府补偿性投入，强化“省级统筹”的力度。随迁子女义务教育具有跨区域、全国性特征，比普通儿童的义务教育具有更大的公共性，政府应承担更大的财政责任[②]。在现有政策基础上，中央政府亟须在随迁子女教育事务上承担“兜底”的教育补偿责任，通过设立针对随迁子女教育的专项资金对随迁子女这一弱势群体进行教育补偿，以保障他们接受公平而有质量的教育。同时，强化“省级统筹”的力度，省级政府不仅起到宏观调控的作用，同时也担负着财政投入的责任，省级政府的财政投入是解决随迁子女教育问题的核心，要充分发挥省级政府的宏观调控作用和财政支持作用。

第三，学校做好随迁子女接纳工作，切实减轻流动家庭教育负担。囿于城市教育资源的有限供给，公办学校无法容纳全部随迁子女，部分随迁子女仍需在民办打工子弟学校接受教育。在此情况下，应缩小公办学校与民办打工子弟学校之间的差距，让在民办学校就读的随迁子女同样享有优质城市学校的环境。同时，学校应以和谐、包容的学校文化提高随迁子女的学校适应性。随迁子女转入新学校需要一个适应过程，这个过程是不同个体、不同群体、不同文化相互融合、协调发展的过程，学校可以通过混合编班和统一管理等方式实现随迁子女与城市本地儿童的融合教育与发展。

---

① 雷万鹏，徐璐．城镇化背景下农民工子女就学地选择意愿及其影响因素研究[J]．华中师范大学学报（人文社会科学版），2016，55（6）：150-158.

② 袁连生．农民工子女义务教育经费负担政策的理论、实践与改革[J]．教育与经济，2010（1）：8-13.

三、创设有利于儿童全面发展的家庭环境，注重过程陪伴与氛围建设

本研究的结果显示，相较于结构性家庭环境，家长教育期望、亲子互动、亲子关系、家庭教养方式等过程性家庭环境的影响效应更大。此外，静态的、结构性的家庭环境的改善并不是一朝一夕的事情，在结构性家庭环境不能很快改变的情况下，创设过程性的、互动性的家庭环境显得尤为重要。结合本研究的结果，创设有利于儿童全面发展的家庭环境应从如下方面着手：

1. 引导家长理性决策，注重过程陪伴

本研究发现，过程性陪伴与良好的亲子关系对儿童非认知能力发展有显著的积极作用。然而田野调查显示，部分家长只注重孩子物质条件的满足，忽视对孩子的陪伴，“工作忙，没时间教育孩子”“文化水平低管理不了孩子”“让孩子吃饱穿暖，没病没灾就行了，别的事情自己也没有时间精力做，更重要的是自己也做不来、做不好，孩子也不会听自己的”等都是家长推卸陪伴责任的借口。

家庭教育具有早期性、针对性、长期性、灵活性以及社会性等特点，家长在日常生活中的观念与行为会潜移默化地影响儿童的观念与行为，而这一影响是任何人、任何教师、任何学校都无法代替的。此外，家庭教育投资具有长期性与连续性，家庭教育投资决策应尽量避免“物质满足了，陪伴忽视了”，切莫因为忙于工作而忽视了对子女的陪伴与引导。家庭对子女的教育投入不能局限于金钱与物质投入，还要注重过程陪伴、动态监管与情感投资，更要关注家庭学习环境与文化氛围的建设，建立良好的家教、家风。一方面，加强过程陪伴与亲子互动，丰富子女的课余生活，或陪伴子女一起看书，或带孩子参加各种体验活动，或陪孩子去做他喜欢的事情。另一方面，加强亲子沟通，具体可以从沟通内容、沟通方式两方面着手：一是扩大沟通内容，改变只关注子女学习成绩的单一形式，转向关注子女学习、生活、情感等多方面内容；二是改善沟通方式，家长要耐心倾听子女的声音，借助积极的非语言沟通方式，如肯定或鼓励的眼神、拥抱与手势等，让子女感受到父母在认真倾听，感

受到父母对自己的投入与关注。

2. 采取合理的教养方式，营造良好的家庭氛围

本研究发现，权威型教养方式更有利于儿童非认知能力发展，专制型教养方式下儿童非认知能力发展水平最低。生活在温暖、包容、平等而有序的家庭中的孩子会潜移默化地将这种友善的方式内化到自身学习、生活中，相反，惩罚、过分严厉、专制、控制等不良家庭教养方式下成长的儿童，出现学习不适应、意志力不坚定的概率更高。因此，父母在教养孩子时，应注重恩威并施、严慈相济、就事讲理，积极营造温暖、民主、支持的家庭环境。具体可采取以下措施：(1) 父母须为孩子设立规矩，将父母的期待以及违反规矩可能得到的惩罚明确告诉孩子，孩子如果对行为期待有异议，可以表达意见，符合情理的建议父母应该采纳；(2) 父母应该认真监督孩子的行为，对于正确的行为予以鼓励，对于错误的行为根据双方共同理解的方式给予惩罚，需注意的是，鼓励不一定是金钱上的或物质上的，通常口头表扬和行为上的关爱作用更大；(3) 父母不要总是以家长的身份要求孩子按自己的方式做事情，也要从孩子的角度出发，设身处地地体验孩子的经历和处境，这样更容易理解孩子所面临的问题并及时发现解决的方案；(4) 父母应该尽量营造一个和谐、温暖的家庭环境，少在孩子面前闹矛盾，更不要无缘无故地体罚孩子，父母展示的暴力行为模式往往会被孩子内化和模仿，助长他们以暴力手段解决人际纠纷的倾向；(5) 关注儿童的发展水平与个别差异，因材施教。有关研究的结果显示，“高严格、高关怀”的权威型教养方式有利于城市随迁子女和农村留守儿童非认知能力发展，“高严格、低关怀”的专制型教育方式则不利于其非认知能力发展。因此，城市随迁子女和农村留守儿童家长要让孩子在遇到挫折或产生不适感后，有一个合适的表达渠道，并能够迅速获得家长的支持与鼓励，从而快速恢复自信。

3. 家长“主动增能”，为孩子提供榜样示范

教育是一门科学，是一项专业工作，教育者需要具备基本的知识和技能。家长作为孩子的第一任老师，没有经过专业的“培训”就已“上岗”，他们对于什么是儿童、什么是教育、什么是发展等方面的认知还

不够，有的家长甚至不知如何正确教育孩子，不知教孩子什么，更不知如何配合老师和学生完成课业。因此，家长在对孩子进行人力资本投资的同时，也需重视对自身文化资本及非认知能力的投资，提升自身人文修养，为孩子提供榜样示范。促进孩子非认知能力发展的关键是提升家长的观念、知识、能力等综合素质，这些知识和能力的获得依赖于家长自主学习和终身学习的能力。家长应树立终身学习的理念，成为主动的学习者，主动增能，充分认识到家长榜样、家长陪伴、家长监管、亲子互动对儿童发展的重要性。家长应充分利用信息化、网络化资源，通过查阅书籍、听教育讲堂或论坛交流等方式，增长关于儿童哲学、教育学、心理学、生理学、营养学的基础知识，增加自身人力资本的存量与增量，提高家庭教育能力与家庭教育效力。

四、构建覆盖城乡的家庭教育指导服务体系，多渠道提升家长教育素养

本研究发现，家长教育素养和家庭教育指导对儿童非认知能力发展有显著的影响，这意味着提升家长教育素养是促进儿童非认知能力发展的重要途径。然而，调研显示，仅有 40. 8% 的家长接受过家庭教育指导，超过半数的家长从未接受过家庭教育指导，指导力度不够；74. 7% 的家长表示需要家庭教育指导，89. 7% 的家长表示愿意参加社区或者学校开展的家庭教育指导活动。这也反映出当前的家庭教育指导体系不完善，未能给家长提供及时、有效的指导与支持。

长期以来，家庭教育被视为家庭的私事，随着家庭教育问题不断扩大和复杂化，人们逐渐认识到家庭教育不仅仅是私人问题，还关乎社会和谐稳定与国家长远发展，家庭教育逐渐从“家事”变成“国事”。近年来，为全面强化和提高家长的家庭教育主体责任与教育水平，国务院、全国妇联、教育部、中央文明办等部门相继颁布《教育部关于加强家庭教育工作的指导意见》《关于加强农村留守儿童关爱保护工作的意见》《关于指导推进家庭教育的五年规划（2021—2025 年）》等政策文件，明确提出构建覆盖城乡、满足家长和儿童需求的家庭教育指导服务体系，并强化农村留守儿童、城市随迁子女等特殊困境儿童家庭教育支持服务。

如何建立覆盖面广、回应性高的家庭教育指导服务体系，成为新时期一项复杂而重要的任务。

1. 以政府为主导，建立健全家庭教育指导经费保障机制

提升家长的教育能力是一项艰巨的社会系统工程，是一项社会公共事业，只有形成政府主导下多部门和社会各界资源共享、协同配合、齐抓共管的格局和氛围，才能整体提升家长的教育素养，更好地担负起促进儿童健康发展的重任。首先，将家庭教育事业发展列入国民经济和社会发展规划，将家庭教育工作经费纳入本级财政预算，各级政府加大对家庭教育事业财政投入力度以及政府购买服务的力度。其次，规范和完善财政转移支付制度，增加经费使用的灵活性和针对性，加大对城市随迁子女、农村留守儿童、单亲儿童、相对贫困儿童等弱势群体的家庭教育指导服务的经费倾斜，争取做到家庭教育指导服务的全覆盖、有经费。再次，为确保经费投入的稳定性和使用的有效性，建立家庭教育指导经费的申请、审批、评估、问责相结合的财政运行监督机制。最后，积极拓展经费来源渠道，实现经费来源多元化，形成政府主导、社会力量支持补充的家庭教育财政保障机制。

2. 加强学校指导，发挥学校在家庭教育指导中的重要作用

学校作为家庭教育指导的主渠道、主机构，为经常性、扎实有效地开展家庭教育指导工作提供了有力的保障。习近平总书记指出："办好教育事业，家庭、学校、政府、社会都有责任，谁都不是旁观者，谁都不能置身事外。"[①]《关于制定国民经济和社会发展第十四个五年规划和二〇三五年远景目标的建议》明确要求"健全学校家庭社会协同育人机制"。具体来看可以从以下三方面着手：一是发挥幼儿园和中小学的指导阵地作用。学前教育、初等教育和中等教育学校应当建立健全家庭教育工作制度，将家庭教育指导工作纳入学校发展规划和工作计划。二是强化家长学校的重要作用。幼儿园和中小学应当建立家长学校，定期组织家长交流家庭教育信息、提供家庭教育指导服务、开展家庭教育实践

① 加强党对教育工作的全面领导是办好教育的根本保证［M］//论坚持党对一切工作的领导.北京：中央文献出版社，2019：280.

活动。三是注重家庭教育研究和学科建设。一方面，重视发挥大学多学科、多功能的优势和辐射作用，加强家庭教育的学术研究，编写家庭教育读本，提供规范、专业的家庭教育指导服务。另一方面，鼓励高校、科研机构对提供家庭教育指导服务的工作者进行专业培训，全面提升家庭教育指导服务的专业化、规范化水平。

3. 倡导社会参与，健全家庭教育指导公共服务网络

通过社会承担、公众参与，为社会提供更专业、全覆盖、高质量的家庭教育指导公共服务网络，是目前拓展家庭教育指导服务阵地的重要途径。第一，以社区为平台开展家庭教育指导服务。围绕社区居民的家庭教育指导服务需求，依托社区的公共服务设施、青少年活动中心等平台，开展亲子实践活动、养育讲座、家长课堂等活动。第二，采用多种方式培育社会组织。鼓励省市区妇联通过岗位购买、项目购买、授权委托、资金补贴、能力建设等方式，培育一批公益性强、社会公信力高、专业性强的家庭教育指导服务社会组织，提供内容丰富、形式多样的家庭教育指导服务。第三，发挥公共文化服务机构家庭教育功能。图书馆、博物馆、科技馆等公共文化服务机构定期举办公益性的家庭教育讲座，开展家庭教育亲子活动。第四，充分利用家庭教育服务机构、热线电话、广播电视、微信、微博等平台，在各类平台设立相应家庭教育专栏、专题，开展公益宣传，营造支持家庭教育的良好社会环境和舆论氛围。

4. 以需求为导向，优化家庭教育指导供给结构

富有个性的家庭系统决定了家庭教育指导的特殊性和复杂性，需要根据每个儿童及其家庭的特点因材施教，提供以需求为本的家庭教育指导供给是回应家庭需求和偏好的重要路径，也是提高家庭教育指导接受率的重要策略。因此，必须科学调研不同年龄、性别、家庭结构、经济状况的家庭特点，以需求为导向，优化家庭教育指导供给结构，开展具有针对性、多样性的精准指导。内容上，制定系统化、科学化、体系化的家庭教育指导课程体系，不仅关注孩子的学习问题，也要重视孩子的思想品德、行为习惯、兴趣爱好、个性特长、社会交往等综合能力的发展。形式上，处理好集体指导和个别指导的关系，探索“互联网+家庭

教育”的深度融合。伴随着互联网、手机网络、多媒体通信、人工智能等技术的发展，通过信息化开发家庭教育资源、优化家庭教育指导过程，把传统家庭教育指导升级为移动指导、远程指导、个别指导，满足家长不断增加的个性化指导需求。对象上，关注城市随迁子女、农村留守儿童等特殊群体的家庭教育指导，实施分类指导、分层指导、分步推进，提高家庭教育指导的精准性。

5. 建设专业化指导者队伍，提高家庭教育指导的科学性

人才是事业发展的基础，家庭教育指导事业繁荣发展的关键在于建立一支师德高尚、业务精湛、结构合理、充满活力、高素质的家庭教育指导者队伍。一是前向延伸，从源头上提高家庭教育指导者的素质。在师范院校设立家庭教育专业，培养专业的家庭教育指导人员，增加家庭教育指导工作者“存量”；二是门槛限制，完善家庭教育指导者的选拔、聘用和管理机制。建立严格的准入机制，受过专门的家庭教育指导训练并取得家庭教育指导资格证书者方能从事相关工作；三是中间扩展，通过研修培训、学术交流、项目资助等方式，建立指导者定期培训制度，提供多样化的培训形式和培训内容，同时应有针对培训者的专业培训；四是后期评价奖励，指导单位应制定规范的考核评价体系，通过个人自评、指导者互评、群众评议和专家评审等方式进行多元全方位的考核评级，并通过发放一次性奖励、职称评定加分、给予荣誉称号等方式给予奖励，吸引更多优秀人才从事家庭教育研究和指导。

五、构建发展型家庭政策，强化家庭政策中的政府责任

重视家庭，不能限于道德说教，而是要通过积极的家庭政策，指导、支持、帮助和促进家庭发展。当代家庭的重要性提升和家庭能力弱化之间矛盾的化解，需要家庭政策的支持。随着中国城镇化、现代化的发展，家庭结构多样化，家庭面临的问题和挑战比以往更加严峻，对政府和社会支持的需求比以往更加强烈。因此，应构建以提升家庭发展能力为导向的发展型家庭政策，其关键是在全社会形成一个支持家庭、投资儿童的社会环境和制度体系，形成一个政府、社会、学校都有责任来支持家

庭、帮助家庭更好地行使其责任的制度框架[①]。在这一框架中，政府应以主导者的姿态促进家庭政策的有效实施，综合利用法规、税收、津贴、救助以及直接提供服务等手段，为家庭提供专业化、常态化的服务产品，提升家庭发展能力，支持家庭充分发挥相应功能。

发展型家庭政策有四个基本特征：一是家庭政策不是随意放大政府对家庭事务的干预，不是政府替代家庭承担所有责任。家庭政策的重点在于帮助家庭有能力承担自己的责任，而不是政府包揽所有的家庭责任[②]；二是家庭政策不仅只是针对有特殊需求的家庭，不仅只是针对家庭问题的事后补救，而应涉及所有普通家庭的发展，如家庭凝聚力的培养，家庭关系的改进、家庭教育的发展、家庭应对风险能力的增强等方面；三是家庭政策不是简单地介入家庭，家庭政策不仅要为家庭成员提供服务，更重要的是推进家庭整体功能的提升，比如家庭教育功能的完善；四是家庭政策的对象不仅是儿童，也应为成年人提供服务，如通过提供家庭教育指导提升家长能力。

发展型家庭政策的核心在于提升家庭“可行能力”，在于发展家庭成员的能力。阿马蒂亚·森提出要对个体及其家庭的“可行能力”进行社会投资，以家庭“可行能力”为导向的政策最为重要的目标是有效地促进家庭监护能力的发展。良好的家庭功能是形成和发展人力资本的首要环境，增进对家庭的教育及社会投资、提高家庭的人力资本含量无疑是发展家庭能力的必由之路。尤其是在经济快速发展和城镇化快速推进的背景下，人力资本的内涵从知识和技能等认知能力拓展到自我控制能力、适应能力、意志力等非认知能力，非认知能力的提升与家庭环境有着紧密联系。因此，发展型家庭政策应将社会资源用于改善家庭环境、完善家庭功能、满足儿童的成长需要，为社会成员提供形成和发展人力资本、优化人口素质结构的良好家庭环境。

---

① 徐晓新，张秀兰．将家庭视角纳入公共政策：基于流动儿童义务教育政策演进的分析[J]．中国社会科学，2016（6）：151-169.

② 吴帆，李建民．家庭发展能力建设的政策路径分析[J]．人口研究，2012，36（4）：37-44.

第三节　研究局限与展望

本研究基于湖北省家庭教育调查数据，采用质化与量化相结合的混合研究方法，从学习适应性、意志力和情绪稳定性三方面着手，初步探讨了家庭环境影响儿童非认知能力发展的过程机制，同时关注到家庭环境影响儿童非认知能力发展的群体异质性。但由于时间精力和资源有限，任何研究都不可避免存在一些局限，本研究也不例外，相关研究的不足还需在未来的研究中继续探索。

一是对儿童非认知能力发展的研究有待拓展和丰富。非认知能力的内涵和测量标准具有多元性，本研究基于城镇化发展对儿童发展的新要求选择了学习适应性、意志力和情绪稳定性三方面开展研究，但对非认知能力的其他维度还需在后续研究中不断探讨，特别是对非认知能力的框架体系需要不断完善。此外，认知能力与非认知能力本是人力资本的重要组成部分，受时间和数据限制，本研究只探讨了家庭环境对儿童非认知能力发展的影响，未涉及家庭环境与儿童认知能力发展的关系探讨。今后的研究还需进一步厘清非认知能力与认知能力的关系，并统筹考虑家庭环境对儿童认知能力与非认知能力发展的影响，进一步探讨家庭环境对儿童认知能力与非认知能力发展的差异性影响。

二是对家庭环境的研究有待进一步深化。家庭环境是家庭中各因素组成的复合体，覆盖了家庭的方方面面。本研究基于生态系统理论中关于家庭环境的研究，将家庭环境划分为结构性维度和过程性维度，探讨了家庭“是什么”和家庭“做什么”对儿童非认知能力发展的影响。本研究所选择的家庭环境变量均是已有研究中使用相对较多的变量，受数据信息可获得性的限制，本研究并不能穷尽所有家庭环境变量，无法充分将更多家庭环境要素纳入模型分析。家庭环境的细化测量还有待在后续研究中进一步深化。

三是家庭环境与儿童非认知能力发展的因果关系还有待进一步探讨。本研究采用多元线性回归分析、Shapley 值分解法、路径模型等方法，初步探讨了家庭环境对儿童非认知能力发展的影响机制。但是由于数据本身以及计量方法使用的限制，本研究并未完全揭示家庭环境与儿童非认知能力发展之间的因果关系。积极寻求更加高级的计量方法来探讨家庭环境与儿童非认知能力发展的因果关系是今后研究有待改进之处。

四是政策建议还有待进一步细化。本研究基于研究结论针对如何创设家庭环境、完善家庭政策与构建覆盖城乡的家庭教育指导服务体系提出了对策建议。但相关对策建议还有待进一步细化，例如建议“将家庭教育工作经费纳入本级财政预算，各级政府加大对家庭教育事业财政投入力度以及政府购买服务的力度”，各级政府对家庭教育事业财政投入的比重分别应是多少？哪些花费包含在家庭教育工作经费内？对这一问题的回答还需进行社会学、财政学、教育学等跨学科研究。

参考文献

一、外文类

[1] AILINCAI R, WEILBARAIS A. Parenting Education: Which Intervention Model to Use? [J]. Procedia-social and Behavioral Sciences, 2013 (106): 2008-2021.

[2] AMATO P R. The Consequences of Divorce for Adults and Children [J].Journal of Marriage and Family, 2000, 62 (4): 1269-1287.

[3] BAKER R W, SIRYK B. Measuring Adjustment to College [J]. Journal of Counseling Psychology, 1984, 31 (2): 179-189.

[4] BARGER M M, KIM E M, KUNCEL N R, et al. The Relation Between Parents' Involvement in Children's Schooling and Children's Adjustment: A Meta-analysis [J]. Psychological Bulletin, 2019, 145 (9): 855-890.

[5] BECKER G S, MURPHY K M. The Family and the State [J]. Journal of Law and Economics, 1988, 31 (1): 1-18.

[6] BECKER G S, TOMES N. An Equilibrium Theory of the Distribution of Income and Intergenerational Mobility [J]. Journal of Political Economy, 1979, 87 (6): 1153-1189.

[7] BECKER G S. A Theory of the Allocation of Time [J].The Economic Journal, 1965, 75 (299): 493-517.

[8] BELSKY J. The Determinants of Parenting: A Process Mode [J]. Child Development, 1984, 55 (1): 83-96.

[9] BLANDY R. Marshall on Human Capital: A Note [J].Journal of Political Economy, 1967, 75 (6): 874-874.

[10] BLAUG M. The Empirical Status of Human Capital Theory: A Slightly Jaundiced Survey [J]. Journal of Economic Literature, 1976, 14 (3): 827-855.

[11] BORGHANS L, DUCKWORTH A L, HECKMAN J J, et al. The Economics and Psychology of Personality Traits [J]. Journal of Human Resources, 2008, 43 (4): 972-1059.

[12] BORNSTEIN M H. Parenting: Science and Practice [J]. Parenting, 2001, 1 (2): 1-4.

[13] BOULTER L T. Self-concept as a Predictor of College Freshman Academic Adjustment [J]. College Student Journal, 2002, 36 (2): 234-246.

[14] BOURDIEU P, PASSERON J C. Reproduction in Education, Society and Culture [M]. California: Sage Publication, 1990.

[15] BOURDIEU P. Cultural Reproduction and Social Reproduction [J].Tavistock, 1973 (178): 71-112.

[16] BOWLES S, GINTIS H, OSBORNE M. The Determinants of Earnings: A Behavioral Approach [J].Journal of Economic Literature, 2001, 39 (4): 1137-1176.

[17] BROFENBRENER U. The Ecology of Human Development [M]. Cambrige, MA: Harvard University Press, 1979.

[18] BROFENBRENNER U. Ecology of the Family as a Context for Human Development: Research Perspectives [J]. Development Psychology, 1986, 22 (6): 723-742.

[19] BRONFENBRENNER U, CECI S J. Nature-nuture Reconceptualized in Developmental Perspective: A Bioecological Model [J]. Psychological

Review, 1994, 101 (4): 568-586.

[20] BRONFENBRENNER U. Toward an Experimental Ecology of Human Development [J].American Psychologist, 1977 (7): 513-531.

[21] BURTLESS G T. Does Money Matter? The Effect of School Resources on Student Achievement and Adult Success [M]. Washington, DC: Brookings Institution Press, 2011.

[22] CARLSON M J, CORCORAN M. Family Structure and Children's Behavioral and Cognitive Outcomes [J]. Journal of Marriage and Family, 2001, 63 (3): 779-792.

[23] CEFAI C. Promoting Resilience in the Classroom: A Guide to Developing Pupils' Emotional and Cognitive Skills [M]. London: Jessica Kingsley Publishers, 2008.

[24] CHAN T W, KOO A. Parenting Style and Youth Outcomes in the UK [J].European Sociological Review, 2011, 27 (3): 385-399.

[25] CHEN Y, FENG S. Access to Public Schools and the Education of Migrant Children in China [J].China Economic Review, 2013 (26): 75-88.

[26] CHENG J, SUN Y H. Depression and Anxiety among Left-behind Children in China: A Systematic Review [J]. Care Health Development, 2015, 41 (4): 1-9.

[27] CHIN T, PHILLIPS M. Social Reproduction and Child-rearing Practices: Social Class, Children's Agency, and the Summer Activity Gap [J].Sociology of Education, 2004, 77 (3): 185-210.

[28] COLEMAN J S. Equality of Education Opportunity [M]. Washington, DC: Government Printing Office, 1966.

[29] COLEMAN J S. Social Capital in the Creation of Human Capital [J].American Journal of Sociology, 1988 (94): 95-110.

[30] COONTZ S. Reflections on Family Diversity: Past and Present [M]. New York: Oxford University Press, 2000.

[31] CREMIN L A. Public Education [M]. New York: Basic Books

Press, 1976.

[32] CRESWELL J. Research Design: Qualitative & Quantitative Approaches [M]. California: Sage Publication, 1994.

[33] CUBEL M, NUEVO-CHIQUERO A, SANCHEZ-PAGES S, et al. Do Personality Traits Affect Productivity? Evidence from the Laboratory [J]. The Economic Journal, 2016, 126 (592): 654-681.

[34] CUNHA F, HECKMAN J J, LOCHNER L, et al. Interpreting the Evidence on Life Cycle Skill Formation [J]. National Bureau of Economic Research, 2005 (1): 697-812.

[35] CUNHA F, HECKMAN J. The Technology of Skill Formation [J]. American Economic Review, 2007, 97 (2): 31-47.

[36] DAHL G B, LOCHNER L. The Impact of Family Income on Child Achievement: Evidence from the Earned Income Tax Credit [J]. American Economic Review, 2012, 102 (5): 1927-1956.

[37] DARLING N, STEINBERG L. Parenting Style as Context: An Integrative Model [J].Psychological Bulletin, 1993, 113 (3): 487-496.

[38] DAVID H, DEMO D H, ACOCK A C. Family Structure, Family Process, and Adolescent Well-being [J].Journal of Research on Adolescence, 1996, 6 (4): 457-488.

[39] DEB S, WALSH K. Impact of Physical, Psychological, and Sexual Violence on Social Adjustment of School Children in India [J].School Psychology International, 2012, 33 (4): 391-415.

[40] DENISON E F. Sources of Economic Grouth in the United States and the Alternatives Before US [M]. New York: Committee for Economic Development, 1962.

[41] DENT R J, CAMERON R J S. Developing Resilience in Children Who are in Public Care: The Educational Psychology Perspective [J]. Educational Psychology in Practice, 2003, 19 (1): 3-19.

[42] DIENER E, LUCAS R, SCOLLON C N. Beyond the Hedonic

Treadmill: Revising the Adaptation Theory of Well-being [J]. American Psychologist, 2006 (61): 305-314.

[43] DU P. Factors Influencing Students' Adaptability in School: A Production Function Model and Multilevel Analysis [J].Chinese Education & Society, 2008, 41 (5): 21-35.

[44] DUCKWORTH A L, SELIGMAN M E P. Self-Discipline Outdoes IQ in Predicting Academic Performance of Adolescents [J]. Psychological Science, 2005, 16 (12): 939-944.

[45] DUNCAN G J, DUNIFON R. Soft-skills and Long-run Labor Market Success [J].Research in Labor Economics, 1998 (17): 1-42.

[46] DURLAK J A, WEISSBERG R P, DYMNICKI A B, et al. The Impact of Enhancing Students' Social and Emotional Learning: A Meta-analysis of School-based Universal Interventions [J]. Child Development, 2011, 82 (1): 405-432.

[47] FALK A, FEHR E, FISCHBACHER U. Testing Theories of Fairness-Intentions Matter [J]. Games and Economic Behavior, 2008, 62 (1): 287-303.

[48] FITCH J L, RAVLIN E C. Willpower and Perceived Pehavioral Control: Influences on the Intention-behavior Relationship and Postbehavior Attributions [J]. Social Behavior and Personality: An International Journal, 2005, 33 (2): 105-124.

[49] FLOURI E, BUCHANAN A. Early Father's and Mother's Involvement and Child's Later Educational Outcomes [J]. British Journal of Educational Psychology, 2004, 74 (2): 141-153.

[50] GERSHOFF E T, ABER J L, RAVER C C, et al. Income is not Enough: Incorporating Material Hardship into Models of Income Associations with Parenting and Child Development [J]. Child Development, 2007, 78 (1): 70-95.

[51] GREEN F, MACHIN S, WILKINSON D. The Meaning and

Determinants of Skills Shortages [J]. Oxford Bulletin of Economics and Statistics, 1998, 60 (2): 165-187.

[52] GREENE J C, CARACELLI V J, GRAHAM W F. Toward a Conceptual Framework for Mixed-method Evaluation Design [J]. Educational Evaluating and Policy Analysis, 1989, 11 (3): 255-274.

[53] GUBA E Y L, LINCOLN Y Y. Competing Paradigms in Qualitative Research [M]. California: Sage Publication, 1994.

[54] GURYAN J, HURST E, KEARNEY M. Parental Education and Parental Time With Children [J].Journal of Economic Perspectives, 2008, 22 (3): 23-46.

[55] HANUSHEK E A, KIMKO D D. Schooling, Labor-force Quality, and the Growth of Nations [J].American Economic Review, 2000, 90 (5): 1184-1208.

[56] HANUSHEK E A. The Economics of Schooling: Production and Efficiency in Public Schools [J]. Journal of Economic Literature, 1986, 24 (3): 1141-1177.

[57] HECKMAN J J, CORBIN C O. Capabilities and Skills [J].Journal of Human Development and Capabilities, 2016, 17 (3): 342-359.

[58] HECKMAN J J, KAUTZ T. Hard Evidence on Soft Skills [J]. Labour Economics, 2012, 19 (4): 451-464.

[59] HECKMAN J J, RUBINSTEIN Y. The Importance of Noncognitive Skills: Lessons from the GED Testing Program [J]. American Economic Review, 2001 (2): 145-149.

[60] HECKMAN J J, STIXRUD J, URZUA S. The Effects of Cognitive and Noncognitive Abilities on Labor Market Outcomes and Social Behavior [J]. NBER Working Papers, 2006, 24 (3): 411-482.

[61] HECKMAN J J. Skill Formation and the Economics of Investing in Disadvantaged Children [J].Science, 2006, 312 (5782): 1900-1902.

[62] HEYMANN S J, EARLE A. Low-income Parents: How Do

Working Conditions Affect Their Opportunity to Help School-age Children at Risk? [J]. American Educational Research Journal, 2000, 37 (4): 833-848.

[63] HILLS P, ARGYLE M. Emotional Stability as a Major Aimension of Happiness [J]. Personality and Individual Differences, 2001, 31 (8): 1357-1364.

[64] HOUT M, DIPRETE T A. What we Have Learned: RC 28's Contributions to Knowledge About Social Stratification [J]. Research in Social Stratification and Mobility, 2006, 24 (1): 1-20.

[65] HUETTNER F, SUNDER M. Axiomatic Arguments for Decomposing Goodness of Fit According to Shapley and Owen Values [J]. Electronic Journal of Statistics, 2012 (6): 1239-1250.

[66] JOB V, WALTON G M, BERNECKER K, et al. Beliefs About Willpower Determine the Impact of Glucose on Self-control [J]. Proceedings of the National Academy of Sciences, 2013, 110 (37): 14837-14842.

[67] JOHNSON B D, BERDAHL L D, HORNE M, et al. A Parenting Competency Model [J]. Parenting: Science and Practice, 2014, 14 (2): 92-120.

[68] JOHNSON R B, ONWUEGBUZIE A J, TURNER L A. Toward a Definition of Mixed Methods Research [J]. Journal of Mixed Methods Research, 2007, 2 (1): 112-133.

[69] JOHNSON R B, ONWUEGBUZIE A J. Mixed Methods Research: A Research Paradigm Whose Time Has Come [J]. Educational Researcher, 2004, 33 (7): 14-26.

[70] KAWABATA Y, ALINK L R, TSENG W L, et al. Maternal and Paternal Parenting Styles Associated with Relational Aggression in Children and Adolescents: A Conceptual Analysis and Meta-analytic Review [J]. Developmental Review, 2011, 31 (4): 240-278.

[71] KLEIN R, SPADY R, WEISS A. Factors Affecting the Output and

Quit Propensities of Production Workers [J].The Review of Economic Studies, 1991, 58 (5): 929-953.

[72] LADD G W, KOCHENDERFER B J, COLEMAN C C. Classroom peer Acceptance, Friendship, and Victimization: Distinct Relational Systems That Contribute Uniquely to Children's School Adjustment? [J]. Child Development, 1997, 68 (6): 1181-1197.

[73] LEVINE D U, LEVINE R F, ORNSTEIN A C. Guidelines for Change and Innovation in the Secondary School Curriculum [J]. NASSP Bulletin, 1985, 69 (481): 9-14.

[74] LINCOLN Y S, GUBA E G. Judging the Quality of Case Study Reports [J].Internation Journal of Qualitative Studies in Education, 1990, 3 (1): 53-59.

[75] LINCOLN Y S, GUBA E G. Naturalistic Inquiry [M]. California: Sage Publications, 1985.

[76] LIU A, XIE Y. Influences of Monetary and Non-monetary Family Resource Son Children's Development in Verbal Ability in China [J].Research in Social Stratification and Mobility, 2015, 40 (40): 59-70.

[77] LUCAS R E. On the Mechanics of Economic Development [J]. Journal of Monetary Economics, 1988, 22 (1): 3-42.

[78] MACCOBY E E. The Role of Parents in the Socialization of Children: An Historical Overview [J].Developmental Psychology, 1994, 28: 1006-1017.

[79] MARSHALL A. Principles of Economics [M]. London, England: Macmillan, 1920.

[80] MCFARLIN J I. Do School Teacher Parents make a Difference? [J].Economics of Education Review, 2007, 26 (5): 615-628.

[81] MINCER J. Human Capital Responses to Technological Change in the Labor Market [J].Social Science Electronic Publishing, 1989, 31 (3): 200-202.

[82] MONDELL S, TYLER F B. Parental Competence and Styles of Problem Solving/ Play Behavior with Children [J].Developmental Psychology, 1981, 17 (1): 73-78.

[83] MURNANE R J, WILLETT J B, DUHALDEBORDE Y, et al. How Important Are the Cognitive Skills of Teenagers in Predicting Subsequent Earnings? [J].Journal of Policy Analysis & Management, 2010, 19 (4): 547-568.

[84] NEBLETT N G, CORTINA K S. Adolescents' Thoughts About Parents' Jobs and Their Importance for Adolescents' Future Orientation [J]. Journal of Adolescence, 2006, 29 (5): 795-811.

[85] NEGRU-SUBTIRICA O, POP E I. Longitudinal Links Between Career Adaptability and Academic Achievement in Adolescence [J].Journal of Vocational Behavior, 2016, 93 (4): 163-170.

[86] NELSON W L, HUGHES H M, HANDAL P, et al. The Relationship of Family Structure and Family Conflict to Adjustment in Young Adult College Students [J].Adolescence, 1993, 28 (109): 29-40.

[87] NIKLAS F, COHRSSEN C, TAYLER C. Making a Difference to Children's Reasoning Skills Before School-entry: The Contribution of the Home Learning Environment [J]. Contemporary Educational Psychology, 2018 (54): 79-88.

[88] NYHUS E K, PONS E. The Effects of Personality on Earnings [J].Journal of Economic Psychology, 2005, 26 (3): 363-384.

[89] PASCARELLA E T, TERENZINI P T. Patterns of Student-faculty Informal Interaction Beyond the Classroom and Voluntary Freshmen Attribution [J].Journal of Higher Education, 1977, 63 (5): 540-552.

[90] PINQUART M, SöRENSEN S. Influences of Socioeconomic Status, Social Network, and Competence on Subjective Well-being in Later Life: A Meta-analysis [J].Psychology and Aging, 2000, 15 (2): 187-224.

[91] PULAKOS E D, ARAD S, DONOVAN M A, et al. Adaptability

in the Workplace: Development of a Taxonomy of Adaptive Performance [J]. Journal of Applied Psychology, 2000, 85 (4): 612-624.

[92] RAYO L, BECKER G S. Peer Comparisons and Consumer Debt [J].The University of Chicago Law Review, 2006, 73 (1): 231-248.

[93] ROBERTS B W, WALTON K E, VIECHTBAUER W. Patterns of Mean-Level Change in Personality Traits Across the Life Course: A Meta-analysis of Longitudinal Studies [J].Psychological Bulletin, 2006, 132 (1): 1-25.

[94] ROBERTS B. W. Back to the Future: Personality and Assessment and Personality Development [J].Journal of Research in Personality, 2009, 43 (2): 137-145.

[95] ROBINS P K, HOMER J F, FRENCH M T. Beauty and the Labor Market: Accounting for the Additional Effects of Personality and Grooming [J].Labour, 2011, 25 (2): 228-251.

[96] ROMER P M. Endogenous Technological Change [J].Journal of Political Economy, 1990, 98 (5): 71-102.

[97] RUETER M A, CONGER R D. Interaction Style, Problem-Solving Behavior, and Family Problem-solving Effectiveness [J]. Child Development, 1995, 66 (1): 98-115.

[98] SAKIZ G, PAPE S J, HOY A W. Does Perceived Teacher Affective Support Matter for Middle School Students in Mathematics Classrooms? [J].Journal of School Psychology, 2012, 50 (2): 235-255.

[99] SCHULTZ T W. Education and Economic Growth [M] //Social Forces Influencing American Education. Chicago: University of Chicago Press, 1961: 46-88.

[100] SCHULTZ T W. The Economic Value of Education [M]. New York: Columbia University Press, 1963.

[101] SCHULTZ T W. The Value of the Ability to Deal With Disequilibria [J].Journal of Economic Literature, 1975, 13 (3): 827-846.

[102] SHAPIRO D, TAMBASHE B O. Gender, Poverty, Family Structure, and Investments in Children's Education in Kinshasa, Congo [J]. Economics of Education Review, 2001, 20 (4): 359-375.

[103] SNOW C E, BARNES W S, CHANDLER J, et al. Unfulfilled Expectation: Home and School Influence on Literacy [M]. Cambridge, MA: Harvard University Press, 1991.

[104] SON S H, MORRISON F J. The Nature and Impact of Changes in Home Learning Environment on Development of Language and Academic Skills in Preschool Children [J]. Developmental Psychology, 2010, 46 (5): 1103-1118.

[105] SPENCE M. Job Market Signaling [J]. Quarterly Journal of Economics, 1973, 87 (3): 355-374.

[106] STEINBERG L. We Know Some Things: Parent-Adolescent Relationships in Retrospect and Prospect [J]. Journal of Research on Adolescence, 2001, 11 (1): 1-19.

[107] STEWART S D, MENNING C L. Family Structure, Nonresident Father Involvement, and Adolescent Eating Patterns [J].Journal of Adolescent Health, 2009, 45 (2): 193-201.

[108] VOTRUBA-DRZAL E. Income Changes and Cognitive Stimulation in Young Children's Home Learning Environments [J].Journal of Marriage and Family, 2003, 65 (2): 341-355.

[109] WANG H. The Relationship Between Parenting Styles and Academic and Behavioral Adjustment Among Urban Chinese Adolescents [J]. Chinese Sociological Review, 2014, 46 (4): 19-40.

[110] WEISS A, COSTA P T. Domain and Facet Personality Predictors of All-cause Mortality Among Medicare Patients Aged 65 to 100 [J]. Psychosomatic Medicine, 2005, 67 (5): 724-733.

[111] YAMAMOTO Y, HOLLOWAY S D. Parental Expectations and Children's Academic Performance in Sociocultural Context [J]. Educational

Psychology Review，2010，22（3）：189-214.

［112］YEUNG W J，LINVER M R，BROOKS-GUNN J. How Money Matters for Young Children's Development：Parental Investment and Family Processes［J］.Child Development，2002，73（6）：1861-1879.

二、中文类

［1］桑格利. 当代家庭社会学［M］. 房萱，译. 天津：天津人民出版社，2012.

［2］达克沃斯. 坚毅：释放激情与坚持的力量［M］. 安妮，译. 北京：中信出版社，2017.

［3］拉鲁. 不平等的童年［M］. 2版. 宋爽，张旭，译. 北京：北京大学出版社，2018.

［4］扎斯特罗，柯斯特-阿什曼. 人类行为与社会环境［M］. 6版. 师海玲，孙岳，等译. 北京：中国人民大学出版社，2006.

［5］范斯科德. 美国教育基础：社会展望［M］. 北京师范大学外国教育研究所，译. 北京：教育科学出版社，1984.

［6］贝克尔. 家庭论［M］. 王献生，王宇，译. 北京：商务印书馆，2009.

［7］伯格尔. 万千心理：0—12岁儿童心理学［M］. 6版. 北京：中国轻工业出版社，2016.

［8］科恩，盖斯克. 教育经济学［M］. 范示伟，译. 上海：上海人民出版社，格致出版社，2009.

［9］帕特南. 我们的孩子［M］. 田磊，宋昕，译. 北京：中国政法大学出版社，2017.

［10］莫拉莱斯，谢弗. 社会工作：一体多面的专业［M］. 上海：上海社会科学院出版社，2009.

［11］古德. 家庭［M］. 魏章玲，译. 北京：社会科学文献出版社，1986.

［12］舒尔茨. 对人进行投资：人口质量经济学［M］. 吴珠华，译.

北京：首都经济贸易大学出版社，2002.

[13] 明塞尔. 人力资本研究 [M]. 张凤林，译. 北京：中国经济出版社，2001.

[14] 朱克斯，沙夫. 教育未来简史 [M]. 钟希声，译. 北京：教育科学出版社，2020.

[15] 英克尔斯，史密斯. 从传统人到现代人：六个发展中国家中的个人变化 [M]. 顾昕，译. 北京：中国人民大学出版社，1992.

[16] 布朗芬伦纳. 人类发展的生态学模型 [M]. 丁芳，译. 上海：华东师范大学出版社，2009.

[17] 克雷斯威尔. 混合方法研究导论 [M]. 李敏宜，译. 上海：上海人民出版社，2015.

[18] 克雷斯威尔，查克. 混合方法研究：设计与实施 [M]. 游宇，陈福平，译. 重庆：重庆大学出版社，2017.

[19] 布兰思福特. 人是如何学习的：大脑、心理、经验及学校 [M]. 程可拉，等译. 上海：华东师范大学出版社，2002.

[20] 赫克曼，克. 美国的不平等：人力资本政策的角色 [M]. 奚秀岩，译. 北京：中国人民大学出版社，2020.

[21] 望月嵩原. 家庭社会学入门：家庭关系学 [M]. 牛黎涛，译. 北京：中国大百科全书出版社，2002.

[22] 森. 以自由看待发展 [M]. 任赜，于真，译. 北京：中国人民大学出版社，2013.

[23] 吉登斯. 失控的世界：全球化如何重塑我们的生活 [M]. 周红云，译. 南昌：江西人民出版社，2001.

[24] 马歇尔. 经济学原理：上卷 [M]. 朱志泰，陈良璧，译. 北京：商务印书馆，1964.

[25] 斯密. 国富论 [M]. 张兴，田要武，龚双红，编译. 北京：商务印书馆，2007.

[26] 安雪慧. 教育期望、社会资本与贫困地区教育发展[J].教育与经济，2005（4）：31-35.

[27] 蔡昉. 新中国经济发展 70 年丛书：新中国城镇化发展 70 年[M]. 北京：人民出版社，2019.

[28] 程虹，李唐. 人格特征对于劳动力工资的影响效应：基于中国企业—员工匹配调查（CEES）的实证研究[J].经济研究，2017，52（2）：171-186.

[29] 仇立平. 家庭-学校-工厂：中国社会阶层再生产 [M]. 北京：中国社会科学出版社，2015.

[30] 褚宏启. 教育现代化的本质与评价：我们需要什么样的教育现代化[J].教育研究，2013，34（11）：4-10.

[31] 丁百仁，王毅杰. 教育期望的户籍差异：基于四类儿童的比较研究[J].教育科学，2016，32（5）：1-10.

[32] 丁小浩，黄依梵. 人力资本对经济增长的贡献：理论与方法[J].北京大学教育评论，2020，18（1）：27-41.

[33] 段成荣，吕利丹，王宗萍. 城市化背景下农村留守儿童的家庭教育与学校教育[J].北京大学教育评论，2014，12（3）：13-29.

[34] 凡勇昆，常雪. “走不掉的一代”：关注乡村小规模学校中的边缘性群体[J].教育发展研究，2017，37（Z2）：51-56.

[35] 范方，桑标. 亲子教育缺失与“留守儿童”人格、学绩及行为问题[J].心理科学，2005（4）：855-858.

[36] 范先佐，郭清扬. 农村留守儿童教育问题的回顾与反思[J].中国农业大学学报（社会科学版），2015，32（1）：55-64.

[37] 范先佐. 教育经济学新编 [M]. 北京：人民教育出版社，2010.

[38] 费舒澜. 禀赋差异还是分配不公?：基于财产及财产性收入城乡差距的分布分解[J].农业经济问题，2017，38（5）：55-64.

[39] 费孝通. 乡土中国 生育制度 [M]. 北京：北京大学出版社，1998.

[40] 冯皓，陆铭. 通过买房而择校：教育影响房价的经验证据与政策含义[J].世界经济，2010，33（12）：89-104.

[41] 冯建军. 教育研究范式：从二元对立到多元整合[J].教育理论与实践，2003（19）：9-12.

[42] 龚欣，李贞义. 学前教育经历对初中生非认知能力的影响：基于 CEPS 的实证研究[J].教育与经济，2018（4）：37-45.

[43] 辜胜阻，郑凌云. 农村城镇化的发展素质与制度创新[J].武汉大学学报（社会科学版），2003，56（5）：541-547.

[44] 关颖. 家庭教育社会学 [M]. 北京：教育科学出版社，2016.

[45] 郭亚平. 留守经历及其开始阶段对大学生非认知能力的影响[J].青年研究，2020（1）：12-23.

[46] 何念如，吴煜. 中国当代城市化理论研究 [M]. 上海：上海人民出版社，2007.

[47] 贺光烨，李博雅. 家庭贫困对中学生心理健康的影响：亲子沟通、父母关系与父母信心的中介作用[J].青年研究，2020（2）：49-58.

[48] 侯玉娜. 父母外出务工对农村留守儿童发展的影响：基于倾向得分匹配方法的实证分析[J].教育与经济，2015（1）：59-65.

[49] 胡宁，邓林园，张锦涛，等. 家庭功能与青少年问题行为关系的追踪研究[J].心理发展与教育，2009，25（4）：93-100.

[50] 胡荣，陈斯诗. 影响农民工精神健康的社会因素分析[J].社会，2012，32（6）：135-157.

[51] 胡湛，彭希哲. 家庭变迁背景下的中国家庭政策[J].人口研究，2012，36（2）：3-10.

[52] 黄超. 家长教养方式的阶层差异及其对子女非认知能力的影响[J].社会，2018，38（6）：216-240.

[53] 黄国英，谢宇. 认知能力与非认知能力对青年劳动收入回报的影响[J].中国青年研究，2017（2）：56-64.

[54] 黄迺毓. 家庭教育 [M]. 台北：五南图书出版公司，1996.

[55] 黄铁苗，徐常建. 关于健全农村留守儿童关爱服务体系的思考[J].行政管理改革，2018（10）：64-68.

[56] 黄忠敬. 社会与情感能力：影响成功与幸福的关键因素[J].全

球教育展望，2020，49（6）：102-112.

[57] 江波. “以人为核心”的城镇化：内涵、价值与路径[J].苏州大学学报（哲学社会科学版），2017，38（3）：41-47.

[58] 姜勇，柳佳炜，戴乃恩. 论教育研究的现象学范式与实证主义范式的差异[J].华东师范大学学报（教育科学版），2018，36（6）：61-68.

[59] 蒋逸民. 教育机会与家庭资本［M］. 北京：社会科学文献出版社，2008.

[60] 接栋正. 从“同城同待遇”到“同城同待遇指数”：中国的三元社会结构与人口城镇化政策[J].浙江学刊，2013（3）：144-150.

[61] 金小红，徐晓华，太小杰. 乡村结构变迁背景下农村儿童的生存现状：一项比较研究[J].教育研究与实验，2017（2）：24-29.

[62] 靳希斌. 教育经济学［M］. 北京：人民教育出版社，2009.

[63] 鞠玉翠，梁磊. 学校道德氛围量表的编制与验证[J].华东师范大学学报（教育科学版），2017，35（3）：80-93.

[64] 孔德新. 环境与人类社会［M］. 芜湖：安徽师范大学出版社，2011.

[65] 雷万鹏，李贞义. 教师支持对农村留守儿童非认知能力的影响：基于CEPS数据的实证分析[J].华中师范大学学报（人文社会科学版），2020，59（6）：160-168.

[66] 雷万鹏，钱佳，马红梅. 中部地区义务教育投入塌陷问题研究[J].教育与经济，2014（6）：3-9.

[67] 雷万鹏，向蓉. 留守儿童学习适应性与家庭教育决策合理性[J].华中师范大学学报（人文社会科学版），2018，57（6）：174-182.

[68] 雷万鹏，向蓉. 学生科学素养提升之家庭归因：基于中国PISA 2015数据的分析[J].全球教育展望，2020，49（9）：66-78.

[69] 雷万鹏，徐璐. 城镇化背景下农民工子女就学地选择意愿及其影响因素研究[J].华中师范大学学报（人文社会科学版），2016，55（6）：150-158.

[70] 李波，黄斌. 破解教育生产“黑箱”：教育生产函数研究的评述与展望[J]. 华东师范大学学报（教育科学版），2020，38（9）：137-161.

[71] 李波. 父母参与对子女发展的影响：基于学业成绩和非认知能力的视角[J].教育与经济，2018（3）：54-64.

[72] 李佳丽，何瑞珠. 家庭教育时间投入、经济投入和青少年发展：社会资本、文化资本和影子教育阐释[J].中国青年研究，2019（8）：97-105.

[73] 李佳丽，胡咏梅，范文凤. 家庭背景、影子教育和学生学业成绩：基于 Wisconsin 模型的经验研究[J].教育经济评论，2016，1（1）：70-89.

[74] 李乐敏，党瑞瑞，刘涵，等. 父母陪伴对青少年非认知能力的影响：基于亲子共餐视角的准实验研究[J].人口与发展，2020，26（2）：88-98.

[75] 李强，王昊. 什么是人的城镇化？[J].南京农业大学学报（社会科学版），2017，17（2）：1-7.

[76] 李强. 农民工与中国社会分层［M］. 2 版. 北京：社会科学文献出版社，2012.

[77] 李强. 同伴效应对农村义务教育儿童辍学的影响[J].教育与经济，2019（4）：36-44.

[78] 李汪洋. 教育期望、学习投入与学业成就[J].中国青年研究，2017（1）：23-31.

[79] 李晓曼，涂文嘉. 新人力资本：测量、形成与作用［M］. 北京：经济管理出版社，2019.

[80] 李英，贾米琪，郑文廷，等. 中国农村贫困地区儿童早期认知发展现状及影响因素研究[J].华东师范大学学报（教育科学版），2019，37（3）：17-32.

[81] 李长洪，林文炼. “近墨者黑”：负向情绪会传染吗?：基于“班级”社交网络视角[J].经济学（季刊），2019，18（2）：597-616.

[82] 李忠路，邱泽奇. 家庭背景如何影响儿童学业成绩?：义务教育阶段家庭社会经济地位影响差异分析[J].社会学研究，2016，31（4）：121-144.

[83] 林晓珊. 改革开放四十年来的中国家庭变迁：轨迹、逻辑与趋势[J].妇女研究论丛，2018（5）：52-69.

[84] 刘保中. “鸿沟”与“鄙视链”：家庭教育投入的阶层差异：基于北上广特大城市的实证分析[J].北京工业大学学报（社会科学版），2018，18（2）：8-16.

[85] 刘秉镰，朱俊丰. 新中国70年城镇化发展：历程、问题与展望[J].经济与管理研究，2019，40（11）：3-14.

[86] 刘传江. 中国城市化的制度安排与创新［M］. 武汉：武汉大学出版社，1999.

[87] 刘连龙，胡明利. 大学生情绪稳定性对心理健康的预测作用[J].西北大学学报（哲学社会科学版），2007（6）：96-99.

[88] 刘艳华，王以宁，徐鹏，等. 挖掘信息技术的隐性教育功能：美国《提升意志力：21世纪成功的核心要素》报告解读及启示[J].电化教育研究，2015，36（9）：112-120.

[89] 刘泽云，郭睿. 流动儿童对本地儿童学习成绩的影响：基于CEPS数据的分析[J].北京大学教育评论，2020，18（4）：71-102.

[90] 卢春天，李一飞，陈玲. 情感投入还是经济支持：对家庭教育投资的实证分析[J].社会发展研究，2019，6（1）：50-67.

[91] 陆艳. 农民工随迁子女的教育融入难题如何解[J].人民论坛，2017（19）：64-65.

[92] 闵维方. 人力资本理论的形成、发展及其现实意义[J].北京大学教育评论，2020，18（1）：9-26.

[93] 莫玮俏，史晋川. 农村人口流动对离婚率的影响[J].中国人口科学，2015（5）：104-112.

[94] 庞维国，徐晓波，林立甲，等. 家庭社会经济地位与中学生学业成绩的关系研究[J].全球教育展望，2013，42（2）：12-21.

［95］彭国胜. 家庭对青少年学生自杀意愿和行为的影响：基于湖南省的实证调查[J].青年研究，2007（7）：16-24.

［96］齐良书. 议价能力变化对家务劳动时间配置的影响：来自中国双收入家庭的经验证据[J].经济研究，2005（9）：78-90.

［97］秦佳，李建民. 中国人口城镇化的空间差异与影响因素[J].人口研究，2013，37（2）：25-40.

［98］秦玉友. 不让农村教育成为中国未来发展的短板[J].教育与经济，2018（1）：13-18.

［99］邱皓政. 潜在类别模型的原理与技术［M］. 北京：教育科学出版社，2008.

［100］屈廖健，刘华聪. 能力测评转向：经合组织学生社会与情感能力调查项目研究[J].比较教育研究，2020，42（7）：90-97.

［101］任远. 大迁移时代的儿童留守和支持家庭的社会政策[J].南京社会科学，2015（8）：73-78.

［102］桑标，席居哲. 家庭生态系统对儿童心理健康发展影响机制的研究[J].心理发展与教育，2005（1）：80-86.

［103］商冲晨，莫书亮. 家庭微系统对幼儿心理理论的影响：因素、过程和机制[J].心理科学进展，2010，18（6）：914-923.

［104］孙圣涛. 家庭环境对幼儿社会技能的影响［M］. 南昌：江西教育出版社，2019.

［105］孙志军，刘泽云，孙百才. 家庭、学校与儿童的学习成绩：基于甘肃省农村地区的研究[J].北京师范大学学报（社会科学版），2009（5）：103-115.

［106］孙志军. 中国农村的教育成本、收益与家庭教育决策：以甘肃省为基础的研究［M］. 北京：北京师范大学出版社，2004.

［107］谭深. 中国农村留守儿童研究述评[J].中国社会科学，2011（1）：138-150.

［108］滕媛，张建. 学生学业成就的城乡差距及其影响因素：基于PISA2015 数据的分析[J].教育与经济，2021，37（2）：58-67.

[109] 王甫勤，时怡雯. 家庭背景、教育期望与大学教育获得基于上海市调查数据的实证研究[J].社会，2014，34（1）：175-195.

[110] 王济川，王小倩，姜宝法. 结构方程模型：方法与应用［M］. 北京：高等教育出版社，2011.

[111] 王跃生. 中国城乡家庭结构变动分析：基于2010年人口普查数据[J].中国社会科学，2013（12）：60-77.

[112] 魏易. 校内还是校外：中国基础教育阶段家庭教育支出现状研究[J].华东师范大学学报（教育科学版），2020，38（5）：103-116.

[113] 文娟，李政涛. 从“教育城市”到“城市教育学”：兼论当代城市化过程中的教育问题与中国经验[J].首都师范大学学报（社会科学版），2013（4）：130-137.

[114] 邬志辉，李静美. 农民工随迁子女在城市接受义务教育的现实困境与政策选择[J].教育研究，2016，37（9）：19-31.

[115] 吴帆，李建民. 家庭发展能力建设的政策路径分析[J].人口研究，2012，36（4）：37-44.

[116] 吴开俊，杨晓霞. 进城务工人员随迁子女“教育洼地”真伪考[J].教育研究，2018，39（11）：68-75.

[117] 吴愈晓，黄超. 基础教育中的学校阶层分割与学生教育期望[J].中国社会科学，2016（4）：111-134.

[118] 吴愈晓，王鹏，黄超. 家庭庇护、体制庇护与工作家庭冲突：中国城镇女性的就业状态与主观幸福感[J].社会学研究，2015，30（6）：122-144.

[119] 吴愈晓. 中国城乡居民的教育机会不平等及其演变（1978—2008）[J].中国社会科学，2013（3）：4-21.

[120] 向德平. 社会问题［M］. 北京：中国人民大学出版社，2015.

[121] 谢宇. 回归分析（修订版）［M］. 北京：社会科学文献出版社，2013.

[122] 新玉言. 新型城镇化理论发展与前景透析［M］. 北京：国家行政学院出版社，2013.

[123] 徐春莲，郑晨. 屋檐下的宁静变革：中国家庭30年 [M]. 广州：广东高等教育出版社，2008.

[124] 徐慧，张建新，张梅玲. 家庭教养方式对儿童社会化发展影响的研究综述[J].心理科学，2008 (4)：940-942.

[125] 徐晓新，张秀兰. 将家庭视角纳入公共政策：基于流动儿童义务教育政策演进的分析[J].中国社会科学，2016 (6)：151-169.

[126] 闫伯汉. 乡城流动与儿童认知发展：基于2012年中国城镇化与劳动移民调查数据的分析[J].社会，2017，37 (4)：59-89.

[127] 燕国材. 关于非智力因素的几个问题[J].上海师范大学学报（哲学社会科学版），1988，(4)：134-139.

[128] 杨宝忠. 大教育视野中的家庭教育 [M]. 北京：社会科学文献出版社，2003.

[129] 杨东平. 对建国以来我国教育公平问题的回顾和反思[J].北京理工大学学报（社会科学版），2000 (4)：68-71.

[130] 杨菊华，何炤华. 社会转型过程中家庭的变迁与延续[J].人口研究，2014，38 (2)：36-51.

[131] 杨磊，戴优升. 家庭社会资本、学校环境会影响青少年情绪稳定性吗?：基于CEPS数据的实证分析[J].中国青年研究，2019 (1)：47-56.

[132] 杨善华. 中国当代城市家庭变迁与家庭凝聚力[J].北京大学学报（哲学社会科学版），2011，48 (2)：150-158.

[133] 杨中超. 家庭背景与学生发展：父母参与和自我教育期望的中介作用[J].教育经济评论，2018，3 (3)：61-82.

[134] 姚远，张顺. 家庭地位、人际网络与青少年的情绪稳定性[J].青年研究，2016 (5)：29-37.

[135] 尹秋玲. 阶层匹配：新生代农民工随迁子女教育的阶层分化：基于佛山市L镇的田野调研[J].中国青年研究，2020 (10)：51-56.

[136] 于爱华，王琳，刘华. 随迁对农民工子女非认知能力的影响：基于家校教育过程的中介效应分析[J].中国农村观察，2020 (6)：

122-141.

[137] 袁连生. 农民工子女义务教育经费负担政策的理论、实践与改革[J].教育与经济，2010（1）：8-13.

[138] 袁振国. 实证研究是教育学走向科学的必要途径[J].华东师范大学学报（教育科学版），2017，35（3）：4-17.

[139] 张大均，江琦.《青少年心理健康素质调查表》适应分量表的编制[J].心理与行为研究，2006（2）：81-84.

[140] 张大均，张赛. 当代中国大学生适应性发展的特点[J].西南大学学报（社会科学版），2007（7）：124-128.

[141] 张鼎权，郑磊，祁翔. 学前教育对学生非认知能力影响的研究[J].教育科学研究，2018（5）：37-43.

[142] 张鸿巍. 儿童福利视野下的少年司法路径选择[J].河北法学，2011，29（12）：45-55.

[143] 张良驯. 青年发展概念的基本含义[J].青年发展论坛，2019（3）：3-10.

[144] 张秀兰，徐月宾. 建构中国的发展型家庭政策[J].中国社会科学，2003（6）：84-96.

[145] 赵娟. 流动人口家庭子女教养方式的质性研究[J].青年研究，2004（8）：15-22.

[146] 赵容. 初中生亲子关系、感戴与亲社会行为的关系研究 [D]. 开封：河南大学，2014.

[147] 褚宏启，等. 城镇化进程中的教育变革 [M]. 北京：教育科学出版社，2016.

[148] 郑磊，祁翔，侯玉娜. 家庭对子女教育的代际影响效应：理论、方法与证据[J].社会发展研究，2018，5（3）：177-202.

[149] 郑磊，祁翔. 学前教育经历与城乡学生的多维非认知能力差距[J].学前教育研究，2020（11）：43-57.

[150] 郑磊，孙钰. 家庭对学生意志力的影响及作用机制：基于CEPS数据的研究[J].教育科学研究，2020（12）：24-32.

[151] 郑力. 班级规模会影响学生的非认知能力吗?：一个基于CEPS的实证研究[J].教育与经济，2020（1）：87-96.

[152] 郑长德，钟海燕. 现代西方城市经济理论［M］. 北京：经济日报出版社，2007.

[153] 钟宇平，陆根书. 社会资本因素对个体高等教育需求的影响[J].高等教育研究，2006（1）：39-47.

[154] 钟粤俊，董志强. 意志的力量：青少年时期意志力对成年收入的影响[J].产业经济评论，2017（2）：23-38.

[155] 周飞舟，吴柳财，左雯敏，等. 从工业城镇化、土地城镇化到人口城镇化：中国特色城镇化道路的社会学考察[J].社会发展研究，2018，5（1）：42-64.

[156] 周皓. 家庭社会经济地位、教育期望、亲子交流与儿童发展[J].青年研究，2013（3）：11-26.

[157] 周金燕. 非认知技能的概念及测量进展[J].全球教育展望，2020，49（5）：53-66.

[158] 周金燕. 人力资本内涵的扩展：非认知能力的经济价值和投资[J].北京大学教育评论，2015，13（1）：78-95.

[159] 朱安新，曹蕊. 当前中国家庭的亲子关系：城乡和阶层差异模式[J].贵州社会科学，2019（7）：75-86.

[160] 朱晓文，韩红，成昱萱. 青少年教育期望的阶层差异：基于家庭资本投入的微观机制研究[J].西安交通大学学报（社会科学版），2019，39（4）：102-113.

[161] 朱智贤. 心理学大词典［M］. 北京：北京师范大学出版社，1989.

[162] 竺培梁，卢家楣，张萍，等. 中国当代青少年情感能力现状调查研究[J].心理科学，2010，33（6）：1329-1333.

[163] 卓彩琴. 生态系统理论在社会工作领域的发展脉络及展望[J].江海学刊，2013（3）：113-119.

附　　录

附录 1：家长问卷

____省____市____县（区、市）____乡镇（街道）　问卷编号________

家庭教育现状调查（父母/监护人卷）

尊敬的父母/监护人：

您好！为了解家庭教育现状，我们设计了以下问卷。本问卷答案没有对错之分，请您根据真实情况回答，感谢您的配合与支持！

华中师范大学课题组

二〇一九年六月

一、基本信息

1. 您是孩子的________。

①父亲　②母亲　③爷爷奶奶　④外公外婆

⑤其他________（请注明）

2. 您的出生年份为________年。

3. 孩子父亲的文化程度是________，孩子母亲的文化程度是________。（请分别填序号）

①未接受教育　②小学　③初中　④高中　⑤中专　⑥大专

⑦本科　⑧硕士　⑨博士

4. 孩子父亲的职业是________，孩子母亲的职业是________。（请分别填序号）

①待业/失业/退休人员　②农民　③工人（如建筑工、工厂工人等）　④商业服务人员（如营业员、服务员等）　⑤个体户或商业人员（如做小生意、开店等）　⑥办事人员（如普通政府公务员）　⑦专业技术人员（如教师、医生、律师、科学家等）　⑧私营企业老板（如自己开公司、开厂）　⑨经理（大中型企业管理者）　⑩党政机关单位领导干部

5. 孩子家里有下列物品吗？（请在下表每一行对应的方框中打"√"）

	有	没有
一张供学习使用的书桌		
一个孩子单独的房间		
一台可使用的电脑		
经典文学作品（如《西游记》）		
古诗词（如《唐诗三百首》）		
艺术品（如画作、雕塑）		
教辅读物（如课外书、参考书）		
字典、词典		

6. 孩子家中大约有________本课外书。（不含课本和教辅资料）

①没有　②1—10 本　③11—25 本　④26—100 本　⑤101—200 本　⑥201—500 本　⑦超过 500 本

7. 孩子家里的经济状况如何？（请选择一种情况打钩）

①非常困难　②比较困难　③一般　④比较富裕　⑤非常富裕

8. 孩子家是否为登记在册的贫困户？①是　②否　③不清楚

9. 孩子的家庭属于：①完整家庭　②单亲家庭　③再婚家庭　④其他________（请注明）

10. 孩子父母工作情况为以下哪一种？

①父母从外地来本地工作　　②父母一直在本地工作

③父母至少有一人在外地工作（若选择③，请回答方框中的题目）

(1) 孩子父母外出工作情况为：

①父亲一人在外地工作　②母亲一人在外地工作　③父母都在外地工作

(2) 孩子父亲在________工作，母亲在________工作。（请分别填序号，未外出方信息则不用填写）

①省内其他地方　②省外　③国外　④不知道

(3) 孩子父亲持续在外工作了________年，孩子母亲持续在外工作了________年。

(4) 过去一年中，孩子父亲回家________次，平均每次回家约________天；孩子母亲回家________次，平均每次回家约________天。

(5) 上个月，孩子父亲与孩子联系（电话、语音、视频）的次数为________次，孩子母亲与孩子联系（电话、语音、视频）的次数为________次。

(6) 在父亲（母亲）外出打工期间，孩子是否曾跟随父母到他们打工的地方生活？

①从来没有去过　②放寒暑假时去住过一段时间　③去待过一学期

④去待过一年　⑤去待过一年以上

11. 平常孩子和谁住在一起？（可多选）

①父亲　②母亲　③继父　④继母　⑤爷爷奶奶　⑥外公外婆　⑦兄弟（哥哥、弟弟）　⑧姐妹（姐姐、妹妹）　⑨其他（如叔叔、姑妈、姨妈等）

12. 您家未满 18 岁的孩子有________个（以下题目，请按照参与问卷调查的孩子进行填写）。

13. 孩子的性别为：①男　②女

14. 孩子目前上________年级。

15. 孩子是否上过幼儿园？①没有　②是的，上过一年或一年不到　③是的，上幼儿园超过一年

16. 孩子所在学校性质为？①公办学校　②民办学校

17. 孩子现在在________上学，孩子以前在________上学。（请分别

填序号）

①城市学校　②县城学校　③乡镇学校　④乡村学校

18. 从办学情况来看，孩子所在学校目前在本区（县）排名如何？

①最差　②中下　③中等　④中上　⑤最好

19. 这学期，孩子周一到周四是否住校？①是　②否

20. 孩子家在学校附近的住房情况？

①买房　②租房　③自建房　④不住在学校附近

21. 孩子的健康状况为：

①很不好　②不太好　③一般　④比较好　⑤很好

22. 孩子目前的成绩在班里处于：

①后几名　②中下　③中等　④中上　⑤前几名

23. 过去一年，孩子的学习态度如何？

①很不认真　②不太认真　③一般　④比较认真　⑤很认真

24. 孩子过去一年中的行为表现如何？

①非常差　②比较差　③一般　④比较好　⑤非常好

25. 下列表述与孩子现在的状况是否符合？（请在下表每一行对应的方框中打“√”）

	非常不符合	不太符合	一般	比较符合	非常符合
1）能够很清楚地表述自己的观点					
2）反应能力很迅速					
3）能够很快学会新知识					
4）对新鲜事物很好奇					
5）能够把新旧知识联系起来学习					
6）能够根据学习任务选择恰当的学习方法					

26. 过去一年中，孩子有没有下列行为？（请在下表每一行对应的方框中打“√”）

	从不	很少	有时	经常	总是
1）帮助家人做事情					
2）遵守秩序、自觉排队					
3）待人真诚友善					
4）骂人、说脏话					
5）吵架、打架					
6）欺负同学					
7）脾气暴躁					
8）抄袭作业、考试作弊					
9）抽烟、喝酒					
10）上网吧、游戏厅					

二、家庭教育情况

1. 您对孩子的成绩有什么要求？①没有特别要求　②班上的平均水平　③中上　④班上前五名

2. 您最希望孩子将来做什么？

①无所谓　②农民　③工人（如建筑工、工厂工人等）　④商业服务人员（如营业员等）　⑤个体户或商业人员（如做小生意、开店等）　⑥办事人员（如普通政府公务员）　⑦专业技术人员（如教师、医生、律师等）　⑧私营企业老板（如自己开公司、开厂）　⑨经理（大中型企业管理者）　⑩党政机关单位领导干部

3. 您期望孩子读到什么程度？

①小学　②初中　③高中　④中专　⑤大专　⑥本科　⑦硕士　⑧博士

4. 您工作之余的时间主要________。

①忙于进修或自我发展　②忙于处理家务　③忙于娱乐活动　④忙于与孩子玩耍　⑤忙于辅导孩子功课　⑥其他________（请注明）

5. 您平时做下列事情的频率如何？（请在下表每一行对应的方框中打“√”）

	从来没有	每年1—2次	每月1—2次	每周1—2次	每天
1）陪孩子一起吃晚饭					
2）和孩子一起聊天					
3）陪孩子一起看电视					
4）陪孩子一起运动或玩耍					
5）与孩子一起参观博物馆、动物园、科技馆等场所					
6）与孩子一起参观爱国主义教育基地、家风家教基地					
7）与孩子一起外出看演出、体育比赛、电影等					
8）检查孩子的家庭作业					
9）辅导孩子写家庭作业					
10）陪孩子一起看书					
11）带孩子去书店看书或买书					
12）与孩子的老师交流					
13）参加孩子的学校活动					
14）陪孩子一起上网查阅信息					
15）和孩子讨论计算机和互联网的使用规则与注意事项					
16）对孩子在互联网上搜到的信息进行引导、过滤					

6. 在家庭教育过程中，是否涉及以下内容？（请在下表每一行对应的方框中打“√”）

	从不	很少	有时	经常	总是
1）社会主义核心价值观					
2）爱国主义、集体主义					
3）社会公德、家庭美德和个人品德					
4）中华优秀传统文化和地方特色文化					
5）安全常识、法律和科普知识					
6）身心健康、行为习惯、生活技能					
7）学习态度、学习习惯					
8）人际关系、社会交往					
9）兴趣特长或爱好、潜能开发					

7. 您常用以下哪些方法教育孩子：________（可多选）

①给孩子讲道理　②给孩子讲述案例　③给孩子做榜样

④表扬与奖励孩子　⑤制定家规约束孩子　⑥批评惩罚孩子　⑦其他________（请注明）

8. 当您和孩子意见不一致时，您通常都是如何解决的？

①大多顺着孩子　②说服孩子接受你的意见　③强迫孩子接受你的意见　④谁有道理，就听谁的　⑤暂时放在一边，不予理会　⑥其他________（请注明）

9. 您认为对孩子家庭教育负有主要责任的是：

①政府部门　②社会组织　③学校　④家长

⑤其他________（请注明）

10. 上学期，您参加孩子家长会的情况为：

①学校组织过，参加了　②学校组织过，没有参加

③学校尚未组织，准备参加　④学校尚未组织，不准备参加

11. 上学期，您主动联系孩子老师的次数为________。（没有请填“0”）

12. 以下说法中，请选出最符合您实际情况的选项。（请在下表每一行对应的方框中打“√”）

	从未如此	有时如此	多数如此	总是如此
1）在孩子不愉快时，我会想办法调节孩子的情绪				
2）我会耐心听孩子说他想说的话				
3）我会检查孩子的家庭作业完成情况				
4）我知道孩子放学后在什么地方				
5）我喜欢孩子现在的样子				
6）我会询问孩子和朋友之间的事情				
7）当孩子某些事情做得好时，我会给予肯定				
8）我希望了解孩子遇到的问题				
9）我会严格要求孩子按时上床睡觉				
10）我满意孩子的言行举止				
11）我会要求孩子告诉我他要去的地方				
12）我会规定孩子必须回家的时间				
13）我会要求孩子必须遵守我定的规矩				

13. 您在教育孩子方面有困难吗？

①完全没有困难　②没有困难　③一般　④有一点困难　⑤有很大困难

14. 您在家庭教育中遇到的最大困难有哪些？（请选择最重要的三项）________、________、________

①没有时间教育孩子　②辅导孩子学习力不从心　③缺乏有效的家庭教育方法　④祖辈的干预或溺爱　⑤遇到家庭教育问题不知道向谁求助　⑥教育支出负担过重　⑦其他________（请注明）

15. 以下说法中，请选出最符合您实际情况的选项。（请在下表每一行对应的方框中打“√”）

	非常不同意	不同意	一般	同意	非常同意
1）我觉得孩子能开心地生活，比成绩好更重要					
2）我认为家长能认识到孩子的需要是非常重要的					
3）我认为做决定时，应该让孩子参与讨论，并倾听孩子的意见					
4）我认为应该站在孩子的立场，理解孩子内心的感受					
5）我认为不应该用会对孩子带来负面影响的方式来表达自己的想法、情绪					
6）我觉得对孩子无缘无故发脾气是不对的					
7）我能根据孩子的年龄阶段，了解他们的身心发展状况					
8）我知道如何为孩子提供恰当的身体护理和支持					
9）当和孩子产生冲突时，我认为不一定是孩子的错					
10）我会给孩子充分的自主空间，决定自己的事					
11）我有能力辅导孩子的家庭作业					
12）我能够念书给孩子听					
13）我意识到孩子年龄太小会缺乏独立解决问题的能力					
14）我会根据孩子的情况，合理、冷静地做出决定					
15）我会对孩子的不当行为采取一定惩罚					
16）我会适当监督孩子的生活学习					
17）我能够为孩子树立一个良好的行为榜样					

续表

18）我会鼓励孩子好好学习，并及时监控孩子的学习进度					
19）我会为孩子提供良好的学习环境及学习用品					
20）我会教孩子如何进行友好的问候和礼貌的交谈					
21）我会告诉孩子重要的文化习俗及其注意事项					
22）我会经常口头上欢迎孩子回家					
23）我会关注孩子的感受，并给予支持					
24）我会经常对孩子说“我爱你”					

16. 您家孩子上学期教育方面的花费情况是：

（1）交给学校的费用	金额（元）	（2）非学校收取的费用	金额（元）
学费、书本费、杂费		参加学科辅导班或请家教	
择校费		参加艺体兴趣培训	
住宿费		购买课外读物、参考资料费	
兴趣活动费		购买学习用具（如学习机等）	
研学旅行费		由于接受教育增加的衣食住行费	

三、家庭教育指导情况

1. 您获取家庭教育知识的主要渠道是：________（可多选）

①报纸、书籍　②QQ、微信等　③亲戚朋友　④专业人士

⑤学校老师　⑥自己摸索　⑦其他________（请注明）

2. 您在教育孩子方面需要指导吗？

①完全不需要　②不需要　③一般　④需要　⑤非常需要

3. 将来社区或学校开展家庭教育指导活动，您愿意参加吗？

①非常不愿意　②不愿意　③一般　④愿意　⑤非常愿意

4. 您最希望接受家庭教育哪方面的指导？________（可多选）

①家庭教育知识　②家长教育观念　③家庭教育方法　④家庭教育能力　⑤家庭教育策略　⑥其他________（请注明）

5. 您有没有接受过家庭教育指导？　①有　②没有（若选择②，请直接跳至第15题）

6. 过去一年中，您接受的家庭教育指导次数是________次。（请填数字）

7. 通常，您接受一次家庭教育指导的时间长度为________小时。（请填数字）

8. 您接受过以下哪些形式的家庭教育指导？________（可多选）

①开展亲子活动　②家长会　③家庭教育讲座　④个别咨询服务　⑤电话指导　⑥家庭访问　⑦家长学校　⑧QQ或微信群的资源共享　⑨其他________（请注明）

9. 您接受过家庭教育哪方面的指导？________（可多选）

①家庭教育知识　②家庭教育观念　③家庭教育方法　④家庭教育能力　⑤家庭教育策略　⑥其他________（请注明）

10. 您接受过以下哪些机构提供的家庭教育指导？________（可多选）

①中小学或幼儿园　②专业培训机构　③妇联系统、党政机关

④电视广播等媒体　⑤街道、社区、村委会　⑥社会公益组织

⑦高校或科研院所　⑧其他________（请注明）

11. 您接受的家庭教育指导是否有后续指导服务？

①没有　②不定期回访　③定期回访

12. 您对目前接受的家庭教育指导满意吗？

①非常不满意　②不满意　③一般　④满意　⑤非常满意

13. 您如何评价目前接受的家庭教育指导效果？

①非常不好　②不好　③一般　④好　⑤非常好

14. 您觉得目前接受的家庭教育指导存在哪些问题？________（可多选）

①活动开展条件不好　②指导者专业化水平有待提高　③指导活动形式单一　④指导内容太理论化　⑤其他________（请注明）

15. 对于提高家庭教育的效果，您有什么好的建议？

____

____

____

问卷到此结束，非常感谢您的支持！祝您身体健康，工作顺利！

附录2：学生问卷

____省____市____县（区、市）____乡镇（街道）　问卷编号________

家庭教育现状调查（学生卷）

亲爱的同学：

你好！为了解家庭教育现状，我们设计了以下问卷。本问卷答案没有对错之分，请你根据真实情况回答，感谢你的配合与支持！

华中师范大学课题组

二〇一九年六月

1. 你的性别为：①男　②女

2. 你今年几岁？________岁

3. 平常和你住在一起的家人有哪些？（可多选）

①父亲　②母亲　③继父　④继母　⑤爷爷奶奶　⑥外公外婆　⑦兄弟（哥哥、弟弟）　⑧姐妹（姐姐、妹妹）　⑨其他（如叔叔、姑妈、姨妈等）

4. 下列说法中，请选出最符合你实际情况的描述。（请在下表每一行对应的方框中打“√”）

	非常不像我	不像我	有点像我	非常像我
1）就算身体有点不舒服，我仍然会选择去上学				
2）就算是我不喜欢的功课，我也会尽全力完成				
3）就算功课需要花好长时间才能做完，我仍然会尽力去做				
4）我能够很清楚地表述自己的观点				
5）我反应能力很迅速				
6）我能够很快学会新知识				

续表

7）我对新鲜事物很好奇				
8）我能够把新旧知识联系起来学习				
9）我能够根据学习任务选择学习方法				
10）我总会提前预习老师要讲的内容				
11）我会按照老师的要求完成作业				
12）我上课从不迟到				
13）在课堂上，我不会做出影响其他同学的行为				
14）写作业时，我不会去想其他的事情				
15）我不喜欢边写作业边看电视				
16）老师上课时，我会专心听讲				
17）我会在课堂上积极回答问题				

5. 你现在的整体健康情况如何？

①很不好　②不太好　③一般　④比较好　⑤很好

6. 你目前的成绩在班里处于：

①后几名　②中下　③中等　④中上　⑤前几名

7. 你上学期的期末考试成绩为：语文________分，数学________分，英语________分。

8. 过去一年中，你有没有下列行为？（请在下表每一行对应的方框中打“√”）

	从不	很少	有时	经常	总是
1）帮助家人做事情					
2）遵守秩序、自觉排队					
3）待人真诚友善					
4）骂人、说脏话					
5）吵架、打架					
6）欺负同学					

续表

7）脾气暴躁					
8）抄袭作业、考试作弊					
9）抽烟、喝酒					
10）上网吧、游戏厅					

9. 在过去的七天时间里，你是否有如下感觉？（请在下表每一行对应的方框中打“√”）

	从不	很少	有时	经常	总是
1）沮丧					
2）情绪消沉不能集中精力做事					
3）不快乐					
4）感到生活没有意义					
5）提不起劲来做事					
6）悲伤、难过					
7）紧张					
8）担心过度					
9）预感有不好的事情发生					
10）精力过于旺盛，上课不专心					

10. 你跟爸爸的关系怎么样？________ 你跟妈妈的关系怎么样？________（请分别填序号）

①很不好　②不太好　③一般　④比较好　⑤非常好

11. 你的爸爸和妈妈经常吵架吗？

①经常吵架　②偶尔吵架　③不吵架　④我不知道

12. 家长工作之余最常做的事情是________。

①忙于进修或事业　②忙于处理家务　③忙于娱乐活动　④忙于与孩子游戏玩耍　⑤忙于辅导孩子功课　⑥其他________（请注明）

13. 当家长和你意见不一致时，家长通常都是如何解决的？

①大多顺着你　②说服你接受他们的意见　③强迫你接受他们的意见　④谁有道理，就听谁的　⑤暂时放在一边，不予理会　⑥其他________（请注明）

14. 你的家长做以下事情的频率如何？（请在下表每一行对应的方框中打"√"）

	从来没有	每年1—2次	每月1—2次	每周1—2次	每天
1）陪你一起吃晚饭					
2）和你一起聊天					
3）陪你一起看电视					
4）陪你一起运动或玩耍					
5）与你一起参观博物馆、动物园、科技馆等场所					
6）与你一起参观爱国主义教育基地、家风家教基地等场所					
7）与你一起外出看演出、体育比赛、电影等					
8）检查你的家庭作业					
9）教你写家庭作业					
10）陪你一起看书					
11）带你去书店看书或买书					
12）与你的老师交流					
13）参加你的学校活动					
14）陪你一起浏览互联网信息					
15）和你讨论计算机和互联网的使用规则与注意事项					
16）对你在互联网上搜到的信息进行引导、筛选					

15. 放学后，照顾你功课、学习的家庭成员是：(可多选)

①没有人

②父亲，平均每天在这方面总共花________小时

③母亲，平均每天在这方面总共花________小时

④祖父母/外祖父母，平均每天在这方面总共花________小时

⑤其他人（请注明________），平均每天在这方面总共花________小时

16. 放学后，照顾你娱乐、玩耍的家庭成员是：(可多选)

①没有人

②父亲，平均每天在这方面总共花________小时

③母亲，平均每天在这方面总共花________小时

④祖父母/外祖父母，平均每天在这方面总共花________小时

⑤其他人（请注明________），平均每天在这方面总共花________小时

17. 你觉得家长最关心你哪方面的教育？（请选择最重要的三项）________、________、________

①学习习惯　②学习成绩　③身心健康　④人身安全

⑤道德品质　⑥人际交往　⑦行为习惯　⑧兴趣特长或爱好

18. 你最希望家长关心你哪方面的教育？（请选择最重要的三项）________、________、________

①学习习惯　②学习成绩　③身心健康　④人身安全

⑤道德品质　⑥人际交往　⑦行为习惯　⑧兴趣特长或爱好

19. 你对自己的成绩有什么要求？

①没有特别要求　②班上的平均水平　③中上　④班上前五名

20. 你期望自己读到什么程度？

①小学 ②初中　③高中　④中专　⑤大专　⑥本科　⑦硕士　⑧博士

21. 你最希望自己将来做什么？

①无所谓　②农民　③工人（如建筑工、工厂工人等）　④商业服

务人员（如营业员等）　⑤个体户或商业人员（如做小生意、开店等）　⑥办事人员（如普通政府公务员）　⑦专业技术人员（如教师、医生、律师等）　⑧私营企业老板（如自己开公司、开厂）　⑨经理（大中型企业管理者）　⑩党政机关单位领导干部

22. 在班上，你是否担任班干部？①是　②否

23. 老师关心你的学习和生活吗？

①从不关心　②很少关心　③一般　④比较关心　⑤经常关心

24. 以下说法中，请选出最符合你实际情况的选项。（请在下表每一行对应的方框中打“√”）

	非常不像我	不像我	有点像我	非常像我
1）在学习生活中，老师对我要求很严格				
2）老师经常让我负责班级内的事情				
3）老师对我的态度一向很温和				
4）当我回答问题时，无论对或错，老师都会告诉我结果				
5）老师常常推荐我参加各种活动与比赛				
6）当我在课堂上表现好时，老师都会表扬我				
7）老师会用鼓励的眼神示意我起来回答问题				
8）老师认为我总是有能力完成难度较大的作业或任务				
9）在我回答问题时，老师会看着我的眼睛				
10）我的作业经常得到老师的表扬				
11）当我在课堂上回答不出问题或答错时，老师总是批评我				
12）老师一向支持我参加各种活动和比赛				
13）上课时老师常常让我起来回答问题				

续表

14）当我回答不出问题时，老师经常给我耐心解释所问的问题				
15）当我回答问题时，老师会微笑地看着我				
16）老师在学习和生活中经常给予我鼓励				
17）我常常感觉到老师对我有很高的期望				
18）回答问题出错时，老师会给我解释错误的原因及如何改正				
19）回答不出问题时，老师会给我提示，直到我能回答出来				

问卷到此结束，祝你学习进步，天天开心！

附录3：访谈提纲

家庭教育访谈提纲（家长）

1. 访谈对象基本信息：年龄、学历、工作；孩子基本信息：性别、年龄、年级。

2. 您觉得孩子哪方面的发展最为重要？您为此做出了哪些努力？

3. 您觉得孩子在适应性/意志力/情绪等方面表现如何？家庭在孩子这些方面的发展中扮演什么角色？

4. 您平时会辅导孩子学习吗？对孩子的学习有怎样的期望？

5. 您和孩子关系怎么样？（是否会和您说心里话，是否会和您争吵）

6. 您觉得自己在教育孩子的方式方法上是否合理？请举例说明。

7. 您在家庭教育中遇到的主要问题有哪些？您是怎么解决这些问题的？您希望学校或教师给予您哪些帮助？

8. 您认为教育好一个孩子，需要具备哪些能力？您是如何提升这些能力的？

9. 您是否参加过家庭教育指导活动？如果有，参加过哪些？效果如何？有哪些不足？您希望如何改进？

10. 对于更好地发挥家庭教育功能，提高家庭教育的效果，您有什么好的建议？

家庭教育访谈提纲（学生）

1. 学生基本信息：性别、年龄、年级、住宿情况、父母职业等。

2. 你觉得父母最关注你哪些方面的发展？他们是怎样促进你这些方面的发展的？与你的期望是否一致？你觉得自己哪方面的发展最为重要？为什么？

3. 你跟父母的关系怎么样？（是否会和他们说心里话，是否经常争吵等）

4. 你的父母周末经常陪你吗？主要陪你做哪些事情？

5. 当你和父母意见不同时，父母一般是怎么解决的？请举例说明。

6. 你觉得目前父母的教育方式合理吗？为什么？

7. 对你的事情上，你希望父母哪方面可以做得更好？

8. 请谈谈你遇到不愉快的事情时是如何解决的？在学习上遇到困难时，一般会求助谁？为什么？

9. 是否有爱心人士向你提供过帮助？是哪些人？一般是什么样的活动形式？你觉得这些活动对你的帮助大吗？

后　　记

天下之本在国，国之本在家。家庭是影响儿童成长的重要环境之一，家庭教育是影响儿童全面发展的关键因素。长期以来，家庭教育被视为“私事”，随着家庭教育问题不断扩大和复杂化，人们逐渐认识到家庭教育不仅仅是私人问题，还关乎社会和谐稳定与国家长远发展，家庭教育逐渐从“家事”变成“国事”，家庭教育政策在国家公共政策的视野中逐渐由边缘向中心转移。随着《家庭教育促进法》的正式实施，夯实家庭教育责任，强化家庭教育支持，进一步明确了家庭教育的重要性。

就个人研究兴趣而言，对家庭教育的关注由来已久。初入研究之门，跟着导师做留守儿童研究，关注留守儿童的家庭结构、家庭关系、家庭决策问题，发表了第一篇 CSSCI 期刊论文《留守儿童学习适应性与家庭教育决策合理性》。在此基础上，将研究对象从留守儿童扩大到普通儿童，关注家庭因素对子女发展的影响机制，于是利用 PISA 2015 的数据，发表了第二篇 CSSCI 期刊论文《学生科学素养提升之家庭归因》。经过长时间的反思与文献阅读，发现家庭教育对儿童影响最大的不是学业成绩，而是非认知能力发展，于是将研究重点聚焦到家庭环境与儿童非认知能力发展的关系探讨上，并完成博士论文和发表第三篇 CSSCI 期刊论文《家庭教养方式如何影响儿童问题行为?》。

本书在博士学位论文《城镇化进程中家庭环境与儿童非认知能力发展研究》的基础上完成，并作为“乡村教育振兴丛论”中的一册获 2022 年度国家出版基金资助，深感荣幸。在本书的写作过程中，得到了老师、同学、家人、朋友、同事的大力支持。借此机会，我想对关心和帮助过我的师长、亲友致以最诚挚的谢意。本书能够如期付梓，首先要感谢丛书主编雷万鹏教授。雷老师是我的硕、博士导师，也是我的人生导师。雷老师那正直的人品、渊博的学识、敏锐的思维时刻感染着我，那对学术的严谨和对生活的热爱时刻指引着我，那亦师亦父般的关爱无时无刻不在鼓舞着我。本书从选题、框架搭建、问卷设计、数据收集、内容修改都离不开雷老师的耐心指导，没有雷老师的教诲、鞭策和鼓励，本书不可能顺利完稿。再次感谢雷老师的谆谆教导、无私关怀与鼓舞。

本书主要形成于华中师范大学田家炳楼，感恩教育学院的每一位师长。范先佐教授不仅是一位德高望重的学者，还是一位和善慈爱的长者。感谢范老师不厌其烦地对本书的研究问题、写作思路、语言表达进行指导。感谢教育学院的余子侠教授、郭元祥教授、王坤庆教授、涂艳国教授、欧阳光华教授、岳伟教授、李先军教授、毛齐明副教授、徐添喜副教授等老师在博士期间的授课和指导。感谢教经管专业的唐斌副教授、马红梅副教授、龚欣副教授等老师在专业上给予的指导，感谢他们长期以来对我学习、生活、工作的关心和帮助。感谢教育学院的王健老师、覃娟老师等行政老师为我们营造了一个舒适的学习环境。感谢钱佳师兄、徐璐师姐、马丽师姐、王浩文师兄、黄旭中师兄、蒋龙艳师姐、韦妙师兄、汪曦师兄在学习、生活和研究中给予我的支持和鼓励。感谢李贞义、谢静、李骏子、万晨声、李靖、湛一鸣、赵陈、季洋、刘河清、尹珺瑶、张子涵、李佳季等同门在日常工作中给予的大力支持。感谢李新、武炎吉、贺云飞、孙永敏、肖龙、叶晓力等博士同学平日的帮助与关心。

如今，我博士毕业进入湖北工业大学职业技术师范学院工作已一年有余。职业技术师范学院是一个温馨、团结、奋进、充满活力的大家庭，置身于其中，会感受到健康向上的正能量！借此书出版之际，特别感谢马丹教授、胡茂波教授、宋庭新教授等领导和同事对我的鼓励和帮助。职师院虽不大，但不缺少奋斗精神与学术理想，这也是本书能够顺利完稿的重要原因之一。

之所以选择“家庭环境”这一主题，与我自身的成长环境密不可分。作为一名农家女孩，亲身经历让我明白了家庭环境和家庭教育对一个人发展的重要性。在此感谢我的父母为我创造了良好的家庭环境，让我从大山中走出来了，让我成为小山村里的第一个博士。每每回忆自己的过往都禁不住感叹，作为你们的女儿我是多么幸运，即使再忙你们也不会缺席家长会，即使再穷你们也会为我凑齐学费，即使经济再落后你们也没放弃对我的高期望、高要求。为了供我上学，你们不分日夜劳作，你们告诉我“只要你想读书，我们砸锅卖铁也送你上学”。你们就是我最坚实的后盾。父母在，不远游，游必有方。自我2012年到武汉求学以来，每年仅有寒暑假回家，陪伴你们的时间屈指可数，却依然要你们为我牵肠挂肚。我从来不愿开口表达对你们的感激，想借此机会对你们说声：“爸妈，辛苦了！”感谢默默关心支持我的公公婆婆。感谢我的先生杨怡这些年对家庭的付出，你独自扛起一片天地让我心无旁骛做自己、做学术，一路相伴走来，与我分享喜悦，帮我分担忧愁，在研究进退维谷之际悉心照顾我，在我偷懒不想看书学习时监督我、鼓励我。感谢你在精神和经济上的支持和鼓励，感谢你陪我度过了最美好也最煎熬的时光。

千金易得，知己难求！感谢彭其伟、田建红、谢航宇、张婷等挚友们！过去的时光能与你们相遇，是我莫大的幸福。纵使我们相距千里，你们总不忘督促我努力学习、好好写论文；纵使青春不再，和你们一起度过的时光仍是我记忆中最美好的回忆。感谢你们对我的包容、支持，感谢你们愿意听我倾诉，感谢你们在物质和精神上给予的支持。

本书是系统阐释家庭环境与儿童非认知能力发展关系的一次尝试与探索。因为个人能力、时间、精力有限，书中不当之处在所难免，唯盼各位读者不吝赐教。我也将在此领域继续探索，以期不断深化家庭环境和非认知能力相关研究。

衷心感谢大家厚爱，感恩！

向　蓉

2022年8月22日于巡司河畔